高等职业院校关务
全国职业院校

通关实务

主编◎张援越　孙　建

中国海关出版社有限公司
中国·北京

图书在版编目（CIP）数据

通关实务/张援越，孙建主编．--北京：
中国海关出版社有限公司，2025．--ISBN 978-7-5175-0845-8

Ⅰ．F752.5

中国国家版本馆 CIP 数据核字第 2024YG3573 号

通关实务
TONGGUAN SHIWU

主　　编：张援越　孙　建
策划编辑：景小卫
责任编辑：王文静
责任印刷：王怡莎
出版发行：中国海关出版社有限公司
社　　址：北京市朝阳区东四环南路甲 1 号　　邮政编码：100023
编 辑 部：01065194242-7534（电话）
发 行 部：01065194221/4238/4246/4247（电话）
社办书店：01065195616/5127（电话）
https://weidian.com/?userid=319526934（网址）
印　　刷：北京金康利印刷有限公司　　　　经　　销：新华书店
开　　本：787mm×1092mm　1/16
印　　张：16　　　　　　　　　　　　　　字　　数：388 千字
版　　次：2025 年 1 月第 1 版
印　　次：2025 年 1 月第 1 次印刷
书　　号：ISBN 978-7-5175-0845-8
定　　价：52.00 元

海关版图书，版权所有，侵权必究
海关版图书，印装错误可随时退换

《通关实务》编写组

主　编：
　　张援越　天津商务职业学院
　　孙　建　吉林省经济管理干部学院

副主编：
　　屠立昆　天津商务职业学院
　　邢　丽　天津商务职业学院

参　编：
　　刘庆珠　天津商务职业学院
　　李　钊　天津商务职业学院
　　宋玉娟　天津商务职业学院
　　王桂英　天津商务职业学院
　　王宏丹　吉林工业职业技术学院
　　周　菁　贵州交通职业技术学院

资源制作：
　　潘　攀　天津商务职业学院
　　霍云凤　天津商务职业学院

前　言

报关（Customs Clearance）是指进出口货物收发货人、进出境运输工具负责人、进出境物品的所有人或者其代理人，以及出入境人员向海关办理货物、物品、运输工具进出境手续及相关海关事务的过程。《中华人民共和国海关法》第十一条规定："进出口货物收发货人、报关企业办理报关手续，应当依法向海关备案。"以法律的形式明确了对向海关办理进出口货物报关纳税手续的企业实行备案管理制度。

随着行业的发展，传统的报关职业也开始从技术操作型职业向现代综合服务型职业转变。但无论是基于行业的新业态还是职业的新形态，进出口通关作业和报关单证填制依然是从业人员必须掌握的重要技术与技能。

近年来，海关进行了全国通关一体化、关检融合、通关无纸化、金关工程（二期）等多项改革。为使职业教育紧贴行业新业态，瞄准职业新形态，编写组结合实际对本教材进行了编写，以保证内容的与时俱进。

本教材对接《报关员国家职业标准（试行）》中"助理报关师"的工作内容、技能要求和相关知识，加入了出入境检验检疫制度、不同信用等级企业的海关管理原则和措施、"两步申报"通关作业程序、金关工程（二期）加工贸易管理系统操作、跨境电子商务零售商品报关操作、中国国际贸易"单一窗口"录入规范等岗位技能新内容，按照职业教育"做中学、做中教"的理念进行编写，使学习者能够在实际操作中掌握职业核心技能，了解专业知识。

本教材既可以作为高职院校关务与外贸服务专业及相关专业学生的教材和全国职业院校大赛关务实务赛项备赛用书，也可以作为应用型本科院校经贸专业及相关专业学生的教材，还可以作为关务从业人员的工具书。

本教材在编写过程中，得到了海关总署、天津海关、中国报关协会、天津报关协会、行业龙头企业等专家和教育界人士的大力支持，在此深表感谢！

本教材在国家级"关务与外贸服务"专业教学资源库中配套了充足的课件、授课视频及训练题，供教师教学、学生学习使用。

由于编写时间有限，教材中难免存在疏漏、不足之处，敬请各界有关人士指正，以便在后续版本中加以改进和完善。

编　者

2024 年 12 月

目 录

第一章　通关概述 ……………………………………………………………… 1
第一节　通关中的"人" ……………………………………………………… 3
第二节　通关中的"物" ……………………………………………………… 7
第三节　通关中的"事" ……………………………………………………… 8

第二章　通关单证 …………………………………………………………… 11
第一节　通关单证分类 ……………………………………………………… 13
第二节　常见通关监管证件申领操作 ……………………………………… 15

第三章　通关操作 …………………………………………………………… 27
第一节　一般贸易货物通关操作 …………………………………………… 29
第二节　退运货物通关操作 ………………………………………………… 39
第三节　退关货物通关操作 ………………………………………………… 43
第四节　进出境修理货物通关操作 ………………………………………… 44
第五节　无代价抵偿货物通关操作 ………………………………………… 45
第六节　暂时进出境货物通关操作 ………………………………………… 48
第七节　特定减免税货物通关操作 ………………………………………… 52
第八节　加工贸易货物通关操作 …………………………………………… 57
第九节　保税物流货物通关操作 …………………………………………… 73
第十节　进出境快件及跨境电商通关操作 ………………………………… 90

第四章　检验检疫 …………………………………………………………… 95
第一节　概　述 ……………………………………………………………… 97
第二节　出入境货物检验检疫基本程序 …………………………………… 100
第三节　进口商品境外企业注册登记与备案操作 ………………………… 104
第四节　出口商品境内企业注册备案管理与申请境外注册管理操作 …… 107
第五节　入境货物检验检疫操作 …………………………………………… 109
第六节　出境货物检验检疫操作 …………………………………………… 120

第五章　商品归类 …………………………………………………………… 129
第一节　概　述 ……………………………………………………………… 131
第二节　归类总规则 ………………………………………………………… 132

  第三节 归类思维 ·· 144
  第四节 归类要素的应用 ·· 146

第六章 税费核算 ·· 169
  第一节 进口货物完税价格确定 ··· 171
  第二节 原产地确定 ·· 172
  第三节 税率 ··· 175
  第四节 税费核算操作 ··· 177

第七章 报关单填制 ·· 185
  第一节 报关单与"单一窗口" ··· 187
  第二节 报关单填制规范与操作 ··· 188
  第三节 报关单其他相关信息填制 ·· 237

第一章 通关概述

第一节　通关中的"人"

一、管理人

《中华人民共和国海关法》（以下简称《海关法》）第二条对海关进行了定义："中华人民共和国海关是国家的进出关境（以下简称进出境）监督管理机关。海关依照本法和其他有关法律、行政法规，监管进出境的运输工具、货物、行李物品、邮递物品和其他物品（以下简称进出境运输工具、货物、物品），征收关税和其他税、费，查缉走私，并编制海关统计和办理其他海关业务。"

根据《海关法》的规定，海关是通关业务中的"管理人"。

（一）海关的机构设置

海关机构的设置为海关总署、直属海关和隶属海关三级。第一级是海关总署；第二级包括42个直属海关；第三级是各直属海关下辖的隶属海关。直属海关由海关总署领导，向海关总署负责；隶属海关由直属海关领导，向直属海关负责。

1. 海关总署

海关总署是国务院下属的正部级直属机构，统一管理全国海关。海关总署现有21个内设部门、58个直属单位（广东分署，天津特派办、上海特派办、42个直属海关，13个直属企事业单位），管理2个社会团体，并在欧盟、俄罗斯、美国等地派驻海关机构。中央纪委国家监委在海关总署派驻纪检监察组。

2. 直属海关

直属海关是指直接由海关总署领导，负责管理一定区域范围内海关业务的海关。直属海关承担着在关区内组织开展海关各项业务和关区集中审单作业，全面有效地贯彻执行海关各项政策、法律、法规、管理制度和作业规范的重要职责，在海关三级业务职能管理中发挥着承上启下的作用。

3. 隶属海关

隶属海关是指由直属海关领导，负责办理具体海关业务的海关，是海关进出境监督管理职能的基本执行单位，一般设在口岸和海关业务集中的地点。

注：根据实际工作中不同的业务情形，关务从业人员通常也将隶属海关称为主管海关、属地海关、口岸海关、进境地海关、出境地海关、目的地海关等。

（二）海关职能

《海关法》第二条明确规定了海关的任务是"依照本法和其他有关法律、行政法规，监管进出境的运输工具、货物、行李物品、邮递物品和其他物品，征收关税和其他税、费，查缉走私，并编制海关统计和办理其他海关业务"，其中海关监管、海关征税、海关缉私和海关统计4项是海关基本任务。

1. 海关监管

海关监管是指海关运用国家赋予的权力，通过一系列管理制度与管理程序，依法对运输工具、货物、物品实施的一种行政管理。海关监管是一项国家职能，其目的在于保证一切进出境活动符合国家政策和法律的规范，维护国家主权和利益。需要注意的是，海关监管不是海关监督管理的简称，海关监督管理是海关全部行政执法活动的统称，而海关监管仅针对运输工具、货物和物品。

海关对进出境监管具有再管理性，即海关要执行或监督执行国家其他对外贸易管理法规，贯彻实施国家对外贸易管制政策及其各项管理制度，如进出口货物许可证管理、配额管理、食品卫生检疫、动植物检疫、进出口商品检验、药品检验、文物管理、濒危物种管理、金银管理、外汇管理、知识产权保护等海关执行的多项法律、行政法规。海关通过审核报关单证，查验进出口货物，在确认"单证相符""单货相符"后，予以结关放行。因此，海关是国家各项进出口活动行政管理的关键审查机关，在进出境这一环节维护国家与全社会在政治、经济、文化、道德、公众健康等方面的根本利益。

2. 海关征税

海关征税是指海关按照《海关法》和《中华人民共和国关税法》（以下简称《关税法》），对准许进出口的货物、进出境物品征收关税和其他税费。

关税是国家以法律形式授权海关征收的，海关是唯一有权征收关税的机关；其他税费指海关在货物进出口环节，按照有关法律法规规定和关税征收程序负责代其他机关征收的若干国内税、费，目前主要有代国家税务总局征收的进口环节增值税、消费税，以及代交通运输部征收的船舶吨税等。

3. 海关缉私

查缉走私是世界各国海关普遍承担的一项职能，是海关以刑事执法和行政执法手段，在海关监管场所和设关地附近沿海沿边规定地区内，对走私违法犯罪活动进行制止、查处和综合治理等活动，其目的是维护国家利益和进出口贸易秩序。

《海关法》明确规定："国家实行联合缉私、统一处理、综合治理的缉私体制。海关负责组织、协调、管理查缉走私工作。"

4. 海关统计

海关统计的任务是对进出口货物贸易进行统计调查、统计分析和统计监督，进行进出口监测预警，编制、管理和公布海关统计资料，提供统计服务。海关统计是国家制定对外经济贸易政策、进行宏观经济调控、实施海关严密高效管理的重要依据，是研究我国对外贸易经济发展和国际经济贸易关系的重要资料。

综上所述，海关的4项基本职能是一个统一的有机联系的整体。

海关监管，通过监管进出境运输工具、货物、物品的合法进出，保证国家有关进出口政策、法律法规的贯彻实施，是海关4项基本任务的基础。海关征税，其所需的数据、资料等是在海关监管的基础上获取的，征税与监管有着十分密切的关系。海关缉私是监管、征税两项基本任务的延伸，对在监管、征税工作中发现的逃避监管和偷漏税款的行为，必须运用法律手段予以制止和打击。海关统计是在监管、征税工作的基础上完成的，它为国家宏观经济调控提供了准确、及时的信息，同时又对监管、征税等业务环节的工作质量起到检验评估的作用。

（三）出入境检验检疫制度

出入境检验检疫制度，是指海关依据我国有关法律和行政法规，以及我国政府所缔结或者参加的国际条约、协定，对出入境的货物、物品及其包装物、交通运输工具、运输设备和出入境人员实施的检验检疫监督管理的法律依据与行政手段的总和。

随着我国与世界经济的不断融合，被世界各国（地区）普遍运用的出入境检验检疫制度在众多国际公认标准的依托下将成为我国未来重要的非关税措施。

二、管理相对人

在通关业务中，报关单位是必不可少的管理相对人。

报关单位，是指依法在海关备案的报关企业和进出口货物收发货人。除法律、行政法规或者海关规章另有规定外，报关企业、进出口货物收发货人办理报关手续，必须依法经海关备案。

（一）报关单位备案

2019年1月9日，《关于〈报关单位注册登记证书〉（进出口货物收发货人）纳入"多证合一"改革的公告》（海关总署、市场监督管理总局公告2019年第14号）就《中华人民共和国海关报关单位注册登记证书》（简称《报关单位注册登记证书》）（进出口货物收发货人）纳入"多证合一"改革相关问题公告如下：申请人办理工商注册登记时，需要同步办理《报关单位注册登记证书》（进出口货物收发货人）的，应按照要求勾选进出口货物收发货人的备案登记，并补充填写相关备案信息。市场监管部门按照"多证合一"流程完成登记，并在总局层面完成与海关总署的数据交换。海关确认接收到企业工商注册信息和商务备案信息后即完成企业备案，企业无须再到海关办理备案登记手续。

企业可以通过中国国际贸易"单一窗口"标准版（以下简称"单一窗口"）"企业资质"子系统或"互联网+海关""企业管理"子系统查询海关进出口货物收发货人的备案登记结果。

海关不再核发《报关单位注册登记证书》（进出口货物收发货人）。进出口货物收发货人需要获取书面备案登记信息的，可以通过"单一窗口"在线打印备案登记回执，并到所在地海关加盖海关印章。

2021年4月29日，第十三届全国人民代表大会常务委员会第二十八次会议通过《全国人民代表大会常务委员会关于修改〈中华人民共和国道路交通安全法〉等八部法律的决定》，全国人大常委会对《海关法》进行了修改，取消了"报关企业注册登记"海关行政审批事项。将报关企业审批由"许可"改为"备案"，标志着在全国范围内，海关对报关企业实现备案管理，报关企业准入已全面放开。

报关企业"许可"改为"备案"后，企业的申请手续大幅精简，企业可自主选择通过"单一窗口"或"互联网+海关"等多种方式提交备案申请，无须提交纸质资料即可实现全程网上办理。此外，报关企业有效期在全国范围内均已取消，改为长期有效。

(二) 报关单位的海关信用管理

根据《海关法》《中华人民共和国海关注册登记和备案企业信用管理办法》及其他有关法律法规的规定，为了推进社会信用体系建设，建立企业进出口信用管理制度，促进贸易安全与便利，海关按照社会信用体系建设的总体要求，以"诚信守法便利，失信违法惩戒"为原则，根据企业经营管理、内控规范、守法守信等能够反映企业信用的客观情况，科学、公平、公正地明确了高级认证企业、失信企业的认定标准及管理措施，以及两者之外其他企业的管理措施。

1. 管理措施

（1）海关根据企业申请，按照规定的标准和程序将企业认证为高级认证企业，对其实施便利的管理措施，主要包括：

①进出口货物平均查验率低于实施常规管理措施企业平均查验率的20%，法律、行政法规或者海关总署有特殊规定的除外；

②出口货物原产地调查平均抽查比例在企业平均抽查比例的20%以下，法律、行政法规或者海关总署有特殊规定的除外；

③优先办理进出口货物通关手续及相关业务手续；

④优先向其他国家（地区）推荐农产品、食品等出口企业的注册；

⑤可以向海关申请免除担保；

⑥减少对企业稽查、核查的频次；

⑦可以在出口货物运抵海关监管区之前向海关申报；

⑧海关为企业设立协调员；

⑨AEO 互认国家（地区）海关通关便利措施；

⑩国家有关部门实施的守信联合激励措施；

⑪因不可抗力中断国际贸易恢复后优先通关；

⑫海关总署规定的其他管理措施。

（2）海关根据采集的信用信息，按照规定的标准和程序将违法违规企业认定为失信企业，对其实施严格管理措施，主要包括：

①进出口货物查验率80%以上；

②经营加工贸易业务的，全额提供担保；

③提高对企业稽查、核查的频次；

④海关总署规定的其他管理措施。

（3）办理同一海关业务涉及的企业信用等级不一致，导致适用的管理措施相抵触的，海关按照较低信用等级企业适用的管理措施实施管理。

（4）海关对高级认证企业和失信企业之外的其他企业实施常规的管理措施。

（5）海关向企业提供信用培育服务，帮助企业强化诚信守法意识，提高企业诚信经营水平。

2. AEO

中国海关依据有关国际条约、协定，开展与其他国家（地区）海关的"经认证的经营者"（AEO）互认合作，并且给予互认企业相关便利措施。

AEO 是指以任何一种方式参与货物国际流通，符合海关总署规定标准的企业。

高级认证企业是中国海关 AEO。

3. 管理年限

海关对高级认证企业每 5 年复核一次。企业信用状况发生异常的，海关可以不定期开展复核。

经复核，不再符合高级认证企业标准的，海关应当制发未通过复核决定书，并收回高级认证企业证书。

第二节　通关中的"物"

一、进出境货物

《海关法》第二十三条规定，进口货物自进境起到办结海关手续止，出口货物自向海关申报起到出境止，过境、转运和通运货物自进境起到出境止，应当接受海关监管。

根据货物进出境的目的不同，海关将进出境货物分为 5 大类：一般进出口货物、保税货物、特定减免税货物、暂时进出境货物和其他进出境货物。

根据货物进境、出境后是否复运出境、进境，又可将进出境货物分为 2 大类：一是实际进出境货物，即进境、出境后不再复运出境、进境的货物；二是非实际进出境货物，即进境、出境后还将复运出境、进境的货物。

这是海关对进出境货物实施监督管理在法律意义上的时间、范围的限制规定。海关按照对各种监管货物的不同要求，分别设立了相应的海关监管制度。

注：具体监管作业在本教材第三章中进行详细阐述。

二、进出境物品

《海关法》第四十六条规定，个人携带进出境的行李物品、邮寄进出境的物品，应当以自用、合理数量为限。对于行李物品而言，"自用"是指进出境旅客本人自用、馈赠亲友而非为出售或出租，"合理数量"是指海关根据进出境旅客的旅行目的和居留时间所规定的正常数量；对于邮递物品而言，自用、合理数量则是指海关对进出境邮递物品规定的征、免税限制。自用合理数量原则是海关对进出境物品监管的基本原则，也是对进出境物品通关的基本要求。需要注意的是，对于通过随身携带或邮寄渠道进出境的物品要按进出境货物办理进出境通关手续。经海关登记准予暂时免税进境或者暂时免税出境的物品，应当由本人复带出境或者复带进境。享有外交特权和豁免的外国机构或者人员的公务用品或者自用物品进出境，依照有关法律法规的规定办理。

海关依法对进出境旅客携带物、邮寄物实施检疫。

综上所述，进出境货物和进出境物品的主要区别是：前者主要用于销售或出租，后者是自用或用于馈赠；前者无数量限制（国家限制除外），后者的数量应为合理数量。

第三节 通关中的"事"

通关的重要目标之一是"现场放行",也就是本教材所称的"事"。

"放行",是指办结完海关手续,监管货物运离海关监管区。

进出境现场放行是指海关接受进出口货物申报、审核电子数据报关单和纸质报关单及随附单证、查验货物、征免税费或接受担保以后,对进出口货物作出结束海关进出境现场监管决定,允许进出口货物离开海关监管现场。

进出境现场放行有两种情况:

一种情况是货物已经结关,如一般进出口货物,放行时进出口货物收发货人或代理报关企业已经办理了所有海关手续,因此,海关进出境现场放行即等于结关。

另一种情况是货物尚未结关,放行时进出口货物的收发货人或代理报关企业并未全部办完海关手续,海关在一定期限内还需进行监管,所以该类货物的海关进出境现场放行不等于结关。

货物结关是进出口货物办结海关手续的简称。进出口货物收发货人或代理报关企业向海关办理完所有的海关手续,履行了法律规定的与进出口有关的一切义务,就办结了海关手续,海关不再进行监管。

根据报关单位办理通关手续的时间先后,通关程序可分为:"事"前、"事"中及"事"后。

一、"事"前

"事"前,是指报关单位向海关申报前的准备工作阶段。

本阶段主要工作内容为:报关单位在货物进出境前办理相关进出境业务的备案核准手续,以及为减少争议或快速通关而做的相关准备工作。

对于某些海关监管货物,报关单位应根据海关监管要求,在货物进出口之前办理相关业务的备案核准及单证准备等工作。

重点内容包括:进口货物(含过境货物)的检疫准入、检疫审批、境外预检、境外装运前检验,出口货物的检疫审批等须在申报前根据规定办理相关手续,取得相应的进出口批准文件及证明文件。对企业有资质要求的,应该进行相应的注册登记和备案。

(一)监管证件的申领

对进出口货物有监管证件要求的,企业应在申报前根据相关规定办理进出口所需的监管证件。

(二)企业资质的注册登记与备案

对企业有资质要求的,应该进行相应的注册登记或备案。如:出境水生动物养殖场、中转场注册登记，进境粮食的境外生产加工企业注册登记等。

注：详见本教材第四章第三节、第四节。

（三）货物前置检验检疫监管

货物进出境前的检验检疫工作。如：进口旧机电境外装运前检验，出境危险货物运输包装性能检验、鉴定，政府协议装运前检验等。

（四）业务事项备案核准

通过办理货物进出境前的备案或审批手续，确认货物进出境的合法条件和适用的海关监管方式。如：特定减免税证明申领，加工贸易手册（账册）设立等。

（五）需要提前向海关提供担保的特定海关业务

1. 货物、物品暂时进出境；
2. 货物进境修理和出境加工；
3. 租赁货物进口；
4. 为保税货物办理有关海关业务；
5. 将海关监管货物暂时存放在海关监管区外；
6. 货物和运输工具过境；
7. 将海关监管货物向金融机构抵押；
8. 运输企业承担来往内地与港澳公路货物运输、承担海关监管货物境内公路运输。

二、"事"中

"事"中，是指从报关单位向海关申报至海关放行止的工作阶段。

本阶段主要工作内容为：报关单位如实申报、配合查验、缴纳税费、提取及装运货物等相关工作。

注：详见本教材第三章。

三、"事"后

"事"后，是指报关单位在海关放行后的工作阶段。

本阶段主要工作内容为：报关单位为配合海关，在进出口货物单证放行或现场放行后，对进出口货物及进出口企业在规定期限内的持续检查、监管而做的相关工作。

进出境货物现场放行后，后续工作包括但不限于以下方面。

1. 保税加工货物的后续核查核销。
2. 稽（核）查。进出口货物放行或报关单放行后，海关风险防控部门对经甄别需通过稽（核）查指令予以处置的事项，下达稽（核）查指令。海关税收征管部门根据职责对放行后报关单实施研判处置。属地海关稽（核）查部门根据指令开展作业。
3. 隔离检疫。隔离检疫是指将海关放行的进境动植物限定在指定的隔离场圃内，以不少于限定的时间饲养或种植，在饲养或种植期间进行检疫、观察、检测和处理的强制性措施。以进境动物为例，进境种用大中动物隔离期为45天。进口其他进境动物应该在指定的动物隔离检疫场所隔离检疫，隔离检疫期为30天。

4. 召回。进口存在安全隐患的，可能或者已经对人体健康和生命安全造成损害的食品、化妆品、汽车、玩具、CCC认证的民用商品，收货人应当主动召回，并立即向所在地海关报告。收货人不主动召回的，主管海关可以责令其召回。

第二章
通关单证

第一节　通关单证分类

通关单证通常分为报关单和随附单证两大类。其中，随附单证包括基本单证、特殊单证。

一、报关单

报关单是指进出口货物报关单或者带有进出口货物报关单性质的单证，如特殊监管区域进出境货物备案清单、进出口货物集中申报清单、ATA单证册、过境货物报关单等。

二、随附单证

随附单证指随进出口货物报关单必须提交海关验核的单据或海关要求提供的单据。

（一）基本单证

基本单证，包括进出口货物的货运单据和商业单据。主要包括合同、商业发票、装箱单、进口提单、出口装货单等。

（二）特殊单证

特殊单证，包括进出口货物涉及特殊管制规定的单证、专业性单证。涉及特殊管制规定的单证主要包括进出口许可证件、征免税证明、原产地证明书等；专业性单证主要包括实施准入管理的证明、实施产品资质管理的证明、实施企业资质管理的证明、属于评估或验证类文件资料和涉及国家技术规范强制要求的证明材料等。

注：因多数特殊单证为政府有关部门签发，实际工作中，特殊单证也通常被关务从业人员称为"官方单证"。

我国的对外贸易管制是通过商务主管部门及其他政府职能主管部门按照贸易管制政策发放各类许可证件（监管证件）或者下发相关文件，海关作为进出境监督管理机关，依据《海关法》，并按照许可证件（监管证件）和相关文件，依照国家或国际标准，对实际进出口货物的合法性实施监督管理来实现的。

海关执行对外贸易管制主要针对"单"（包括报关单及其他随附单据）、"证"［各类许可证件（监管证件）、相关文件］、"货"（进出口货物）3项内容。"单""证""货"相互印证、内容相符，达到"单单相符""单货相符""单证相符""证货相符"，并符合出入境检验检疫合格标准的情况下，海关才可放行。

根据《海关法》规定，国家限制进出口的货物，没有进出口许可证件的，海关不予放行。进出口货物收发货人或其代理人通过配合海关查验货物，确认"单""证""货"是否相符。因此，通关不仅是进出口货物收发货人或其代理人必须履行的手续，也是海关确认进出口货物合法性的先决条件。

为顺应通关无纸化要求，海关总署积极推进与许可证件主管部门的电子数据联网工作，已实现进出口许可证、两用物项和技术进出口许可证、有毒化学品进出口环境管理放行通知单、农药进出口登记管理放行通知单、自动进口许可证、密码产品和含有密码技术设备进口许可证、民用爆炸物品进口审批单、进口药品通关单、药品进出口准许证、精神药物进出口准许证、麻醉药品进出口准许证、进口广播电影电视节目带（片）提取单、赴境外加工光盘进口备案证明、音像制品（成品）进口批准单、古生物化石出境批件、野生动植物进出口证书、进口兽药通关单、人民币调运证明、黄金及黄金制品进出口准许证等电子数据联网，实现了进出口许可证件从申领、发证、验证、到核查、核销的无纸化。常见监管证件及发证机关见表2-1。

表2-1　常见监管证件及发证机关

序号	监管证件	发证机关
1	进口许可证	商务部
2	出口许可证	商务部
3	自动进口许可证	商务部
4	技术出口许可证	商务部
5	两用物项和技术进出口许可证	商务部
6	农药进出口通知单	农业农村部
7	合法捕捞产品通关证明	农业农村部
8	进口兽药通关单	农业农村部
9	野生动植物进出口证书	国家林业和草原局
10	进口药品通关单	国家药品监督管理局
11	药品进出口准许证	国家药品监督管理局
12	民用爆炸物品进出口审批单	工业和信息化部
13	引进林草种子、苗木检疫审批单	国家林业和草原局
14	援外项目任务通知单	商务部
15	黄金及黄金制品进出口准许证	中国人民银行
16	银行调运人民币现钞进出境证明	中国人民银行
17	赴外加工光盘进口备案证明	国家新闻出版署（国家版权局）
18	音像制品（成品）进口批准单	国家新闻出版署（国家版权局）
19	进口广播电影电视节目带（片）提取单	国家广播电视总局
20	有毒化学品进出口环境管理放行通知单	生态环境部
21	农业转基因生物安全证书（进口）	农业农村部
22	国（境）外引进农业种苗检疫审批单	农业农村部
23	特种设备制造许可证及型式试验证书	国家市场监督管理总局
24	强制性产品认证证书或证明文件	国家市场监督管理总局

续表

序号	监管证件	发证机关
25	特殊医学用途配方食品注册证书	国家市场监督管理总局
26	保健食品注册证书或保健食品备案凭证	国家食品药品监督管理总局
27	婴幼儿配方乳粉产品配方注册证书	国家市场监督管理总局
28	进口普通化妆品备案凭证	国家药品监督管理局
29	进口特殊化妆品注册证书	国家药品监督管理局
30	进口医疗器械备案/注册证	国家市场监督管理总局
31	麻精药品进出口准许证	国家药品监督管理局
32	技术出口合同登记证	商务部
33	人类遗传资源材料出口、出境证明	科学技术部
34	古生物化石出境批件	自然资源部

第二节　常见通关监管证件申领操作

一、进出口许可证

进出口许可证管理，是指由商务部或者由商务部会同国务院其他有关部门，依法制定并调整进出口许可证管理目录，以签发进出口许可证的方式对进出口许可证管理目录中的商品实行的行政许可管理。商务部是全国进出口许可证的归口管理部门，负责制定进出口许可证管理办法及规章制度，监督、检查进出口许可证管理办法的执行情况，处罚违规行为。商务部会同海关总署制定、调整和发布年度进口许可证管理货物目录及出口许可证管理货物目录。

商务部统一管理、指导全国各发证机构的进出口许可证签发工作，商务部配额许可证事务局（以下简称许可证局）、商务部驻各地特派办和商务部授权的地方主管部门发证机构［以下简称地方发证机构，包括各省、自治区、直辖市、计划单列市，以及商务部授权的其他省会城市商务厅（局）、外经贸委（厅、局）］为进出口许可证的发证机关，负责在授权范围内签发"中华人民共和国进口许可证"（以下简称"进口许可证"）或"中华人民共和国出口许可证"（以下简称"出口许可证"）。

"进口许可证"和"出口许可证"是我国进出口许可证管理制度中具有法律效力，用来证明对外贸易经营者（以下简称经营者）经营列入国家进出口许可证管理目录的商品合法进出口的证明文件，是海关验放该类货物的重要依据。

（一）进出口许可证管理

进出口许可证管理属于国家限制进出口管理范畴，按照证件类别划分为"进口许可证"管理和"出口许可证"管理。

1. "进口许可证"管理方式

"进口许可证"管理按管理方式可分为许可证管理和配额管理。对国家规定有数量限制的进口货物，实行配额管理；其他限制进口货物，实行许可证管理。

2. "出口许可证"管理方式

"出口许可证"管理按管理方式可分为配额许可证管理、配额招标管理和许可证管理。国家规定有数量限制的出口货物，实行配额管理和配额招标管理；其他限制出口货物，实行许可证管理。

3. 进出口许可证常规使用与管理

（1）进出口经营者应如实规范向海关申报，在固定栏目规范填报进出口许可证电子证书编号。

（2）进出口许可证实行"一证一关"（指进出口许可证只能在一个海关报关，下同）管理。

一般情况下，进出口许可证为"一批一证"（指进出口许可证在有效期内只能一次报关使用，下同）。如要实行"非一批一证"（指进出口许可证在有效期内可多次报关使用，下同），应当同时在进出口许可证备注栏内打印"非一批一证"字样，但使用最多不超过12次，由海关在许可证背面"海关验放签注栏"内逐批签注核减进出口数量。

（3）对实行"一批一证"进出口许可证管理的大宗、散装货物，以出口为例，其溢装数量在货物总量3%以内的原油、成品油予以免证，其他货物溢装数量在货物总量5%以内的予以免证；对实行"非一批一证"制的大宗、散装货物，在每批货物出口时，按其实际出口数量进行许可证证面数量核扣，在最后一批货物出口时，应按该许可证实际剩余数量溢装上限，即5%（原油、成品油在溢装上限3%）以内计算免证数额。

（二）申领操作

1. 进口许可证

（1）进口许可证的申请

①申领方式

进口许可证的申请主要采用网上申请的方式，也可书面申请。

经营者以网上申请的方式申请进口许可证的，需先通过省级商务主管部门免费领取电子认证证书和电子钥匙，使用电子钥匙登录进口许可证发证系统办理申请。

经营者提交的进口许可证申请，在发证机构初核前可申请撤回。

②提交材料

经营者申请进口许可证须提交以下材料：

A. 加盖经营者公章（含进口许可证发证系统中绑定的经营者电子印章）的《中华人民共和国进口许可证申请表》；

B. 主管机关签发的进口批准文件（实行网上办理的，无须提交）；

C. 进口合同；

D. 进口商与收货人不一致的，应当提交《委托代理协议》；

E. 商务部规定的其他应当提交的材料。

上述材料，网上申请的，通过上传影像化材料等方式提交；书面申请的，申请时提交。

为核对经营者的经营范围、企业性质等信息，发证机构可要求经营者提交《营业执照》等有效证照。

(2) 进口许可证的管理及使用

①进口许可证的有效期为发证之日起至当年12月31日，进口许可证应在有效期内使用，逾期自行失效；进口许可证只能延期一次，延期最长不得超过3个月；特殊情况需要跨年度使用时，有效期最长不得超过次年3月31日。

②经营者凭进口许可证电子证书办理货物进口通关验放手续的，通关操作中可免于提交进口许可证纸质证书。海关通过联网核查核验进口许可证电子证书，不再进行纸面签注。

③进口许可证一经签发，任何机构和个人不得擅自更改证面内容。因故需要更改（含删除、核销、延期、遗失换证）时，发证机构应受理经营者在进口许可证有效期内提出的申请。

对未使用的进口许可证，发证机构办理经营者在许可证有效期内提出的更改时，应先通过"预删除"进行系统数据核验。核验通过的，发证机构点击"删除"，完成删除操作；核验不通过的，退回经营者并说明原因。

对已部分使用的进口许可证，发证机构办理经营者在许可证有效期内提出的更改时，应先通过"预核销"进行系统数据核验。核验通过的，在发证系统中核销已使用数量；核验不通过的，退回经营者并说明理由。

④已领取的进口许可证纸质证书如遗失，经营者应立即书面报告原发证机构。

经营者如需重新办理进口许可证，发证机构应予受理，凭经营者书面报告等材料，与海关电子清关数据核实无误后，删除或核销原证并换发新证。

发证机构在办理进口许可证延期和遗失手续时，应根据情况在新证备注栏注明原证证号和"延期换证""遗失换证"字样。

2. 重点旧机电产品"进口许可证"

重点旧机电产品，是指涉及国家安全、社会公共利益、人的健康或者安全、动植物的生命或者健康、污染环境的旧机电产品。2008年，商务部、海关总署、国家质检总局联合制定《重点旧机电产品进口管理办法》，对重点旧机电产品实行限制进口管理。

该办法适用于将重点旧机电产品进口到中华人民共和国关境内的行为。

境外进入海关特殊监管区域或海关保税监管场所的重点旧机电产品，再从海关特殊监管区域或海关保税监管场所进入（境内）区外的，适用该办法。

境外进入海关特殊监管区域或海关保税监管场所的重点旧机电产品，以及（境内）区外进入海关特殊监管区域后再出区的重点旧机电产品，不适用该办法。

《重点旧机电产品进口目录》纳入《进口许可证管理货物目录》，由商务部会同海关总署制定、调整并公布。

商务部负责全国重点旧机电产品进口管理工作。

商务部负责重点旧机电产品进口申请的审批工作，商务部配额许可证局负责"进口许可证"的发证工作。

（1）旧机电进口许可证的申请

①申领方式

重点旧机电产品进口应由最终用户提出申请。进口重点旧机电产品用于翻新（含再制造）的，应由具备从事翻新业务资质的单位提出申请。

进口单位可以通过网上申请或书面申请向商务部提出重点旧机电产品的进口申请。

A. 书面申请程序：

a. 申请进口单位可到发证机构领取或从商务部授权网站下载《机电产品进口申请表》；

b. 按要求如实填写《机电产品进口申请表》（须在规格型号栏中填写设备制造日期，旧船舶类则填写技术评定书号）；

c. 同时提供《重点旧机电产品进口管理办法》第八条至第十条规定的相关书面材料；

d. 地方、部门机电办核实相关材料后报商务部。

B. 网上申请程序：

a. 申请进口单位登录商务部授权网站，进入机电产品进口许可证申领系统；

b. 按要求如实在线填写《机电产品进口申请表》（须在规格型号栏中填写设备制造日期，旧船舶类则填写技术评定书号）；

c. 地方、部门机电办核实相关信息后报商务部。

网上申请时不能随《机电产品进口申请表》一并提交相关书面材料的，应经相应的地方、部门机电办核实后报商务部。

申请进口单位所提供的申请材料应当真实、有效。

②提交材料

申请进口重点旧机电产品，申请进口单位应当向商务部提供以下材料：

A. 申请进口的重点旧机电产品用途说明；

B. 《机电产品进口申请表》；

C. 营业执照（复印件）；

D. 申请进口的重点旧机电产品的制造年限证明材料；

E. 申请进口单位提供设备状况说明；

F. 其他相关法律、行政法规规定需要提供的文件。

从事翻新业务进口重点旧机电产品的单位，国家规定有资质要求的，除提供第八条所列材料外，还须提供资质证明文件。

进口旧船舶的申请进口单位，须提供本办法第八条第一至第三款所列材料以及国家海事局出具的《旧船舶进口技术评定书》或国家渔业船舶检验局出具的《旧渔业船舶进口技术评定书》。

（2）旧机电进口许可证的管理及使用

①申请进口单位凭进口旧机电产品备案相关证明及其他相关单证向检验检疫机构

办理检验手续，检验检疫机构对符合条件的产品出具《入境货物通关单》（备注栏内标注"旧机电产品进口备案"字样）。

②进口重点旧机电产品经过检验检疫合格后，方可进口。

③国家海事局及其委托机构负责对进口旧船舶进行检验；国家渔业船舶检验局负责对进口旧渔船进行检验；国家民航总局负责对进口旧飞机进行检验。

海关负责对其他所有进口重点旧机电产品进行检疫，并负责对进口除旧船舶和航空器之外的重点旧机电产品进行检验。

3. 出口许可证

（1）出口许可证的申请

①申领方式

出口许可证的申请主要采用网上申请，也可书面申请。

经营者以网上申请的方式申请出口许可证的，需先通过省级商务主管部门免费领取电子认证证书和电子钥匙，使用电子钥匙登录出口许可证发证系统办理申请。

经营者提交的出口许可证申请，在发证机构初核前可申请撤回。

②提交材料

经营者申请出口许可证须提交以下材料：

A. 加盖经营者公章（含出口许可证发证系统中电子钥匙绑定的经营者电子印章）的《中华人民共和国出口许可证申请表》；

B. 主管机关签发的出口批准文件（实行网上办理的，无须提交）；

C. 出口合同；

D. 出口商与发货人不一致的，应当提交《委托代理协议》；

E. 商务部规定的其他应当提交的材料。

上述材料，网上申请的，通过影像化上传等方式提交；书面申请的，申请时提交。

为核对经营者的经营范围、企业性质等信息，发证机构可要求经营者提交《营业执照》等有效证照。

上述材料如有变化，经营者须及时向发证机构提交变更后的材料。

（2）出口许可证的管理及使用

①发证机构自当年12月10日起，可签发下一年度的出口许可证。提前签发的下一年度出口许可证，备注栏将注明有效期自下一年度1月1日起。

出口许可证的有效期最长不得超过6个月，且有效期截止时间不得超过当年12月31日。出口许可证应当在有效期内使用，逾期自行失效，海关不予放行。

商务部可视具体情况，调整某些货物出口许可证的有效期和申领时间。

②经营者凭出口许可证电子证书办理货物出口通关验放手续的，通关操作中可免于提交出口许可证纸质证书。海关通过联网核查核验出口许可证电子证书，不再进行纸面签注。

出口许可证一经签发，任何单位和个人不得擅自更改证面内容。因故需要更改（含删除、核销、延期、遗失换证）时，发证机构应受理经营者在出口许可证有效期内提出的申请。

③使用当年出口配额或批准数量领取的出口许可证办理延期，其延期最长不得超

过当年12月31日。

④对未使用的出口许可证,发证机构办理经营者在许可证有效期内提出的更改时,应先通过"预删除"进行系统数据核验。核验通过的,发证机构点击"删除",完成删除操作;核验不通过的,退回经营者并说明原因。

对已部分使用的出口许可证,发证机构办理经营者在许可证有效期内提出的更改时,应先通过"预核销"进行系统数据核验。核验通过后,方可在发证系统中核销已使用数量;核验不通过的,退回经营者并说明原因。

⑤已领取的出口许可证纸质证书如遗失,经营者应立即书面报告原发证机构。

经营者如需重新办理出口许可证,发证机构应予受理,凭经营者书面报告等材料,与海关电子清关数据核实无误后,删除或核销原证并换发新证。

发证机构在办理出口许可证的延期、遗失手续时,应要求经营者在新证备注栏中注明原证证号和"延期换证""遗失换证"字样。

二、两用物项和技术进出口许可证

(一) 管理机关

商务部是全国两用物项和技术进出口许可证的归口管理部门,负责制定两用物项和技术进出口许可证管理办法及规章制度,监督、检查两用物项和技术进出口许可证管理办法的执行情况,处罚违规行为。

商务部会同海关总署制定和发布《两用物项和技术进出口许可证管理目录》(以下简称《管理目录》)。商务部和海关总署可以根据情况对《管理目录》进行调整,并以公告形式发布。

商务部委托商务部配额许可证局统一管理、指导全国各发证机构的两用物项和技术进出口许可证发证工作,许可证局对商务部负责。

许可证局和商务部委托的省级商务主管部门为两用物项和技术进出口许可证发证机构,省级商务主管部门在许可证局的统一管理下,负责委托范围内两用物项和技术进出口许可证的发证工作。

(二) 管理范围

1. 以任何方式进口或出口,以及过境、转运、通运《管理目录》中的两用物项和技术,均应申领两用物项和技术进口或出口许可证。

2. 两用物项和技术在境外与保税区、出口加工区等海关特殊监管区域、保税场所之间进出的,也应申领两用物项和技术进口或出口许可证。

3. 两用物项和技术在境内与保税区、出口加工区等海关特殊监管区域、保税场所之间进出的,或者在上述海关监管区域、保税场所之间进出的,无须办理两用物项和技术进出口许可证。

4. 两用物项和技术进出口时,进出口经营者应当向海关出具两用物项和技术进出口许可证,依照海关法的有关规定,海关凭两用物项和技术进出口许可证接受申报并办理验放手续。

5. 根据有关行政法规的规定，出口经营者知道或者应当知道，或者得到国务院相关行政主管部门通知，其拟出口的物项和技术存在被用于大规模杀伤性武器及其运载工具风险的，无论该物项和技术是否列入《自动进口许可管理货物目录》，都应办理两用物项和技术出口许可证。

6. 出口经营者在出口过程中，如发现拟出口的物项和技术存在被用于大规模杀伤性武器及其运载工具风险的，应及时向国务院相关行政主管部门报告，并积极配合采取措施中止合同的执行。

（三）两用物项和技术进出口许可证的申请

1. 申领方式

自2021年1月1日起，对两用物项和技术进出口许可证的申领和通关实行无纸化。进出口相关物项和技术的经营者可自行选择无纸作业或者有纸作业方式。

选择无纸作业方式的，应经主管部门审查批准后，向商务部或者受商务部委托的机构申请取得《中华人民共和国两用物项和技术出口许可证》或《中华人民共和国两用物项和技术进口许可证》（以下统称许可证）电子证件，并以通关无纸化方式向海关办理进出口通关验放手续，通关操作中可免于提交许可证纸质证件。

海关通过联网核查验核许可证电子证件，不再进行纸面签注，并将许可证使用状态、清关情况等数据电文及时反馈商务部。发证机构依据上述数据电文执行许可证删证、核销等操作，不再核验海关书面签注。

2. 提交材料

两用物项和技术进出口许可证实行网上申领。申领两用物项和技术进出口许可证时应提交下列文件。

（1）进出口经营者对应行政主管部门批准文件，其中：

①核、核两用品、生物两用品、有关化学品、导弹相关物项、易制毒化学品和计算机进出口的批准文件为商务主管部门签发的两用物项和技术进口或者出口批复单。其中，核材料的出口凭国防科学技术工业委员会的批准文件办理相关手续。

外商投资企业进出口易制毒化学品凭《商务部外商投资企业易制毒化学品进口批复单》或《商务部外商投资企业易制毒化学品出口批复单》申领进出口许可证。

②监控化学品进出口的批准文件为国家履行禁止化学武器公约工作领导小组办公室签发的监控化学品进口或者出口核准单。

（2）进出口经营者公函（介绍信）原件、进出口经营者领证人员的有效身份证明以及网上报送的两用物项和技术进出口许可证申领表。

如因异地申领等特殊情况，需要委托他人申领两用物项和技术进出口许可证的，被委托人应提供进出口经营者出具的委托公函（其中应注明委托理由和被委托人身份）原件和被委托人的有效身份证明。

（四）两用物项和技术进出口许可证的使用与管理

两用物项和技术进出口许可证有效期一般不超过1年。

两用物项和技术进出口许可证跨年度使用时，在有效期内只能使用到次年3月31

日，逾期发证机构将根据原许可证有效期换发许可证。

两用物项和技术进口许可证实行"非一批一证"制和"一证一关"制，同时在两用物项和技术进口许可证备注栏内打印"非一批一证"字样。

两用物项和技术出口许可证实行"一批一证"制和"一证一关"制。同一合同项下的同一商品如需分批办理出口许可证，出口经营者应在申领时提供相关行政主管部门签发的相应份数的两用物项和技术出口批准文件。同一次申领分批量最多不超过十二批。

"一批一证"制的大宗、散装的两用物项在报关时溢装数量不得超过两用物项和技术出口许可证所列出口数量的5%。"非一批一证"制的大宗、散装两用物项，每批进口时，按其实际进口数量进行核扣，最后一批进口物项报关时，其溢装数量按该两用物项和技术进口许可证实际剩余数量并在规定的溢装上限5%内计算。

赴境外参加或举办展览会运出境外的展品，参展单位（出口经营者）应凭出境经济贸易展览会审批部门批准办展的文件，按规定申请办理两用物项和技术出口许可证。

对于非卖展品，应在两用物项和技术出口许可证备注栏内注明"非卖展品"字样。参展单位应在展览会结束后6个月内，将非卖展品如数运回境内，由海关凭出境时的有关单证予以核销。在特殊情况下，可向海关申请延期，但延期最长不得超过6个月。

运出境外的两用物项和技术的货样或实验用样品，视为正常出口，出口经营者应按规定申请办理两用物项和技术出口许可证。

两用物项和技术进出口许可证应在批准的有效期内使用，逾期自动失效，海关不予验放。

两用物项和技术进口许可证证面的进口商、收货人应分别与海关进口货物报关单的经营单位、收货单位相一致；两用物项和技术出口许可证证面的出口商、发货人应分别与海关出口货物报关单的经营单位、发货单位相一致。

三、自动进口许可证

为了对部分货物的进口实行有效监测，商务部根据监测货物进口情况的需要，对部分进口货物实行自动许可管理。

自动进口许可管理的货物实行目录管理，包括具体货物名称、海关商品编码，由商务部会同海关总署等有关部门确定和调整。该目录由商务部以公告形式发布。

（一）管理机关

商务部授权配额许可证局，商务部驻各地特派办，各省、自治区、直辖市、计划单列市商务（外经贸）主管部门以及部门和地方机电产品进出口机构（以下简称授权发证机构）负责自动进口许可货物管理和自动进口许可证的签发工作。

（二）管理范围

1. 根据商务部、海关总署公布的《自动进口许可管理货物目录（2024年）》，自动进口许可证涉及商品主要包括：牛肉、猪肉、鲜奶、奶粉、木薯、大麦、高粱、大豆、油菜籽、食糖、玉米酒糟、豆粕、烟草、原油、成品油、化肥、二醋酸纤维丝束、烟草机械、移动通信产品、卫星和广播及电视设备及其关键部件、汽车产品、飞机、船舶等。

以加工贸易方式进口化肥报关时需提交自动进口许可证。

2. 以下列方式进口自动许可货物的，可以免领自动进口许可证：

（1）加工贸易项下进口并复出口的（原油、成品油除外）；

（2）外商投资企业作为投资进口或者投资额内生产自用的；

（3）货样广告品、实验品进口，每批次价值不超过5000元人民币的；

（4）暂时进口的海关监管货物；

（5）国家法律法规规定其他免领自动进口许可证的。

3. 进入保税区、出口加工区等海关特殊监管区域及进入保税仓库、保税物流中心的属于自动进口许可管理的货物，免领自动进口许可证。

如从保税区、出口加工区等海关特殊监管区域及保税仓库、保税物流中心进口自动进口许可管理货物，应当领取自动进口许可证。

加工贸易进口自动许可管理货物，应当按有关规定复出口。因故不能复出口而转内销的，按现行加工贸易转内销有关审批程序申领自动进口许可证。

（三）自动进口许可证的申请

1. 申领方式

自动进口许可证申领和通关实行无纸化。

收货人可以直接向授权发证机构通过网上申请。

收货人应当先到授权发证机构申领用于企业身份认证的电子钥匙。申请时，登录相关网站，进入相关申领系统，按要求如实在线填写《自动进口许可证申请表》等资料，同时向发证机构提交规定的有关材料。

2. 提交材料

收货人申请自动进口许可证，应当提交以下材料：

（1）收货人从事货物进出口的资格证书、备案登记文件或者外商投资企业批准证书（以上证书、文件仅限公历年度内初次申领者提交）；

（2）自动进口许可证申请表；

（3）货物进口合同；

（4）属于委托代理进口的，应当提交委托代理进口协议（正本）；

（5）对进口货物用途或者最终用户法律法规有特定规定的，应当提交进口货物用途或者最终用户符合国家规定的证明材料；

（6）针对不同商品在《自动进口许可管理货物目录》中列明的应当提交的材料；

（7）商务部规定的其他应当提交的材料。

（四）自动进口许可证的使用与管理

自动进口许可证在公历年度内有效，有效期为6个月。

商务部对自动进口许可证项下货物原则上实行"一批一证"管理，对部分货物也可实行"非一批一证"管理。

海关对散装货物溢短装数量在货物总量正负5%以内的予以免证验放。对原油、成品油、化肥、钢材四种大宗货物的散装货物溢短装数量在货物总量正负3%以内的予以免证验放。

对"非一批一证"进口实行自动进口许可管理的大宗散装商品，每批货物进口时，按其实际进口数量核扣自动进口许可证额度数量；最后一批货物进口时，其溢装数量按该自动进口许可证实际剩余数量并在规定的允许溢装上限内计算。

四、美术品进出口批文

为加强对美术品进出口经营活动、商业性美术品展览活动的管理，促进中外文化交流，丰富人民群众文化生活，国家对美术品进出口实施监督管理。

（一）管理机关

文化和旅游部委托美术品进出口口岸所在地省、自治区、直辖市文化行政部门负责本辖区美术品的进出口审批。美术品进出口单位应当在美术品进出口前，向美术品进出口口岸所在地省、自治区、直辖市文化行政部门申领进出批件，凭以向海关办理通关手续。

（二）管理范围

1. 纳入管理的美术品是指艺术创作者以线条、色彩或者其他方式，经艺术创作者以原创方式创作的具有审美意义的造型艺术作品，包括绘画、书法、雕塑、摄影等作品，以及艺术创作者许可并签名的，数量在200件以内的复制品。
2. 批量临摹的作品、工业化批量生产的美术品、手工艺品、工艺美术产品、木雕、石雕、根雕、文物等，不属于进出口美术品管理范围。
3. 我国禁止进出境含有下列内容的美术品：违反宪法确定的基本原则的；危害国家统一、主权和领土完整的；泄露国家秘密、危害国家安全或者损害国家荣誉和利益的；煽动民族仇恨、民族歧视，破坏民族团结，或者侵害民族风俗习惯的；宣扬或者传播邪教迷信的；扰乱社会秩序，破坏社会稳定的；宣扬或者传播淫秽、色情、赌博、暴力、恐怖或者教唆犯罪的；侮辱或者诽谤他人、侵害他人合法权益的；蓄意篡改历史、严重歪曲历史的；危害社会公德或者有损民族优秀文化传统的；我国法律、行政法规和国家规定禁止的其他内容的。

（三）专营管理

我国对美术品进出口实行专营管理，经营美术品进出口的企业必须是在商务部门备案登记，取得进出口美术品的资质的企业。

（四）美术品进出口批文的申请

1. 申领方式

美术品进出口单位向美术品进出口口岸所在地省、自治区、直辖市文化行政部门申领批件。

2. 提交材料

美术品进出口单位提出申请，并报送以下材料：

（1）美术品进出口单位的企业法人营业执照、经营者备案登记表；
（2）进出口美术品的来源、目的地、用途；
（3）艺术创作者名单、美术品图录和介绍；
（4）审批部门要求提供的其他材料。

（五）美术品进出口批文的使用与管理

1. 同一批已经批准进口或出口的美术品复出口或复进口，进出口单位可持原批准文件正本到原进口或出口口岸海关办理相关手续，文化行政部门不再重复审批。上述复出口或复进口的美术品如与原批准内容不符，进出口单位则应当到文化行政部门重新办理审批手续。

2. 用于研究、教学参考、馆藏、公益性展览等非经营性用途的美术品进出境，应当委托美术品进出口单位办理进出口手续。

五、进出境文物

为了加强对文物的保护，继承中华民族优秀的历史文化遗产，促进科学研究工作，进行爱国主义和革命传统教育，建设社会主义精神文明和物质文明，我国制定了《中华人民共和国文物保护法》（以下简称《文物保护法》）。其中，第六章对"文物出境进境"做了明确的规定。

国务院根据《文物保护法》，制定了《中华人民共和国文物保护法实施条例》。

（一）文物

历史上各时代重要实物、艺术品、文献、手稿、图书资料、代表性实物等可移动文物，分为珍贵文物和一般文物；珍贵文物分为一级文物、二级文物、三级文物。

馆藏文物，是指博物馆、图书馆和其他文物收藏单位收藏的文物，已报主管的文物行政部门备案。县级以上地方人民政府文物行政部门应当分别建立本行政区域内的馆藏文物档案；国务院文物行政部门应当建立国家一级文物藏品档案和其主管的国有文物收藏单位馆藏文物档案。

民间收藏文物，是指文物收藏单位以外的公民、法人和其他组织收藏的文物。文物收藏单位以外的公民、法人和其他组织收藏的文物可以依法流通。

但公民、法人和其他组织不得买卖下列文物：

1. 国有文物，但是国家允许的除外；
2. 非国有馆藏珍贵文物；
3. 国有不可移动文物中的壁画、雕塑、建筑构件等，但是依法拆除的国有不可移动文物中的壁画、雕塑、建筑构件等不属于应由文物收藏单位收藏的除外；
4. 来源不符合规定的文物。

（二）进出境文物管理

国有文物、非国有文物中的珍贵文物和国家规定禁止出境的其他文物，不得出境；

允许出境展览或者因特殊需要出境的，需经国务院批准。

国务院文物行政主管部门指定的文物进出境审核机构，应当有 5 名以上取得中级以上文物博物专业技术职务的文物进出境责任鉴定人员。

运送、邮寄、携带文物出境，应当在文物出境前依法报文物进出境审核机构审核。文物进出境审核机构应当自收到申请之日起 15 个工作日内作出是否允许出境的决定。

文物进出境审核机构审核文物，应当有 3 名以上文物博物专业技术人员参加；其中，应当有 2 名以上文物进出境责任鉴定人员。

文物出境审核意见，由文物进出境责任鉴定员共同签署；对经审核，文物进出境责任鉴定员一致同意允许出境的文物，文物进出境审核机构方可作出允许出境的决定。

文物出境审核标准，由国务院文物行政主管部门制定。

文物进出境审核机构应当对所审核进出境文物的名称、质地、尺寸、级别，当事人的姓名或者名称、住所、有效身份证件号码或者有效证照号码，以及进出境口岸、文物去向和审核日期等内容进行登记。

经审核允许出境的文物，由国务院文物行政主管部门发给文物出境许可证，并由文物进出境审核机构标明文物出境标识。经审核允许出境的文物，应当从国务院文物行政主管部门指定的口岸出境。海关查验文物出境标识后，凭文物出境许可证放行。

经审核不允许出境的文物，由文物进出境审核机构发还当事人。

文物出境展览的承办单位，应当在举办展览前 6 个月向国务院文物行政主管部门提出申请。国务院文物行政主管部门应当自收到申请之日起 30 个工作日内作出批准或者不批准的决定。

一级文物展品超过 120 件（套）的，或者一级文物展品超过展品总数的 20%的，应当报国务院批准。

一级文物中的孤品和易损品，禁止出境展览。禁止出境展览文物的目录，由国务院文物行政主管部门定期公布。

未曾在国内正式展出的文物，不得出境展览。

文物出境展览的期限不得超过 1 年。因特殊需要，经原审批机关批准可以延期；但是，延期最长不得超过 1 年。

文物出境展览期间，出现可能危及展览文物安全情形的，原审批机关可以决定中止或者撤销展览。

临时进境的文物，经海关将文物加封后，交由当事人报文物进出境审核机构审核、登记。文物进出境审核机构查验海关封志完好无损后，对每件临时进境文物标明文物临时进境标识，并登记拍照。未履行规定手续临时进境的文物复出境的，依照关于文物出境的规定办理。

临时进境文物复出境时，应当由原审核、登记的文物进出境审核机构核对入境登记拍照记录，查验文物临时进境标识无误后标明文物出境标识，并由国务院文物行政主管部门核发文物出境许可证。

任何单位或者个人不得擅自剥除、更换、挪用或者损毁文物出境标识、文物临时进境标识。

第三章

通关操作

国际贸易中，每项进出口交易活动都需通过一定的方式转让买卖双方的商品所有权，这种方式称为"贸易方式"或"贸易性质"。

"监管方式"，是"进出口货物海关监管方式"的简称，是以国际贸易进出口货物交易方式为基础，兼顾海关监管进出口货物综合设定的管理方式。

注：本教材中提及的"一般贸易货物""暂时进出境货物""特定减免税货物"等，特指海关的监管方式下的货物。

第一节　一般贸易货物通关操作

一、概述

（一）含义

一般贸易货物，是指在进出境环节缴纳完税费并根据贸易管制要求交验许可证件后，海关现场放行，进入境内或运往境外，海关不再进行后续监管的货物。

（二）货物流向与用途

一般贸易货物，分为：一般贸易进口货物和一般贸易出口货物。
1. 一般贸易进口货物：货物单向进境消费或使用，不再复运出境。
2. 一般贸易出口货物：货物单向出境消费或使用，不再复运进境。

二、通关操作程序

对于一般进出口货物，放行时进出口货物收发货人或代理报关企业已经办理了所有海关手续，海关进出境现场放行即等于结关。

因此，一般进出口货物的通关操作程序，基本集中在"事"中阶段，包括：申报操作、配合查验操作、缴纳税费操作和进口提取货物操作、出口装运货物操作4个作业环节。

而其他海关监管货物，因监管方式的不同，除需要完成上述作业环节外，还需要进行"事"前及"事"后的相关作业。

注：本教材在一般进出口货物章节，重点讲述"事"中作业程序，在其他海关监管货物章节，重点讲述"事"前及"事"后的作业程序。

（一）常规申报操作

申报操作，是指进出口货物收发货人或代理报关企业，依照《海关法》以及其他有关法律、行政法规和规章的要求，在规定的期限、地点，采用电子数据报关单或纸质报关单的形式，向海关报告实际进出口货物的情况，并且接受海关审核的行为。

《海关法》规定，进口货物的收货人、出口货物的发货人应当向海关如实申报，交验进出口许可证件和有关单证。国家限制进出口的货物，没有进出口许可证件的，海关不予放行,具体处理办法由国务院规定。

1. 一般申报要求

(1) 申报地点

全国通关作业一体化全面启动后,除特殊货物在限定口岸申报外,进出口企业可在任一海关进行申报,即企业可根据实际需要,自主选择在货物进出口岸、企业属地或其他任一海关报关,除必须进行转关操作的进出口货物外,均可实现一体化作业模式申报。

按照申报地点分类,申报方式可以分为4种。

①在口岸海关申报

口岸海关申报即报关单位在货物实际进出境地海关办理申报手续。如货物涉及查验,由货物进出境地海关实施查验。

②在属地海关申报

属地海关申报即报关单位在企业主管地海关办理申报手续,货物在口岸海关实际进出境。如货物涉及查验,由货物实际进出境的口岸海关实施查验。

③在除口岸及属地海关外的其他海关申报

采用该种申报方式进出口的企业较少,适用于有特殊需要的进出口货物。如货物涉及查验,由货物实际进出境的口岸海关实施查验。

④在货物所在地的主管海关申报

主管海关申报即以保税货物、特定减免税货物和暂准进境货物等申报进境的货物,如因故改变使用目的从而改变性质,转为一般进口时,应当在货物所在地的主管海关申报。

(2) 申报期限

①进口申报期限

进口货物的收货人或代理报关企业应当自运输工具申报进境之日起14日内,向海关申报。

进口货物的收货人超过规定期限向海关申报的,由海关征收滞报金。

进口货物自装载货物的运输工具申报进境之日起超过3个月仍未向海关申报的,货物由海关提取并依法变卖。对不宜长期保存的货物,海关可以根据实际情况提前处理。

②出口申报期限

出口货物发货人或代理报关企业应当在货物运抵海关监管场所后、装货的24小时之前向海关申报。

③其他

经电缆、管道或其他特殊方式进出境的货物,进出口货物收发货人或代理报关企业按照海关规定的期限申报。

(3) 申报日期

申报日期是指申报数据被海关接受的日期。

进出口货物收发货人或代理报关企业的申报数据自被海关接受之日起,就产生法律效力,即进出口货物收发货人或代理报关企业开始承担"如实申报""如期申报"

的法律责任。

无论是以电子数据报关单方式申报，还是以纸质报关单方式申报，海关以接受申报数据的日期为申报日期。

先采用电子数据报关单申报，后提交纸质报关单，或者仅以电子数据报关单方式申报的，申报日期为海关系统接受申报数据时记录的日期，该日期将反馈给申报单位。

电子数据报关单经过海关系统检查被退回的，视为海关不接受申报，进出口货物收发货人或代理报关企业应当按照相关要求修改后，重新申报。申报日期则为海关接受重新申报的日期。

海关已接受申报的报关单电子数据，经人工审核确认需要退回修改的，进出口货物收发货人或代理报关企业应当在10日内完成修改并且重新发送报关单电子数据，申报日期仍为海关接受原报关单电子数据的日期；超过10日的，原报关单无效，进出口货物收发货人或代理报关企业应当另行向海关申报，申报日期为海关再次接受申报的日期。

（4）申报方式

目前，全国海关全部通关业务现场已全面施行通关作业无纸化申报。

"通关作业无纸化"是指海关以企业分类管理和风险分析为基础，按照风险等级对进出口货物实施分类，运用信息化技术改变海关核验进出口企业递交纸质报关单及随附单证办理通关手续的做法，直接对企业通过申报系统录入申报的报关单及随附单证的电子数据进行无纸审核、验放处理的通关作业方式。

进出口货物的收发货人或代理报关企业通过国际贸易"单一窗口"，按照《中华人民共和国海关进出口货物报关单填制规范》（以下简称《报关单填制规范》）的要求，向海关传送报关单电子数据及随附单证电子数据。

2. 报关单修改与撤销

（1）报关单修改或撤销的条件

有以下情形之一的，进出口货物的收发货人或代理报关企业可以向原接受申报的海关办理进出口货物报关单修改或者撤销手续，海关另有规定的除外：

①出口货物放行后，由于装运、配载等原因造成原申报货物部分或者全部退关、变更运输工具的；

②进出口货物在装载、运输、存储过程中发生溢短装，或者由于不可抗力造成灭失、短损等，导致原申报数据与实际货物不符的；

③由于办理退补税、海关事务担保等其他海关手续而需要修改或者撤销报关单数据的；

④根据贸易惯例先行采用暂时价格成交、实际结算时按商检品质认定或者国际市场实际价格付款方式需要修改申报内容的；

⑤已申报进口货物办理直接退运手续，需要修改或者撤销原进口货物报关单的；

⑥由于计算机、网络系统等技术原因导致电子数据申报错误的，或由于报关人员操作或者书写失误造成申报内容需要修改或者撤销的。

海关已经决定布控、查验以及涉嫌走私或者违反海关监管规定的进出口货物，在办结相关手续前不得修改或者撤销报关单及其电子数据。

收发货人或代理报关企业在"互联网+海关"一体化网上办事平台或国际贸易"单一窗口"系统录入报关单修改或者撤销相关事项并上传相关材料电子数据；HP2015系统接收后自动生成处理单；海关完成处置后回执反馈至"单一窗口"系统。

（2）提交的单证

①《进出口货物报关单修改/撤销表》。

②不同情形下需要提交的其他材料：

A. 出口货物放行后，由于装运、配载等原因造成原申报货物部分或者全部退关、变更运输工具的情形下的退关、变更运输工具证明材料；

B. 进出口货物在装载、运输、存储过程中发生溢短装，或者由于不可抗力造成灭失、短损等，导致原申报数据与实际货物不符情形下的证明材料；

C. 因退补税、海关事务担保等其他海关手续而需要修改或者撤销报关单数据情形下的海关相关部门签注资料；

D. 根据贸易惯例先行采用暂时价格成交，实际结算时按商检品质认定或者国际市场实际价格付款方式情形下需要修改申报内容的相关材料；

E. 已申报进口货物办理直接退运手续，需要修改或者撤销原进口货物报关单情形下的《进口货物直接退运表》；

F. 计算机、网络系统等技术原因导致电子数据申报错误情形下，计算机、网络系统运行管理方出具的说明材料；

G. 由于报关人员操作或者书写失误造成申报内容需要修改或者撤销的情形下的材料。

（二）配合查验操作

在现场通关作业时，海关会通过系统或人工下达布控查验和实货验估指令，海关查验关员会在区别查验指令属性后，按照细化的查验要求实施查验。

海关对存在禁限管制、侵权、品名规格数量伪瞒报等风险，以及情报反映存在走私违规嫌疑的货物依法进行准入查验，对存在归类、价格、原产地等税收风险的货物依法进行验估查验。

1. 海关查验类型

（1）准入查验

准入查验是指海关对存在禁限管制、侵权、品名规格数量伪瞒报等风险，以及情报反映存在走私违规嫌疑的货物依法进行实际核查的执法行为。

在进出口货物报关单申报后放行前，海关对有布控查验指令的报关单实施准入查验，具体查验事宜由现场海关查验人员实施。接到海关查验通知后，进出口货物报关单位应提前做好查验准备并按时到场接受货物查验。

货物准入查验结果异常的，现场海关查验人员将如实记录，转交现场海关综合业务部门运用查验异常处置系统进行查验结果异常处理。综合业务部门将对照查验人员记录的具体异常情形，按照规定办理案件处置移交工作，其中符合一般案件处置规定的，移送缉私部门；属于简单案件或简易程序规定情形的案件移送至相关部门处置；对违反知识产权规定的案件移送至法规部门；对符合报关单修改与撤销等情况的查验结果异常，留在本部门进行报关单修改与撤销处理。

（2）现场验估查验

现场验估是指在海关税收征管作业过程中，现场海关根据税收征管中心预设验估类风险参数及指令，为确定商品归类、完税价格、原产地等税收征管要素而实施的验核进出口货物单证资料或报验状态，对涉税要素申报的完整性和规范性进行评估的行为。验估是一项复杂的通关事务，也是非常重要的一个环节，它适用于一般情况下难以确定归类、价格、原产地等的涉税报关单，其比例在实际通关过程中较低。

现场海关验估部门具体执行验估类参数及指令，实施验估作业并进行相应处置及反馈，包括验核有关单证资料、样品；验核进出口货物报验状态，做好取样、留像等存证工作或在取样后送检化验；开展质疑、磋商，收集和补充单证资料等工作；录入验估作业记录及结果，按要求反馈处置结果等。

货物放行前海关对由系统或人工下达的实货验估指令，与查验统筹安排，按照细化的查验要求，由取得验估上岗资质的查验人员实施查验，验估人员提供必要协助。企业须配合海关实施实货验核。

2. 查验的时间与地点

报关企业现场操作人员收到查验通知后，应首先到查验场地办理查验货物进场手续，在确认货物抵达查验场地后，向海关预约查验时间。海关查验一般安排在海关监管区内的指定场地进行。报关企业现场操作人员在接受海关查验前应确认待查验货物的准确位置及堆放地点，当海关通知查验时，报关企业现场操作人员应及时到达指定的查验作业区配合海关查验。如果超过规定时间又无合理理由的，海关将径行查验。

对易受温度、静电、粉尘等因素影响，以及因其他特殊原因不宜在口岸海关监管区实施查验的进出口货物，企业可向主管地海关（进口为指运地海关，出口为启运地海关）申请，经批准后可异地查验。

3. 查验方法

查验应当由两名以上海关人员共同实施。海关实施查验可以彻底查验，也可以抽查。按照操作方式，可以分为人工查验和机检查验。人工查验包括外形查验、开箱查验等方式。海关可以根据货物情况及实际执法需要，确定具体的查验方式。

配合查验是进出口货物收发货人或代理报关企业的义务，查验货物时，进出口货物收发货人或代理报关企业人员应当到场，配合海关的查验。

4. 复验与径行开验

（1）复验

复验是指海关对进出口货物进行再次查验。有下列情形之一的，海关可以对已查验货物进行复验：

①经初次查验未能查明货物的真实属性，需要对已查验货物的某些性状做进一步确认的；

②货物涉嫌走私违规，需要重新查验的；

③进出口货物收发货人对海关查验结论有异议，提出复验要求并经海关同意的。

已经参加过查验的查验人员不参加对同一票货物的复验。

（2）径行开验

径行开验是指当海关认为必要时，即使进出口货物收发货人或代理报关企业人员没有在场，海关也可以对进出口货物进行查验、复验或者提取货样。

5. 损坏货物索赔

查验过程中由于海关工作人员责任造成的货物损失，进出口货物收发货人或代理报关企业现场操作人员可以要求海关就货物损坏的实际情况进行赔偿。根据规定，海关赔偿的范围为进出口货物直接的经济损失，间接的经济损失不包括在海关赔偿的范围之内。以下情况不属于海关赔偿的范围：

（1）报关企业现场操作人员搬移、开拆、重封包装或保管不善等自身原因造成的损失，易腐、易失效货物在海关正常工作时间内的变质或失效；

（2）海关正常查验所造成的不可避免的磨损；

（3）不可抗力因素造成的损失；

（4）在海关查验之前或之后发生的损失或损坏。

6. 配合查验操作

（1）进出口货物收发货人或代理报关企业应及时关注报关单状态，如发现货物被海关布控查验或者收到海关查验通知后，应及时前往海关办理查验手续。

（2）查验货物时，进出口货物收发货人或代理报关企业应当到场，负责按照海关要求搬移货物，开拆和重封货物的包装，并如实回答查验人员的询问以及提供必要的资料。因进出口货物所具有的特殊属性，容易因开启、搬运不当等原因导致货物损毁，需要查验人员在查验过程中予以特别注意的，进出口货物收发货人或代理报关企业应当在海关实施查验前声明。

（3）查验结束后，查验人员应当如实填写查验记录并签名。查验记录应当由在场的进出口货物收发货人或代理报关企业签名确认。进出口货物收发货人或代理报关企业拒不签名的，查验人员应当在查验记录中予以注明，并由货物所在监管场所的经营人签名证明。查验记录作为报关单的随附单证由海关保存。

（4）对于危险品或者鲜活、易腐、易烂、易失效、易变质等不宜长期保存的货物，以及因其他特殊情况需要紧急验放的货物，经进出口货物收发货人或代理报关企业申请，海关可以优先安排查验。

（5）查验应当在海关监管区内实施。因货物易受温度、静电、粉尘等自然因素影响，不宜在海关监管区内实施查验，或者因其他特殊原因，需要在海关监管区外查验的，进出口货物收发货人或代理报关企业应提出书面申请并附情况说明，海关可以派员到海关监管区外实施查验。

（三）缴纳税费操作

进出口货物收发货人或代理报关企业利用海关计税（费）服务工具计算应缴纳的相关税费，并对系统显示的税费计算结果进行复核和确认。在收到系统发送的回执后，自行办理相关税费缴纳手续。

适用汇总征税模式的，税款缴库后，企业担保额度自动恢复。

（四）提取货物或装运货物操作

进口货物收货人或代理报关企业签收加盖"海关放行章"戳记的进口提货凭证（提单、运单、提货单等），凭以到货物进境地的港区、机场、车站、邮局等的海关监管仓库办理提取进口货物的手续。

出口货物发货人或代理报关企业签收加盖"海关放行章"戳记的出口装货凭证（运单、装货单、场站收据等），凭以到货物出境的港区、机场、车站、邮局等的海关监管仓库办理将货物装上运输工具离境的手续。

（五）"一次申报、分步处置"通关作业流程

1. 舱单安全准入风险处置

舱单传输人（进出境运输工具负责人、无船承运业务经营人、货运代理企业、船舶代理企业、邮政企业及快件经营人等舱单电子数据传输义务人）按照规定向海关传输舱单及相关电子数据，海关舱单管理系统对舱单实施逻辑检控和审核，对不符合舱单填制规范的，退回舱单传输人予以修改，对通过逻辑检控和审核的，海关进行风险甄别。

对涉及安全准入等需进行拦截处置的进境货物（含公路口岸承运货物的运输工具，下同），海关在其抵达进境口岸后实施前置预防性检疫处理（含检疫处理监管）、前置辐射探测、先期机检等顺势及非侵入的探测和处置。

海关对舱单货物进行安全准入审查、处置后，进出口货物收发货人或代理报关企业可正常向海关申报报关数据。

2. 企业报关报税

（1）进出口货物申报

进出口货物收发货人或代理报关企业按海关要求填制报关单，将报关单数据通过申报系统进行录入，并以电子数据形式随附必要的报关单据，形成正式申报的电子数据报关单。已在海关办理汇总征税、总担保备案的企业，可在自主申报时选择"汇总征税"模式，录入总担保备案编号，一份报关单对应一个总担保备案编号。发送电子数据前，进出口货物收发货人或代理报关企业应核查所申报的内容是否真实、规范、准确，交验的各种单据是否正确、齐全、有效，申报内容应做到单单相符（报关单内容与各种单证信息应相互一致）、单证相符（报关单内容与各种证件信息应相互一致）。

进出口货物收发货人或代理报关企业应保证电子化单证信息的真实性和有效性，上传的单证扫描件的格式应符合海关要求，并按规定保存相关纸质单证。海关在监管过程中按照风险布控、签注作业等要求需要验核纸质单证的，进出口货物收发货人或代理报关企业应当补充提交相关纸质单证。

（2）"自报自缴"作业

"自报自缴"是指进出口企业或单位自主向海关申报报关单及随附单证、税费电子数据，并自行缴纳税费的行为。企业在中国电子口岸录入端选择通关作业无纸化方式向海关录入申报数据、上传随附单证进行申报。

(3) 电子审核

系统对报关单及随附单证电子数据进行规范性、逻辑性审核，对舱单、许可证件、电子备案信息等进行审核，对于符合条件的，海关接受申报，向企业发送接受申报回执；对于不符合条件的，系统自动退单，发送退单回执，企业需重新办理有关申报手续。

3. 报关单重新申报、补充申报及修改与撤销

(1) 重新申报

海关不接受申报并退回电子数据报关单，进出口货物收发货人或代理报关企业按规定修改后重新申报。

(2) 补充申报

进出口货物收发货人或代理报关企业主动向海关进行补充申报的，应在向海关申报电子数据报关单时，一并通过系统向海关申报电子数据补充申报单。

海关对进出口货物的申报价格、商品归类、原产地等内容的完整性、真实性和准确性有疑问时，可通过系统发送电子指令通知进出口货物收发货人或代理报关企业向海关申报电子数据补充申报单。进出口货物收发货人或代理报关企业应当在收到电子指令之日起5个工作日内，通过系统向海关申报电子数据补充申报单。补充申报的申报单包括"中华人民共和国海关进出口货物价格补充申报单""中华人民共和国海关进出口货物商品归类补充申报单""中华人民共和国海关进出口货物原产地补充申报单"等申报单证。

未在规定时限内完成补充申报的，海关按照有关规定确定货物的完税价格、商品编码和原产地。海关对已放行货物的完税价格、商品编码、原产地等内容进行进一步核实时，制发"补充申报通知书"通知进出口货物收发货人或代理报关企业。

(3) 海关要求对报关单进行修改或者撤销

海关已接受申报的报关单电子数据，经人工审核确认需要退回修改的，进出口货物收发货人或代理报关企业应当在10日内完成修改并重新发送报关单电子数据，申报日期仍为海关接受原报关单电子数据的日期；超过10日的，原报关单无效，进出口货物收发货人或代理报关企业应当另行向海关申报，申报日期为海关再次接受申报的日期。海关通过预录入系统向进出口货物收发货人或代理报关企业发起报关单修改或者撤销确认，进出口货物收发货人或代理报关企业应在5日内向海关确认"同意办理"或者"不同意办理"的意见。

4. 企业缴税

对应税报关单，企业收到海关接受申报回执后，办理税款相关手续：选择缴纳税款的，自行向银行缴纳；预先向海关提供税款担保并备案的，可以选择提供担保，海关按照规定办理担保核扣手续，系统自动扣减与应缴税款等额的担保额度；若余额不足，系统自动退单。

(1) 选择电子支付/电子支付担保模式的，进出口企业或单位登录电子支付平台，查询电子税费信息并确认支付，申报地海关现场按相关规定办理后续手续。

(2) 选择柜台支付模式的，进出口企业或单位在收到申报地海关现场打印的纸质税款缴款书后，到银行柜台办理税费缴纳手续。

（3）选择汇总征税模式的，对无布控查验等海关要求事项的汇总征税报关单，海关通关系统自动扣减相应担保额度后，报关单自动触发放行，进出口货物收发货人或代理报关企业按汇总征税的相关规定办理后续手续。企业办理汇总征税时，有滞报金等其他费用的，应在货物放行前缴清。

放行后将集中支付税款。有纸申报企业应在货物放行之日起10日内递交纸质报关单证，至当月月底不足10日的，应在当月月底前递交。所有应税企业应于每月第5个工作日结束前完成上月应纳税款的汇总电子支付，申报地海关在企业缴纳税款后的下一个工作日完成税款缴款书的打印工作。

汇总征税作业系统可实现担保额度的智能化管理，根据企业税款缴纳情况循环使用，税款缴库后，企业担保额度自动恢复。

（4）预先向海关提供税款担保并备案的，可以选择提供担保，海关按照规定办理担保核扣手续。

自报自缴税单在纸质税款缴款书上注明"自报自缴"字样，属于缴税凭证，不具有海关行政决定属性。放行前经人工审核计税的，纸质税款缴款书上不注明"自报自缴"字样。

（5）未及时缴税情形的处置。企业未按上述3种模式及时缴纳税款的，海关径行打印纸质的海关税款缴款书，交付或通知企业履行纳税义务。企业在纸质税单规定期限内仍未缴税的，海关办理保证金转税手续或通知担保机构履行担保纳税义务。企业出现欠税风险的，进出口地直属海关暂停企业适用汇总征税；风险解除后，经注册地直属海关确认，恢复企业适用汇总征税。

企业可利用海关计税（费）服务工具计算应缴纳的相关税费，并对系统显示的税费计算结果进行复核和确认，连同报关单及随附单证预录入内容一并提交海关。进出口企业或单位需在当日对税费进行确认而未确认的，可重新申报。

5. 报关单风险甄别与处置

对已接受申报的报关单，海关风险防控部门根据预先加载的风险判别规则、风险参数，运用系统进行风险甄别。对需要进行报关单修改、撤销、退补税、联系企业补充提交税款担保等事务性辅助操作，以及办理许可证人工核扣等必要手续的，系统将其转入申报地海关。申报地海关按照作业指令要求，下达修撤单、退补税、稽（核）查指令等。

（六）"两步申报"通关作业流程

1. "两步申报"通关模式对境内收发货人信用等级的要求

境内收发货人信用等级为一般信用及以上的，实际进境的货物均可采用"两步申报"模式。

2. "两步申报"通关模式

（1）第一步：概要申报

基本流程为：概要申报→风险甄别排查处置→监管证件比对→通关现场作业→允许货物提离→货物提离。

①进口货物概要申报

企业向海关申报时，应说明进口货物是否属于禁限管制商品、是否依法需要检验检疫（是否属于《法检目录》内商品，以及法律法规规定需检验或检疫的商品）、是否需要缴纳税款。

不属于禁限管制且不属于依法需检验或检疫的，申报9个项目，并确认涉及物流的2个项目，应税的须选择符合要求的担保备案编号；属于禁限管制的，需增加申报2个项目；属于依法需检验或检疫的，需增加申报5个项目。

A. 概要申报项目：境内收发货人、运输方式/运输工具名称及航次号、提运单号、监管方式、商品编号（6位）、商品名称、数量及单位、总价、原产国（地区）。

其中，商品编号（6位）填报《中华人民共和国进出口税则》（以下简称《税则》）和《中华人民共和国海关统计商品目录》（以下简称《统计商品目录》）确定编码的前6位；数量及单位填报成交数量成交计量单位；总价填报同一项号下进口货物实际成交的商品总价格和币制，如果无法确定实际成交商品总价格则填报预估总价格。其他项目按照《报关单填制规范》的要求填写。

B. 物流项目：毛重、集装箱号。

C. 属于禁限管制需增加的申报项目：许可证号/随附证件代码及随附证件编号、集装箱商品项号关系。

D. 属于依法需要检验或检疫的需增加的申报项目：产品资质（产品许可/审批/备案）、商品编号（10位）+检验检疫名称、货物属性、用途、集装箱商品项号关系。

系统对申报要素进行规范性、逻辑性检查，对舱单、监管证件、担保等进行校验。符合条件的，海关接受申报；不符合条件的，系统自动退单。

保税加工货物、海关特殊监管区域货物和保税监管场所货物进行"两步申报"时，第一步概要申报环节不使用保税核注清单。

②风险甄别排查处置

海关对安全准入风险进行甄别，发出货物查验指令，由现场海关实施查验；或下达单证作业指令，由现场海关实施单证作业。被重大税收风险参数锁定的报关单，由税收征管部门进行税收风险排查处置。

③监管证件比对

涉及监管证件且实现联网核查的，系统自动进行电子数据比对。

④通关现场作业

A. 现场单证作业。若系统发出单证作业指令，申报地海关进行人工审核；无单证作业指令的，系统自动审核。

B. 货物查验与处置。若系统发出货物查验指令，口岸海关对货物进行查验。完成查验且无异常的，人工审核通过；查验发现异常的，按异常处置流程处置。

⑤允许货物提离

对审核通过的报关单，系统发出允许货物提离指令。

⑥货物提离口岸监管作业场所（场地）

系统向监管作业场所（场地）卡口发送放行信息，向企业发送允许货物提离信息，企业办理货物提离手续。

(2) 第二步：完整申报

基本流程为：完整申报→风险排查处置→监管证件比对核查/核扣→计征税费→通关现场作业→报关单放行。

①进口货物完整申报

完整申报是针对概要申报报关单的补充申报。企业自运输工具申报进境之日起14日内完成完整申报，向接受概要申报的海关补充申报报关单完整信息及随附单证电子数据。系统对完整申报信息进行规范性、逻辑性检查。不符合条件的，系统自动退单；符合条件的，系统接受完整申报。

保税加工货物、海关特殊监管区域货物和保税监管场所货物进行"两步申报"时，第二步完整申报环节报关单按原有模式，由保税核注清单生成。

②风险排查处置

对完整申报的报关单，税收征管部门、风险防控部门开展税收等风险甄别和排查处置，下达单证验核指令或稽（核）查指令。

如概要申报时选择不需要缴纳税款，完整申报时经确认需要缴纳税款的，企业应当按照进出口货物报关单撤销的相关规定办理。

③监管证件比对

涉及监管证件且实现联网核查的，系统自动进行电子数据比对核查、核扣。

④计征税费

企业利用海关计税（费）服务工具计算应缴纳的相关税费，并对系统显示的税费计算结果进行复核和确认。在收到系统发送的回执后，自行办理相关税费缴纳手续。适用汇总征税模式的，税款缴库后，企业担保额度自动恢复。

⑤通关现场作业

申报地海关验估部门根据税收征管部门指令进行单证验核，进行人工审核；申报地海关综合业务部门根据指令要求进行单证作业，进行人工审核；无单证审核要求的，系统自动审核。

⑥报关单放行

对系统自动审核通过或经人工审核通过的完整申报报关单，系统自动完成放行。

第二节 退运货物通关操作

一、概述

(一) 含义

退运货物是指原出口货物或进口货物因各种原因需要退运进口或者退运出口的货物。

退运货物包括：一般退运货物、直接退运货物。

1. 一般退运货物

是指已办理申报手续且海关已放行出口或进口，因各种原因需要退运进口或退运出口的货物。

2. 直接退运货物

是指在进境后、办结海关放行手续前，进口货物收货人、原运输工具负责人或者其代理人（以下统称当事人）申请退运境外，或海关根据国家有关规定责令退运境外的全部或者部分货物（也被称为海关"责令退运"）。

进口转关货物在进境地海关放行后，当事人申请办理退运手续的，不属于直接退运货物，应当按照一般退运货物办理退运手续。

（二）货物流向与用途

1. 一般退运货物

（1）退运出境：货物进口——因各种原因需要退运出境。

（2）退运进境：货物出口——因各种原因需要退运进境。

2. 直接退运货物

直接退运只针对进口货物的退运。包括：

海关尚未放行前，申请退运境外；

货物进境后，海关要求将全部货物或部分货物退运境外。

二、通关操作程序

（一）一般退运进口货物通关操作

一般退运进口货物的通关操作分以下两种情况。

1. 原出口货物已收汇

原出口货物退运进境时，当事人应交验原出口货物报关单，海关凭税务部门出具的"出口商品退运已补税证明"，保险公司证明或承运人溢装、漏卸的证明等有关资料，办理退运进境手续。

2. 原出口货物未收汇

原出口货物退运进境时，当事人应交验原出口货物报关单、税务部门出具的"出口货物未退税证明"等文件，办理退运进境手续。

因品质或者规格原因，出口货物自出口之日起1年内原状退货复运进境的，经海关核实后不予征收进口税。原出口时已经征收出口关税的，只需补缴因出口而退还的国内环节税（增值税），出口关税自缴纳出口税款之日起1年内准予退还。

（二）一般退运出口货物的通关操作

因故退运出口的进口货物，由原收货人或其代理人填写出口货物报关单申报出境，并提供原货物进口时的进口货物报关单，保险公司证明或承运人溢装、漏卸的证明等有关资料，经海关核实无误后放行出境。

因品质或者规格原因，进口货物自进口之日起1年内原状退货复运出境的，经海关核实后可以免征出口关税。已征收的进口关税和进口环节海关代征税，自缴纳进口税款之日起1年内准予退还。

(三) 直接退运货物（仅针对进境货物退运出境）

1. 当事人申请直接退运的货物

当事人有下列情形之一的，可以向海关申请办理直接退运手续：

(1) 因国家贸易管理政策调整，收货人无法提供相关证件的；

(2) 属于错发、误卸或者溢卸货物，能够提供发货人或者承运人书面证明文书的；

(3) 收发货人双方协商一致同意退运，能够提供双方同意退运的书面证明文书的；

(4) 有关贸易发生纠纷，能够提供法院判决书、仲裁机构仲裁决定书或者无争议的有效货物所有权凭证的；

(5) 货物残损或者国家检验检疫不合格，能够提供相关检验证明文书的。

对在当事人申请直接退运前，海关已经确定查验或者认为有走私违规嫌疑的货物，不予办理直接退运，待查验或者案件处理完毕后，按照海关有关规定处理。

2. 通关操作

当事人向海关申请直接退运，通过"单一窗口"申请直接退运，向海关提交《进口货物直接退运表》等相关材料，证明进口实际情况的合同、发票、装箱单、已报关货物的原报关单、提运单或者载货清单等相关单证，符合申请条件的相关证明文件，以及海关要求当事人提供的其他文件。海关批准直接退运的，制发"准予直接退运决定书"。

办理进口货物直接退运手续，应当按照《报关单填制规范》填制进出口货物报关单，并符合下列要求：

(1) "标记唛码及备注"栏填写"准予直接退运决定书"编号；

(2) "监管方式"栏填写"直接退运"（代码4500）。

特别注意：

当事人办理进口货物直接退运的申报手续时，应当先填写出口货物报关单向海关申报，再填写进口货物报关单，并在进口货物报关单的"标记唛码及备注"栏填报关联报关单（出口货物报关单）号。

因承运人的责任造成货物错发、误卸或者溢卸，经海关批准直接退运的，当事人可免予填制报关单，凭"准予直接退运决定书"向海关办理直接退运手续。

经海关批准直接退运的货物，不需要交验进出口许可证或者其他监管证件，免予征收各种税费及滞报金，不列入海关统计。

货物进境申报后尚未放行前，经海关批准直接退运的，在办理进口货物直接退运出境申报手续前，海关应当将原进口货物报关单或者转关单数据予以撤销。

进口货物直接退运应当从原进境地口岸退运出境。对因运输原因需要改变运输方式或者由另一口岸退运出境的，应当经原进境地海关批准后，以转关运输方式出境。

(四) 海关责令直接退运的货物

1. 适用范围

货物进境后、办结海关放行手续前，有下列情形之一的，海关责令当事人将进口货物直接退运境外：

(1) 进口国家（地区）禁止进口的货物，经海关依法处理的；

(2) 违反国家检验检疫政策法规，经海关依法处理的；

(3) 违反国家有关法律、行政法规，海关责令直接退运的其他情形。

对需要责令进口货物直接退运的，海关根据相关政府行政主管部门出具的证明文件，向当事人制发《中华人民共和国海关责令进口货物直接退运通知书》（以下简称《责令直接退运通知书》）。

2. 通关操作

(1) 一般退运

当事人直接登录"单一窗口"办理相关手续，填制进出口报关单向海关申报。

(2) 直接退运

①当事人直接退运

A. 当事人通过电子口岸申请直接退运，向海关提交《进口货物直接退运表》等相关材料。

B. 海关将核批结果通过系统反馈当事人。

C. 当事人收到系统回执后，应当按照海关要求办理进口货物直接退运的申报手续。

对于已向海关申报的货物办理直接退运手续时，应当在撤销原进口报关单后，办理进口货物直接退运出境申报手续。

②海关责令退运

办理进口货物直接退运手续，应当按照《报关单填制规范》填制进出口货物报关单，并符合下列要求：

A. "标记唛码及备注"栏填写《责令直接退运通知书》编号；

B. "监管方式"栏填写"直接退运"（代码4500）。

(3) 注意事项

①填制2份报关单

A. 当事人办理进口货物责令直接退运的申报手续时，应当先填写出口货物报关单向海关申报。

B. 再填写进口货物报关单，并在进口货物报关单的"标记唛码及备注"栏填报关联报关单（出口货物报关单）号。

②其他注意事项

A. 因承运人的责任造成货物错发、误卸或者溢卸，当事人免予填制报关单，直接向海关办理直接退运手续。

B. 经海关责令直接退运的货物，无须交验进出口许可证或者其他监管证件，免予征收各种税费及滞报金，不列入海关统计。

C. 进口货物责令直接退运应当从原进境地口岸退运出境。对因运输原因需要改变运输方式或者由另一口岸退运出境的,应当经原进境地海关批准后,以转关运输方式出境。

(4)"一般退运"监管方式适用范围

① "一般退运"监管方式适用于以下货物的退运出、进境

一般贸易(0110)、易货贸易(0130)、旅游购物商品(0139)、租赁贸易(1523)、寄售代销(1616)、外商投资企业设备物品(2025)/(2225)、外汇免税商品(1831)、货样广告品(3010)、其他进出口免费(3339)、承包工程进口(3410)、对外承包出口(3422)、无偿援助(3511)、捐赠物资(3612)、边境小额(4019)、对台小额(4039)、其他贸易(9739)。

② "一般退运"监管方式不适用于以下货物

A. 加工贸易项下料件、成品维修退换,监管方式为"来料料件退换"(0300)、"进料料件退换"(0700)、"来料成品退换"(4400)、"进料成品退换"(4600)。

B. 加工贸易项下料件、边角料退运,监管方式为"来料料件复出"(0265)、"来料边角料复出"(0865)、"进料料件复出"(0664)、"进料边角料复出"(0864)。

C. 加工贸易设备退运,监管方式为"加工设备退运"(0466)。

D. 货物进境后、放行结关前退运的货物,监管方式为"直接退运"(4500)。

E. "租赁不满1年"货物退运,监管方式为"租赁不满1年"(1500)。

F. 进出口无代价抵偿货物,被更换的原进口货物退运出境,监管方式为"其他"(9900)。

第三节 退关货物通关操作

一、概述

(一)含义

退关货物又称出口退关货物,是指向海关申报出口并获准放行后,因故未能装上运输工具,经发货单位请求,退运出海关监管区域不再出口的货物。

(二)货物流向及用途

退关货物流向原定为出境,但因故未能出境后,经海关批准运离海关监管区。

二、通关操作程序

退关货物出口货物放行后,由于装运、配载等原因造成原申报货物部分或者全部未能装上运输工具,或确因需要而变更运输工具时,出口货物的发货人决定不再出口,可向海关申请退关,经海关核准且撤销出口申报后,将货物运出海关监管场所。

1. 发货人或代理报关企业向原接受申报的海关办理进出口货物报关单撤销手续。

2. 已缴纳出口关税的退关货物,发货人或代理报关企业可以在缴纳税款之日起1

年内，提出书面申请，向海关申请退税。出口货物的发货人或代理报关企业办理出口货物退关手续后，海关应对所有单证予以注销，并删除有关报关电子数据。

第四节　进出境修理货物通关操作

一、概述

（一）含义

1. 进境修理货物，是指进境进行维护修理后复运出境的机械器具、运输工具或者其他货物，以及为维修这些货物需要进口的原材料、零部件。

进境修理包括原出口货物进境修理和其他货物进境修理。

2. 出境修理货物，是指出境进行维护修理后复运进境的机械器具、运输工具或者其他货物，以及为维修这些货物需要出口的原材料、零部件。

出境修理包括原进口货物出境修理和其他货物出境修理。

3. 进出境修理货物免予交验许可证件。

（二）货物流向

1. **进境修理**

（1）原出口货物进境修理

货物出境→因故需复运进境修理→修理后再复运出境。

（2）其他货物进境修理

境外货物进境→选择在中国修理→修理后复运出境。

2. **出境修理**

（1）原进口货物出境修理

货物进境→因故需复运出境修理→修理后复运进境。

（2）其他货物出境修理

境内货物出境→选择在境外修理→修理后复运进境。

二、通关操作程序

（一）进境修理货物

进境维修货物免予缴纳进口关税和进口环节海关代征税，但要向海关提供担保，并接受海关后续监管。

对于一些进境维修的货物，也可以申请按照保税货物办理进境手续。

货物进境后，收货人或其代理人持维修合同或者含有保修条款的原出口合同及申报进口需要的所有单证，办理货物进口申报手续，并提供进口税款担保。

货物进口后，在境内维修的期限为进口之日起 6 个月，可以申请延长，延长的期限最长不超过 6 个月。在境内维修期间受海关监管。

修理货物复运出境申报时应当提供原修理货物进口申报时的报关单。

修理货物复运出境后应当申请销案，正常销案的，海关应当退还保证金或撤销担保。未复运出境部分货物应当办理进口申报纳税手续。

(二) 出境修理货物

原进口货物出境修理包括原进口货物在保修期内出境修理和原进口货物在保修期外出境修理。

出境修理货物复运进境时，在保修期内并由境外免费维修的，可以免征进口关税和进口环节海关代征税；在保修期外或者在保修期内境外收取维修费用的，应当按照境外修理费和材料费审定完税价格计征进口关税和进口环节海关代征税。

在货物出境时，发货人应向海关提交维修合同或者含有保修条款的原进口合同及申报出口需要的所有单证，办理出境申报手续。

货物出境后，在境外维修的期限为出境之日起 6 个月，可以申请延长，延长的期限最长不超过 6 个月。

货物复运进境时应当向海关申报在境外实际支付的修理费和材料费，由海关审查确定完税价格，计征进口关税和进口环节海关代征税。

超过海关规定期限复运进境的，海关按一般进口货物计征进口关税和进口环节海关代征税。

第五节　无代价抵偿货物通关操作

一、概述

(一) 含义

无代价抵偿货物是指进出口货物在海关放行后，因残损、短少、品质不良或者规格不符，由进出口货物的发货人、承运人或者保险公司免费补偿或者更换的与原货物相同或者与合同规定相符的货物。

收发货人申报进出口的无代价抵偿货物，与退运出境或者退运进境的原货物不完全相同或者与合同规定不完全相符的，经收发货人说明理由，海关审核认为理由正当且商品编码未发生改变的，仍属于无代价抵偿货物。

收发货人申报进出口的免费补偿或者更换的货物，其商品编码与原进出口货物的商品编码不一致的，不属于无代价抵偿货物，应按照一般进出口货物监管。

无代价抵偿货物海关监管的基本特征包括以下内容。

1. 进出口无代价抵偿货物免予交验进出口许可证件。

2. 进口无代价抵偿货物，不征收进口关税和进口环节海关代征税；出口无代价抵偿货物，不征收出口关税。但是进出口与原货物或合同规定不完全相符的无代价抵偿货物，应当按规定计算与原进出口货物的税款差额，高出原征收税款数额的应当征收超出部分的税款；低于原征收税款，原进出口货物的发货人、承运人或者保险公司同时补偿货款的，应当退还补偿货款部分的税款，未补偿货款的，不予退还。

3. 现场放行后，海关不再按照无代价抵偿货物进行监管。

（二）货物流向

货物进境——退运出境（因残损、短少、品质不良或者规格不符）；
　　　　——补足（针对短少）或替换货物进境（针对残损、品质不良或者规格不符）。

二、通关操作程序

无代价抵偿大体上可以分为两种，一种是短少抵偿，一种是残损、品质不良或规格不符抵偿。两种抵偿引起的两类进出口无代价抵偿货物在报关程序上有所区别。

（一）残损、品质不良或规格不符引起的无代价抵偿货物进出口通关操作

残损、品质不良或规格不符引起的无代价抵偿货物，进出口前应当先办理被更换的原进出口货物中残损、品质不良或规格不符货物的有关海关手续。

1. 原进口货物退运出境，以及原出口货物退运进境

原进口货物的收货人或其代理人应当办理被更换的原进口货物中残损、品质不良或规格不符货物退运出境的通关手续。被更换的原进口货物退运出境时不征收出口关税。

原出口货物的发货人或其代理人应当办理被更换的原出口货物中残损、品质不良或规格不符货物的退运进境的通关手续。被更换的原出口货物退运进境时不征收进口关税和进口环节海关代征税。

2. 原进口货物不退运出境，放弃交由海关处理

被更换的原进口货物中残损、品质不良或规格不符货物不退运出境，但原进口货物的收货人愿意放弃，交由海关处理的，海关应当依法处理并向收货人提供相关证明，凭以申报进口无代价抵偿货物。

3. 原进口货物不退运出境也不放弃，以及原出口货物不退运进境

被更换的原进口货物中残损、品质不良或规格不符货物不退运出境且不放弃交由海关处理的，原进口货物的收货人应当按照海关接受无代价抵偿货物申报进口之日适用的有关规定申报进口，并按照海关对原进口货物重新估定的价格计算的税额缴纳进口关税和进口环节海关代征税，属于许可证件管理的商品还应当交验相应的许可证件。

被更换的原出口货物中残损、品质不良或规格不符货物不退运进境，原出口货物的发货人应当按照海关接受无代价抵偿货物申报出口之日适用的有关规定申报出口，并按照海关对原出口货物重新估定的价格计算的税额缴纳出口关税，属于许可证件管理的商品还应当交验相应的许可证件。

（二）短少引起的无代价抵偿货物进出口通关操作

1. 如原进口货物短少，短少部分已经征税或原进口货物因质量原因已退运出境或已放弃交由海关处理，且原征税款又未退还，进口的无代价抵偿货物免征关税及进口环节代征税，即由原征税款抵扣无代价抵偿货物的税款。

2. 如原出口货物短少，短少部分已经征税或原出口货物因质量原因已退运进境，且原征出口关税又未退还，出口的无代价抵偿货物免征关税，即由原征税款抵扣无代价抵偿货物的税款。

（三）申报无代价抵偿货物进出口手续的期限

向海关申报进出口无代价抵偿货物应当在原进出口合同规定的索赔期内，而且不超过原货物进出口之日起3年。

（四）无代价抵偿货物报关应当提供的单证

收发货人向海关申报无代价抵偿货物进出口时，除应当填制报关单和提供基本单证外，还应提交其他特殊单证。

1. 进口申报需要提交的特殊单证

（1）原进口货物报关单；

（2）原进口货物退运出境的出口货物报关单，或者原进口货物交由海关处理的货物放弃处理证明，或者已经办理纳税手续的单证（短少抵偿的除外）；

（3）原进口货物税款缴款书或者进出口货物征免税证明；

（4）买卖双方签订的索赔协议。

海关认为需要时，还应当提交具有资质的商品检验机构出具的原进口货物残损、短少、品质不良或者规格不符的检验证明或者其他有关证明文件。

2. 出口申报需要提交的特殊单证

（1）原出口货物报关单；

（2）原出口货物退运进境的进口货物报关单，或者已经办理纳税手续的单证（短少抵偿的除外）；

（3）原出口货物税款缴款书；

（4）买卖双方签订的索赔协议。

海关认为需要时，还应当提交具有资质的商品检验机构出具的原出口货物残损、短少、品质不良或者规格不符的检验证明或者其他有关证明文件。

第六节　暂时进出境货物通关操作

一、概述

（一）含义

暂时进出境货物包括暂时进境货物和暂时出境货物。

暂时进境货物是指为了特定的目的，经海关批准暂时进境，按规定的期限原状复运出境的货物。

暂时出境货物是指为了特定的目的，经海关批准暂时出境，按规定的期限原状复运进境的货物。

（二）货物流向

1. 暂时进境货物

货物（展览品）进境→在境内实现特定目的（展览、调试等）→复运出境（保持或基本保持进境时原状）。

2. 暂时出境货物

货物（展览品）出境→在境外实现特定目的（展览、调试等）→复运进境（保持或基本保持出境时原状）。

3. 暂时进出境货物范围

（1）在展览会、交易会、会议以及类似活动中展示或者使用的货物；
（2）文化、体育交流活动中使用的表演、比赛用品；
（3）进行新闻报道或者摄制电影、电视节目使用的仪器、设备以及用品；
（4）开展科研、教学、医疗活动使用的仪器、设备和用品；
（5）在第（1）项至第（4）项所列活动中使用的交通工具以及特种车辆；
（6）货样；
（7）慈善活动使用的仪器、设备以及用品；
（8）供安装、调试、检测、修理设备时使用的仪器以及工具；
（9）盛装货物的包装材料；
（10）旅游用自驾交通工具及其用品；
（11）工程施工中使用的设备、仪器以及用品；
（12）测试用产品、设备、车辆；
（13）海关总署规定的其他暂时进出境货物。

使用货物暂准进口单证册（以下称 ATA 单证册）暂时进境的货物限于我国加入的有关货物暂准进口的国际公约中规定的货物。

二、相关管理规定

（一）暂时进出境货物管理

1. 暂时进出境货物的税收征管依照《关税法》的有关规定执行。

2. 除我国缔结或者参加的国际条约、协定，及国家法律、行政法规和海关总署规章另有规定外，暂时进出境货物免予交验许可证件。

3. 暂时进出境货物需事先向海关报备，并提交担保金或保函。

4. 除因正常使用而产生的折旧或者损耗外，暂时进出境货物应当按照原状复运出境、复运进境。

5. 暂时进出境货物必须在规定期限内，由货物的收发货人根据货物实际使用情况向海关办理结关手续。

（二）ATA单证册管理

1. ATA 单证册的作用

ATA 单证册关键作用是替代担保金或保函。ATA 单证册持证人（以下简称持证人）向海关申报暂时进出境货物时，只需提交 ATA 单证册，而无须提交保证金或保函。

2. ATA 单证册

ATA 单证册是一份国际通用的海关文件，它是世界海关组织为暂准进口货物而专门创设的。世界海关组织于 1961 年通过了《关于货物暂准进口的 ATA 单证册海关公约》，其后，又于 1990 年通过了《货物暂准进口公约》，从而建立并完善了 ATA 单证册制度。ATA 单证册已经成为暂准进口货物使用的最重要的海关文件。

（1）中国国际贸易促进委员会（中国国际商会）是我国 ATA 单证册的出证和担保机构，负责签发出境 ATA 单证册，向海关报送所签发单证册的中文电子文本，协助海关确认 ATA 单证册的真伪，并且向海关承担持证人因违反暂时进出境规定而产生的相关税费、罚款。

（2）海关总署设立 ATA 核销中心，履行以下职责：

①对 ATA 单证册进行核销、统计以及追索；

②应成员国担保人的要求，依据有关原始凭证，提供 ATA 单证册项下暂时进境货物已经进境或者从我国复运出境的证明；

③对全国海关 ATA 单证册的有关核销业务进行协调和管理。

（3）海关只接受用中文或者英文填写的 ATA 单证册。

（4）ATA 单证册发生损坏、灭失等情况的，持证人应当持原出证机构补发的 ATA 单证册到主管海关进行确认。

补发的 ATA 单证册所填项目应当与原 ATA 单证册相同。

（5）ATA 单证册项下暂时进出境货物在境内外停留期限超过 ATA 单证册有效期的，持证人应当向原出证机构续签 ATA 单证册。续签的 ATA 单证册经主管海关确认后可以替代原 ATA 单证册。

续签的 ATA 单证册只能变更单证册有效期限和单证册编号，其他项目应当与原单证册一致。续签的 ATA 单证册启用时，原 ATA 单证册失效。

（6）ATA 单证册项下暂时进境货物未能按照规定复运出境或者过境的，ATA 核销中心应当向中国国际贸易促进委员会（中国国际商会）提出追索。自提出追索之日起 9 个月内，中国国际贸易促进委员会（中国国际商会）向海关提供货物已经在规定期限内复运出境或者已经办理进口手续证明的，ATA 核销中心可以撤销追索；9 个月期满后未能提供上述证明的，中国国际贸易促进委员会（中国国际商会）应当向海关支付税费和罚款。

（7）ATA 单证册项下暂时进境货物复运出境时，因故未经我国海关核销、签注的，ATA 核销中心凭由另一缔约国海关在 ATA 单证上签注的该批货物从该国进境或者复运进境的证明，或者我国海关认可的能够证明该批货物已经实际离开我国境内的其他文件，作为已经从我国复运出境的证明，对 ATA 单证册予以核销。

三、通关操作程序

（一）暂时进出境货物通关操作

1. 报备操作

（1）持证人、非 ATA 单证册项下暂时进出境货物收发货人可以在申报前向主管海关提交"暂时进出境货物确认申请书"，申请对有关货物是否属于暂时进出境货物进行审核确认，并且办理相关手续，也可以在申报环节直接向主管海关办理暂时进出境货物的有关手续。

（2）持证人应当向海关提交有效的 ATA 单证册，以及相关商业单据或者证明材料。

（3）ATA 单证册项下暂时出境货物，由中国国际贸易促进委员会（中国国际商会）向海关总署提供总担保。除另有规定外，收发货人应当按照有关规定向主管海关提供担保。

（4）暂时进出境货物可以异地复运出境、复运进境，由复运出境、复运进境地海关调取原暂时进出境货物报关单电子数据办理有关手续。

持证人应当持 ATA 单证册向复运出境、复运进境地海关办理有关手续。

（5）暂时进出境货物需要进出口的，持证人、收发货人应当在货物复运出境、复运进境期限届满前向主管海关办理进出口手续。

2. 报核操作

（1）持证人、收发货人在货物复运出境、复运进境后，应当向主管海关办理结案手续。

（2）海关通过风险管理、信用管理等方式对暂时进出境业务实施监督管理。

（3）暂时进出境货物因不可抗力原因受损，无法原状复运出境、复运进境的，持证人、收发货人应当及时向主管海关报告，可以凭有关部门出具的证明材料办理复运出境、复运进境手续；因不可抗力灭失的，经主管海关核实后可以视为该货物已经复运出境、复运进境。

暂时进出境货物因不可抗力以外的其他原因受损或者灭失的，持证人、收发货人应当按照货物进出口的有关规定办理海关手续。

3. 延期申请

（1）暂时进出境货物应当在进出境之日起 6 个月内复运出境或者复运进境。

因特殊情况需要延长期限的，持证人、收发货人应当向主管海关办理延期手续，延期最多不超过 3 次，每次延长期限不超过 6 个月。延长期届满应当复运出境、复运进境或者办理进出口手续。

国家重点工程、国家科研项目使用的暂时进出境货物，以及参加展期在 24 个月以上展览会的展览品，在上述延长期届满后仍需要延期的，由主管地直属海关批准。

（2）暂时进出境货物需要延长复运进境、复运出境期限的，持证人、收发货人应当在规定期限届满前向主管海关办理延期手续，并且提交"货物暂时进/出境延期办理单"以及相关材料。

（二）暂时进出境展览品、展览用品及小件样品的通关操作

1. 展览品、展览用品及小件样品

（1）展览品，是指展览会展示的货物；为了示范展览会展出机器或者器具所使用的货物；设置临时展台的建筑材料以及装饰材料；宣传展示货物的电影片、幻灯片、录像带、录音带、说明书、广告、光盘、显示器材等；其他用于展览会展示的货物。

（2）展览用品，是指在境内展览会期间供消耗、散发的用品。包括：

①为展出的机器或者器件进行操作示范被消耗或者损坏的物料；

②布置、装饰临时展台消耗的低值货物；

③展览期间免费向观众散发的有关宣传品；

④供展览会使用的档案、表格以及其他文件。

（3）小件样品，是指原装进口的或者在展览期间用进口的散装原料制成的食品或者饮料的样品。

小件样品应当符合以下条件：

①由参展人免费提供并且在展览期间专供免费分送给观众使用或者消费；

②单价较低，作广告样品用；

③不适用于商业用途，并且单位容量明显小于最小零售包装容量；

④食品以及饮料的样品虽未按规定的包装分发，但是确实在活动中消耗掉了。

2. 通关操作

（1）境内展览会的办展人以及出境举办或者参加展览会的办展人、参展人可以在展览品进境或者出境前向主管海关报告，并且提交展览品清单和展览会证明材料，也可以在展览品进境或者出境时，向主管海关提交上述材料，办理有关手续。对于申请海关派员监管的境内展览会，办展人、参展人应当在展览品进境前向主管海关提交有关材料，办理海关手续。

（2）展览会需要在我国境内两个或者两个以上关区内举办的，对于没有向海关提供全程担保的进境展览品，应当按照规定办理转关手续。

（3）下列在境内展览会期间供消耗、散发的用品（展览用品），由海关根据展览会

的性质、参展商的规模、观众人数等情况，对其数量和总值进行核定，在合理范围内的，按照有关规定免征进口关税和进口环节税：

①展览活动中的小件样品；

②为展出的机器或者器件进行操作示范被消耗或者损坏的物料；

③布置、装饰临时展台消耗的低值货物；

④展览期间免费向观众散发的有关宣传品；

⑤供展览会使用的档案、表格以及其他文件。

（4）展览用品中的酒精饮料、烟草制品以及燃料不适用有关免税规定。

（5）小件样品，超出部分应当依法征税；上述第②项、第③项、第④项所列展览用品，未使用或者未被消耗完的，应当复运出境，不复运出境的，应当按照规定办理进口手续。

（6）未向海关提供担保的进境展览品在非展出期间应当存放在海关监管作业场所。因特殊原因需要移出的，应当经主管海关同意，并且提供相应担保。

（7）为举办交易会、会议或者类似活动而暂时进出境的货物，按照《中华人民共和国海关暂时进出境货物管理办法》（海关总署令第233号）（以下简称《管理办法》）对展览品监管的有关规定进行监管。

第七节　特定减免税货物通关操作

一、概述

（一）含义

特定减免税货物，是指货物在进境时减免关税等，进境后必须在特定的条件和规定的范围内使用，直至监管到期自动解除监管（或核销后解除监管）的海关监管制度。

（二）货物流向

特定减免税货物，仅针对进口。

货物进口→用于特定地区、特定企业和有特定用途。

1. 特定地区

是指我国关境内，由国家规定的某一特别限定区域，享受减免税的货物只能在这一专门规定的区域内使用。

特定地区进口减免税货物主要包括保税区、出口加工区、保税物流园区、保税港区自由贸易试验区等特定区域进口的区内生产性基础设施项目所需的机器、设备和基建物资等，区内企业进口企业自用的生产、管理设备等，区内管理机构自用合理数量的管理设备和办公用品等。

2. 特定企业

是指国家专门规定的企业，享受减免税优惠的货物只能由这些规定的企业使用。

特定企业减免税进口货物主要包括外商投资项目属于《外商投资产业指导目录》中鼓励类项目等产业条目项下的如下货物：投资额度内进口自用设备及随设备进口的配套技术、配件、备件，国家重点鼓励发展产业的国内投资项目在投资总额内进口的自用设备，外国政府贷款和国际金融组织贷款项目进口的自用设备等。

3. 特定用途

是指货物用于国家规定的用途，如残疾人康复用的训练设备等。

特定用途减免税进口货物主要包括具备资格的科研机构和大专院校进口的国内不能生产或者性能不能满足需要的科学研究和教学用品、残疾人专用品及残疾人组织和单位进口的货物等。

二、通关操作程序

（一）前期报备

1. 提交申请

减免税申请人按照有关进出口税收优惠政策的规定申请减免税进出口相关货物，应当在货物申报进出口前，取得相关政策规定的享受进出口税收优惠政策资格的证明材料。

向主管海关申请办理减免税审核确认手续时，申请人应提供以下材料：

（1）《进出口货物征免税申请表》；

（2）事业单位法人证书或者国家机关设立文件、社会团体法人登记证书、民办非企业单位法人登记证书、基金会法人登记证书等证明材料；

（3）进出口合同、发票以及相关货物的产品情况资料。

2. 海关审批

主管海关对减免税申请人主体资格、投资项目和进出口货物相关情况是否符合有关进出口税收优惠政策规定等情况进行审核，并出具进出口货物征税、减税或者免税的确认意见，制发《中华人民共和国海关进出口货物征免税确认通知书》（以下简称《征免税确认通知书》）。

《征免税确认通知书》有效期限不超过6个月，减免税申请人应当在有效期内向申报地海关办理有关进出口货物申报手续；不能在有效期内办理，需要延期的，应当在有效期内向主管海关申请办理延期手续。

《征免税确认通知书》可以延期一次，延长期限不得超过6个月。

《征免税确认通知书》有效期限届满仍未使用的，其效力终止。减免税申请人需要减免该《征免税确认通知书》所列货物的进出口税的，应当重新向主管海关申请办理减免税审核确认手续。

除有关进出口税收优惠政策或者其实施措施另有规定外，进出口货物征税放行后，减免税申请人申请补办减免税审核确认手续的，海关不予受理。

3. 担保放行

有下列情形之一的，减免税申请人可以向海关申请办理有关货物凭税款担保先予放行手续：

(1) 有关进出口税收优惠政策或者其实施措施明确规定的；

(2) 主管海关已经受理减免税审核确认申请，尚未办理完毕的；

(3) 有关进出口税收优惠政策已经国务院批准，具体实施措施尚未明确，主管海关能够确认减免税申请人属于享受该政策范围的；

(4) 其他经海关总署核准的情形。

减免税申请人需要办理有关货物凭税款担保先予放行手续的，应当在货物申报进出口前向主管海关提出申请，并随附相关材料。

申报地海关凭主管海关制发的《准予办理担保通知书》，以及减免税申请人提供的海关依法认可的财产、权利，按照规定办理减免税货物的税款担保手续。

《准予办理担保通知书》确定的减免税货物税款担保期限不超过6个月，主管海关可以延期1次，延长期限不得超过6个月。特殊情况仍需要延期的，应当经直属海关审核同意。

减免税货物税款担保期限届满，《中华人民共和国海关进出口货物减免税管理办法》第九条规定的有关情形仍然延续的，主管海关可以根据有关情形可能延续的时间等情况，相应延长税款担保期限，并向减免税申请人告知有关情况，同时通知申报地海关为减免税申请人办理税款担保延期手续。

减免税申请人在减免税货物税款担保期限届满前取得《征免税确认通知书》，并已向海关办理征税、减税或者免税相关手续的，申报地海关应当解除税款担保。

(二) 减免税货物的管理

1. 监管年限

进口减免税货物的监管年限为：

(1) 船舶、飞机：8年；

(2) 机动车辆：6年；

(3) 其他货物：3年。

监管年限自货物进口放行之日起计算。

2. 后续监管

在海关监管年限内，减免税申请人应当按照海关规定保管、使用进口减免税货物，并依法接受海关监管。

(1) 在海关监管年限内，减免税货物应当在主管海关审核同意的地点使用。除有关进口税收优惠政策实施措施另有规定外，减免税货物需要变更使用地点的，减免税申请人应当向主管海关提出申请，并说明理由。经主管海关审核同意的，可以变更使用地点。

减免税货物需要移出主管海关管辖地使用的，减免税申请人应当向主管海关申请办理异地监管手续，并随附相关材料。经主管海关审核同意并通知转入地海关后，减免税申请人可以将减免税货物运至转入地海关管辖地，并接受转入地海关监管。

减免税货物在异地使用结束后，减免税申请人应当及时向转入地海关申请办结异地监管手续。经转入地海关审核同意并通知主管海关后，减免税申请人应当将减免税货物运回主管海关管辖地。

（2）在海关监管年限内，减免税申请人发生分立、合并、股东变更、改制等主体变更情形的，权利义务承受人应当自变更登记之日起 30 日内，向原减免税申请人的主管海关报告主体变更情况以及有关减免税货物的情况。

（3）经原减免税申请人主管海关审核，需要补征税款的，权利义务承受人应当向原减免税申请人主管海关办理补税手续；可以继续享受减免税待遇的，权利义务承受人应当按照规定申请办理减免税货物结转等相关手续。

（4）在海关监管年限内，因破产、撤销、解散、改制或者其他情形导致减免税申请人终止，有权利义务承受人的，参照《中华人民共和国海关进出口货物减免税管理办法》第十七条的规定办理有关手续；没有权利义务承受人的，原减免税申请人或者其他依法应当承担关税及进口环节税缴纳义务的当事人，应当自资产清算之日起 30 日内，向原减免税申请人主管海关申请办理减免税货物的补缴税款手续。进口时免予提交许可证件的减免税货物，按照国家有关规定需要补办许可证件的，减免税申请人在办理补缴税款手续时还应当补交有关许可证件。有关减免税货物自办结上述手续之日起，解除海关监管。

（5）在海关监管年限内，减免税申请人要求将减免税货物退运出境或者出口的，应当经主管海关审核同意，并办理相关手续。

（6）减免税货物自退运出境或者出口之日起，解除海关监管，海关不再对退运出境或者出口的减免税货物补征相关税款。

（三）解除监管

1. 自动解除监管

减免税货物海关监管年限届满的，自动解除监管。

2. 提前解除监管

对海关监管年限内的减免税货物，减免税申请人要求提前解除监管的，应当向主管海关提出申请，并办理补缴税款手续。进口时免予提交许可证件的减免税货物，按照国家有关规定需要补办许可证件的，减免税申请人在办理补缴税款手续时还应当补交有关许可证件。有关减免税货物自办结上述手续之日起，解除海关监管。

减免税申请人可以自减免税货物解除监管之日起 1 年内，向主管海关申领《中华人民共和国海关进口减免税货物解除监管证明》。

在海关监管年限内及其后 3 年内，海关依照《海关法》《中华人民共和国海关稽查条例》等有关规定，对有关企业、单位进口和使用减免税货物情况实施稽查。

（四）减免税货物转让

在减免税货物的海关监管年限内，经主管海关审核同意，并办理有关手续，减免税申请人可以将减免税货物抵押、转让、移作他用或者进行其他处置。

1. 补交监管证件

在海关监管年限内，进口时免予提交许可证件的减免税货物，减免税申请人向主管海关申请办理抵押、转让、移作他用或者其他处置手续时，按照国家有关规定需要补办许可证件的，应当补办相关手续。

2. 转让给其他享受同等减免税优惠待遇单位

在海关监管年限内，减免税申请人需要将减免税货物转让给进口同一货物享受同等减免税优惠待遇的其他单位的，应当按照下列规定办理减免税货物结转手续。

（1）减免税货物的转出申请人向转出地主管海关提出申请，并随附相关材料。转出地主管海关审核同意后，通知转入地主管海关。

（2）减免税货物的转入申请人向转入地主管海关申请办理减免税审核确认手续。转入地主管海关审核同意后，制发《征免税确认通知书》。

（3）结转减免税货物的监管年限应当连续计算，转入地主管海关在剩余监管年限内对结转减免税货物继续实施后续监管。

3. 转让给其他不享受进口税收优惠政策或者进口同一货物不享受同等减免税优惠待遇的其他单位

在海关监管年限内，减免税申请人需要将减免税货物转让给不享受进口税收优惠政策或者进口同一货物不享受同等减免税优惠待遇的其他单位的，应当事先向主管海关申请办理减免税货物补缴税款手续。进口时免予提交许可证件的减免税货物，按照国家有关规定需要补办许可证件的，减免税申请人在办理补缴税款手续时还应当补交有关许可证件。有关减免税货物自办结上述手续之日起，解除海关监管。

减免税货物因转让、提前解除监管等原因需要补征税款的，补税的完税价格以货物原进口时的完税价格为基础，按照减免税货物已进口时间与监管年限的比例进行折旧，其计算公式如下：

$$补税的完税价格 = 减免税货物原进口时的完税价格 \times \left[1 - \frac{减免税货物已进口时间}{监管年限 \times 12}\right]$$

减免税货物已进口时间自货物放行之日起按月计算。

不足1个月但超过15日的，按1个月计算；不超过15日的，不予计算。

计算减免税货物补税的完税价格时，应当按以下情形确定货物已进口时间的截止日期。

（1）转让减免税货物的，应当以主管海关接受减免税申请人申请办理补税手续之日作为截止之日。

（2）减免税申请人未经海关批准，擅自转让减免税货物的，应当以货物实际转让之日作为截止之日；实际转让之日不能确定的，应当以海关发现之日作为截止之日。

（3）减免税货物提前解除监管的，应当以主管海关接受减免税申请人申请办理补缴税款手续之日作为截止之日。

4. 减免税货物移作他用

在海关监管年限内，减免税申请人需要将减免税货物移作他用的，应当事先向主管海关提出申请。经主管海关审核同意，减免税申请人可以按照海关批准的使用单位、用途、地区将减免税货物移作他用。

移作他用包括以下情形：

将减免税货物交给减免税申请人以外的其他单位使用；

未按照原定用途使用减免税货物；

未按照原定地区使用减免税货物。

（1）补缴税款

将减免税货物移作他用的，减免税申请人应当事先按照移作他用的时间补缴相应税款；移作他用时间不能确定的，应当提供税款担保，税款担保金额不得超过减免税货物剩余监管年限可能需要补缴的最高税款总额。

（2）计算公式

减免税申请人将减免税货物移作他用，需要补缴税款的，补税的完税价格以货物原进口时的完税价格为基础，按照需要补缴税款的时间与监管年限的比例进行折旧，其计算公式如下：

$$补税的完税价格 = 减免税货物原进口时的完税价格 \times \left[1 - \frac{需要补缴税款的时间}{监管年限 \times 365}\right]$$

在海关监管年限内，减免税申请人发生主体变更情形的，应以变更登记之日作为截止之日。

在海关监管年限内，减免税申请人发生破产、撤销、解散或者其他依法终止经营情形的，应以人民法院宣告减免税申请人破产之日或者减免税申请人被依法认定终止生产经营活动之日作为截止之日。

上述计算公式中需要补缴税款的时间为减免税货物移作他用的实际时间，按日计算，每日实际使用不满8小时或者超过8小时的均按1日计算。

第八节　加工贸易货物通关操作

一、概述

（一）含义

保税，即暂缓缴纳各种进口税费。

保税货物，是指经海关批准未办纳税手续进境，在境内储存、加工、装配后复运出境的货物。

保税货物分为保税加工货物和保税物流货物两类。

保税加工货物（也称加工贸易保税货物），是指经海关批准，暂时未办理纳税手续进境，在境内加工、装配后复运出境的货物。

保税物流货物（也称保税仓储货物），是指经海关批准，暂时未办理纳税手续进境，在境内储存后复运出境的货物。

（二）监管特征

1. 备案保税

根据国家规定，企业通过向海关备案并获得批准保税，加工贸易料件才能保税进口，即准予备案的加工贸易料件进口时不办理缴纳各种进口税费的手续（保税进口）。

2. 纳税暂缓

根据国家规定，专为加工出口产品而进口的料件，按实际加工复出口成品所耗用料件的数量，进口时暂缓缴纳进口关税和进口环节增值税、消费税，待成品出口后，确定为免缴。如成品无法出口，则按照一般贸易进口货物进行监管。

3. 监管延伸

保税加工进口的料件，在离开进境地口岸海关监管场所未缴纳进口关税和增值税，海关需要继续监管至加工、装配后复运出境或者办结正式进口手续为止。

4. 核销结关

保税加工货物（出口加工区的除外）需要经过海关批准核销（销案）后才能结束监管（结关）。

（三）加工贸易形式

1. 来料加工

来料加工是指进口料件由境外企业提供，经营企业不需要付汇进口，按照境外企业的要求进行加工或者装配，境内加工企业只收取加工费，制成品由境外企业负责销售的经营活动。

2. 进料加工

进料加工是指进口料件由境内经营企业付汇进口，制成品由境内经营企业负责外销出口的经营活动。经营加工贸易的企业可以是对外贸易企业，也可以是外商投资企业。

（四）相关企业

1. 经营企业

经营企业是指负责对外签订加工贸易进出口合同的各类进出口企业和外商投资企业，以及经海关批准获得来料加工经营许可的对外加工装配服务公司。

2. 加工企业

加工企业是指具有法人资格，接受经营企业委托，负责对进口料件进行加工或者装配的生产企业，或由经营企业设立，实行相对独立核算并已经办理营业执照，但不具有法人资格的工厂。

承揽者是指与经营企业签订加工合同，专门承接经营企业委托的外发加工业务的企业或者个人。

（五）监管形式

除特殊监管区域外，加工贸易监管方式包括：加工贸易手册、加工贸易账册和以企业为单元监管。

1. 加工贸易手册

加工贸易手册是以合同管理为基础，实行电子身份认证，在加工贸易手册备案设立、口岸通关、核销结案等环节采用"电子手册+自动核算"的模式。

2. 加工贸易账册

加工贸易账册是海关对加工贸易企业实施联网监管的体现。加工贸易企业通过数据交换平台向海关报送能满足海关监管要求的物流、生产、经营等数据，海关对数据进行核对、核算，并结合实物进行核查。加工贸易账册就是海关为联网监管企业设立的电子底账。每家联网监管企业只设立一本加工贸易账册，海关根据联网监管企业的生产情况和监管需要确定核销周期，在该核销周期内对联网监管企业的加工贸易账册进行核销。

加工贸易账册与加工贸易手册的区别见表3-1。

表 3-1 加工贸易账册与加工贸易手册的区别

加工贸易账册	加工贸易手册
适用于规模较大、信息化程度较高的企业	适用于规模小、信息化管理水平不高的企业
体现"以企业为单元"的管理思路	体现"以合同为单元"的管理思路
进出口数量是根据企业最大生产周转金额来核定的	进出口数量与合同一致
不区分来料加工和进料加工	区分来料加工和进料加工

3. 以企业为单元监管

以企业为单元监管是介于加工贸易手册和加工贸易账册之间的一种监管方式，其初衷是通过由企业自主确定核销周期、单耗自核，简化深加工结转、外发加工、集中内销等作业手续，为企业减负松绑。其特点是以企业为监管单元，以账册为主线，以与企业物料编码对应的商品编码（料号）或经企业自主归并后形成的商品编码（项号）为基础，企业自主确定核销周期和单耗申报时间，并以自主申请销案方式定期办理核销手续。

（六）货物流向

货物（原料，也称料件）进境→加工装配→成品复运出境。

二、保税加工货物通关操作

保税加工货物的通关操作与一般进出口货物相比，除进出境阶段需要经过如实申报、配合查验、提取或装运货物等环节外，由于该类货物进境时暂缓缴纳各种进口税费（保税），需要事先办理海关报备手续，与之相配的就是后续报核阶段，即办理解除监管手续。

保税加工货物通关的基本程序为：加工贸易手（账）册报备、进出境报关和加工贸易手（账）册报核。

加工贸易手（账）册报备，是指加工贸易企业持加工贸易合同及其他单证到主管海关备案，申请保税并领取加工贸易手（账）册或其他准予备案凭证的行为。

加工贸易手（账）册报核，是指加工贸易企业在履行完加工贸易合同或终止合同并对出口货物进行处理后，按照规定的期限和程序，向加工贸易主管海关申请核销并解除监管的行为。

（一）加工贸易手册监管模式下的报备操作

1. 加工贸易手册设立

2020年，金关工程（二期）加工贸易管理系统（以下简称"金二"加贸系统）全面上线，企业办理加工贸易业务可通过登录"单一窗口"或"互联网+海关"一体化网上办事平台，使用"金二"加贸系统。

"金二"加贸系统已具备随附单证无纸化功能，企业在办理加工贸易各项业务时，根据需要上传电子化随附单证，无须提交纸质单证。由于"金二"加贸系统随附单证无纸化上传只接受PDF文件，企业应确保企业端已安装相应的PDF阅读软件。

2. 加工贸易企业经营状况及生产能力信息填报

根据《关于取消〈加工贸易企业经营状况及生产能力证明〉的公告》（商务部、海关总署公告2018年第109号）的要求：

（1）自2019年1月1日起，企业从事加工贸易业务不再申领《加工贸易企业经营状况及生产能力证明》（以下简称《生产能力证明》），商务主管部门也不再为加工贸易企业出具《生产能力证明》。

（2）企业开展加工贸易业务，须具备相应生产经营能力。经营企业应具有进出口经营权，加工企业应具有与业务范围相适应的工厂、加工设备和工人。企业应自觉履行安全生产、节能低碳、环境保护等社会责任。

（3）企业开展加工贸易业务，须登录加工贸易企业经营状况及生产能力信息系统，自主填报《加工贸易企业经营状况及生产能力信息表》（以下简称信息表），并对信息真实性作出承诺。信息表有效期为自填报（更新）之日起1年，到期后或相关信息发生变化，企业应及时更新信息表。

（4）已网上填报信息表的企业到主管海关办理加工贸易手（账）册设立（变更）手续，无须提交纸质信息表。

3. 规范性申报

加工贸易企业在办理加工贸易手册设立前，应该全面掌握有关加工贸易料件、成品、单损耗等情况，对本企业加工贸易料件、成品的品名、商品编码、规格型号及单价等物料信息进行汇总、核实，按照规范性申报的要求，对照《税则》条目注释，按照《中华人民共和国海关进出口商品规范申报目录》（以下简称《规范申报目录》）中相应商品所列申报要素的各项内容，如实申报加工贸易料件、成品的品名、规格、型号、成分、含量、等级、用途、功能等信息。

加工贸易料件、成品的品名必须以明确、具体、规范的学名或行业认可的商品中文名称申报。不能申报货物的俗称或某类商品的统称（如塑料粒子、板材、混纺布、服装辅料、打印机成套散件等）。

4. 业务流程

经营企业按照信息表内容和海关监管要求，通过"单一窗口"或"互联网+海关"一体化网上办事平台，向承担集中作业的隶属海关传输纸质单证的电子化数据，申请办理手册设立手续。

经营企业需要上传的单证包括但不限于以下几种。

(1) 经营企业对外签订的合同。属来料加工的，提交来料加工协议或合同；属进料加工的，提交进料加工进口合同。

(2) 其他需要提交的证明文件和材料。如企业营业执照复印件、生产流程介绍、单耗资料等。

(3) 备案的加工贸易料件、成品，如属于管制商品，应提交监管证件。

需要注意的是，"金二"加贸系统已经取消备案资料库环节，企业可直接办理手册设立手续。

经海关审核通过予以设立的，"金二"加贸系统中将建立12位编号的手册底账。手册编号的规则：第1位为"B"或"C"，表示手册类型分别为来料加工手册或进料加工手册；第2~5位为主管海关关区代码；第6、7位为年份，如2020年为"20"，2024年则为"24"；第8位为手册性质代码A；第9~12位为顺序号，从0001开始计数。

根据《关于〈商务部 海关总署2016年第45号公告〉执行有关问题的公告》（海关总署公告2016年第56号）的要求，企业应按照合同有效期申报手册有效期，原则上不得超过1年。开展飞机、船舶等大型装备制造的加工贸易企业，经主管海关批准，可按照合同实际有效期确定手册有效期。

加工贸易企业有下列情形之一的，不得办理手册设立手续：

进口料件或者出口成品属于国家禁止进出口的；

加工产品属于国家禁止在我国境内加工生产的；

进口料件不宜实行保税监管的；

经营企业或者加工企业属于国家规定不允许开展加工贸易的；

经营企业未在规定期限内向海关报核已到期的加工贸易手册，又重新申报设立手册的。

5. 单耗管理

单耗是加工贸易监管的重心，单耗管理的目的就是确保加工贸易企业将保税进口的料件真实合理地用在出口成品上。

尽管以企业为单元的监管模式允许企业采用单耗、耗料清单和工单3种核算方式来计算所耗用的保税进口料件，但是单耗核算仍然是加工贸易手册最基本的核算方式。

加工贸易单耗依据《中华人民共和国海关加工贸易单耗管理办法》进行管理。

不同类型的加工贸易企业、不同种类的加工贸易商品，单耗的计算和申报方式不同，大致可以分为以下4类。

(1) 排版类。如进口布料生产成衣、进口铜箔进行裁切等，需要根据排版图、裁剪图等计算所耗用的保税料件。

(2) 称重类。如进口塑料粒子生产注塑件、进口不锈钢板材生产冲压件等，需要通过实际称重确定净耗、工艺损耗，进而计算出单耗。

(3) 装配类。如进口电子元器件生产手机、进口零配件组装机器等，需要根据BOM、组装图纸等确定所耗用的保税料件。

(4) 化工类。如进口石油炼化各种石油衍生品等，需要根据化学反应式等计算料件和成品，以及副产品的投入产出关系。

6. 加工贸易担保

施行多年的加工贸易银行保证金台账制度被取消，保证金台账"实转"管理事项，转为海关事务担保事项。

现行的加工贸易担保制度涵盖了原先加工贸易"实转"保证金与风险担保金两部分内容。在加工贸易手册设立环节，加工贸易企业必须提供担保的情况包括以下几种：

（1）涉嫌走私，已经被海关立案调查，案件尚未审结的；
（2）由于管理混乱被海关要求整改，在整改期内的。

此外，根据企业分类、商品分类及其他具体情形，企业也有可能在手册设立环节被要求提供相应的担保。

手册设立审批通过后，"金二"加贸系统会根据参数，对需征收担保的企业自动生成征收担保指令，生成担保征收单。

企业可在"单一窗口"企业端加工贸易担保系统模块进行征收单查询，对被担保单位、企业信息、缴款单位、缴款账号等具体的征收单信息进行修改、补充录入，并缴纳相应的保证金或提供保函，待海关在"金二"加贸系统内确认完毕才可正常使用手册。

7. 加工贸易手册变更

加工贸易手册变更是指企业由于经营管理和生产的需要，向海关申请对已备案手册的表头、料件表、成品表或单耗表中的内容进行新增、修改或者删除，海关予以审核的过程。

企业申请变更加工贸易手册，经海关审核，需要征收担保的，由"金二"加贸系统生成担保征收单，并发送至企业端，企业缴纳完毕并经海关确认后，系统才能通过企业的手册变更申请。

需要注意的是，加工贸易手册延期也是变更的一种。经主管海关确认，加工贸易手册可予以延期的，最长不超过2年。

（二）进出口通关操作

1. 进出口许可证件管理

进口料件时，一般可免于交验进口许可证件，但易制毒化学品、监控化学品、消耗臭氧层物质、原油、成品油等规定商品必须交验。出口成品时，属于国家规定应提交监管证件的，必须交验。

2. 加工贸易货物进出口路径

（1）进口料件

加工贸易企业可以通过以下路径进口料件：

①从境外直接进口；
②从保税区、出口加工区、保税港区、综合保税区、保税物流园区等海关特殊监管区域进口；
③从保税仓库、保税物流中心等保税监管场所进口；

④通过深加工结转方式，购买另一加工贸易企业生产的成品（或半成品）。

（2）出口成品

加工贸易企业可以通过以下路径出口成品：

①直接将货物出口至境外；

②将货物出口至保税区、出口加工区、保税港区、综合保税区、保税物流园区等海关特殊监管区域；

③将货物出口至出口监管仓库、保税物流中心等保税监管场所；

④通过深加工结转方式销售给另一加工贸易企业。

3. 保税核注清单

保税核注清单是"金二"加贸系统保税底账核注的专用单证，属于办理加工贸易及保税监管业务的相关单证。

在"金二"加贸系统中，企业申报进出口时，必须录入并申报相应的保税核注清单。

保税核注清单启用后，加工贸易企业的进出口流程有以下变化：

（1）加工贸易企业在办理货物进出境，货物进出海关特殊监管区域、保税监管场所，以及开展加工贸易企业间保税货物流转业务（如深加工结转）时，相关企业应按照系统设定的格式和填制要求向海关报送保税核注清单数据信息，再根据实际业务需要办理报关手续。

（2）为简化保税货物报关手续，下列情形可不再办理报关单申报手续：

①企业办理加工贸易货物余料结转的；

②加工贸易货物销毁（处置后未获得收入）的；

③加工贸易不作价设备结转手续的。

（3）企业报送保税核注清单后需要办理报关单申报手续的，报关单申报数据由保税核注清单数据归并生成。

补充阅读

保税核注清单填制规范

为规范和统一保税核注清单管理，便利加工贸易及保税监管企业按照规定格式填制和向海关报送保税核注清单数据，特制定本填制规范。

一、预录入编号

本栏目填报核注清单预录入编号，预录入编号由系统根据接受申报的海关确定的规则自动生成。

二、清单编号

本栏目填报海关接受保税核注清单报送时给予保税核注清单的编号，一份保税核注清单对应一个清单编号。

保税核注清单海关编号为18位，其中第1~2位为QD，表示核注清单，第3~6位为接受申报海关的编号（海关规定的《关区代码表》中相应海关代码），第7~8位为海关接受申报的公历年份，第9位为进出口标志（"I"为进口，"E"为出口），后9位为顺序编号。

三、清单类型

本栏目按照相关保税监管业务类型填报，包括普通清单、分送集报清单、先入区后报关清单、简单加工清单、保税展示交易清单、区内流转清单、异常补录清单等。

四、手（账）册编号
本栏目填报经海关核发的金关工程二期加工贸易及保税监管各类手（账）册的编号。

五、经营企业
本栏目填报手（账）册中经营企业海关编码、经营企业的社会信用代码、经营企业名称。

六、加工企业
本栏目填报手（账）册中加工企业海关编码、加工企业的社会信用代码、加工企业名称，保税监管场所名称［保税物流中心（B型）填报中心内企业名称］。

七、申报单位编码
本栏目填报保税核注清单申报单位海关编码、申报单位社会信用代码、申报单位名称。

八、企业内部编号
本栏目填写保税核注清单的企业内部编号或由系统生成流水号。

九、录入日期
本栏目填写保税核注清单的录入日期，由系统自动生成。

十、清单申报日期
申报日期指海关接受保税核注清单申报数据的日期。

十一、料件、成品标志
本栏目根据保税核注清单中的进出口商品为手（账）册中的料件或成品填写。料件、边角料、物流商品、设备商品填写"I"，成品填写"E"。

十二、监管方式
本栏目按照报关单填制规范要求填写。

特殊情形下填制要求如下：
调整库存核注清单，填写AAAA；设备解除监管核注清单，填写BBBB。

十三、运输方式
本栏目按照报关单填制规范要求填写。

十四、进（出）口口岸
本栏目按照报关单填制规范要求填写。

十五、主管海关
主管海关指手（账）册主管海关。

十六、起运运抵国别
本栏目按照报关单填制规范要求填写。

十七、核扣标志
本栏目填写清单核扣状态。海关接受清单报送后，由系统填写。

十八、清单进出卡口状态
清单进出卡口状态是指特殊监管区域、保税物流中心等货物，进出卡口的状态。海关接受清单报送后，根据关联的核放单过卡情况由系统填写。

十九、申报表编号
本栏目填写经海关备案的深加工结转、不作价设备结转、余料结转、区间流转、分送集报、保税展示交易、简单加工申报表编号。

二十、流转类型
本栏目填写保税货物流（结）转的实际类型。包括：加工贸易深加工结转、加工贸易余料结转、不作价设备结转、区间深加工结转、区间料件结转。

二十一、录入单位

本栏目填写保税核注清单录入单位海关编码、录入单位社会信用代码、录入单位名称。

二十二、报关标志

本栏目由企业根据加工贸易及保税货物是否需要办理报关单（进出境备案清单）申报手续填写。需要报关的填写"报关"，不需要报关的填写"非报关"。

（一）以下货物可填写"非报关"或"报关"。

1. 金关二期手（账）册间余料结转、加工贸易不作价设备结转。

2. 加工贸易销毁货物（销毁后无收入）。

3. 特殊监管区域、保税监管场所间或与区（场所）外企业间流（结）转货物（减免税设备结转除外）。

（二）设备解除监管、库存调整类核注清单必须填写"非报关"。

（三）其余货物必须填写"报关"。

二十三、报关类型

加工贸易及保税货物需要办理报关单（备案清单）申报手续时填写，包括关联报关、对应报关。

（一）"关联报关"适用于特殊监管区域、保税监管场所申报与区（场所）外进出货物，区（场所）外企业使用H2010手（账）册或无手（账）册。

（二）特殊区域内企业申报的进出区货物需要由本企业办理报关手续的，填写"对应报关"。

（三）"报关标志"栏可填写"非报关"的货物，如填写"报关"时，本栏目必须填写"对应报关"。

（四）其余货物填写"对应报关"。

二十四、报关单类型

本栏目按照报关单的实际类型填写。

二十五、对应报关单（备案清单）编号

本栏目填写保税核注清单（报关类型为对应报关）对应报关单（备案清单）的海关编号。海关接受报关单申报后，由系统填写。

二十六、对应报关单（备案清单）申报单位

本栏目填写保税核注清单对应的报关单（备案清单）申报单位海关编码、单位名称、社会信用代码。

二十七、关联报关单编号

本栏目填写保税核注清单（报关类型为关联报关）关联报关单的海关编号。海关接受报关单申报后，由系统填写。

二十八、关联清单编号

本栏目填写要求如下。

（一）加工贸易及保税货物流（结）转、不作价设备结转进口保税核注清单编号。

（二）设备解除监管时填写原进口保税核注清单编号。

（三）进口保税核注清单无须填写。

二十九、关联备案编号

本栏目填写要求如下。

加工贸易及保税货物流（结）转保税核注清单本栏目填写对方手（账）册备案号。

三十、关联报关单收发货人

本栏目填写关联报关单收发货人名称、海关编码、社会信用代码。按报关单填制规范要求填写。

三十一、关联报关单消费使用单位/生产销售单位

本栏目填写关联报关单消费使用单位/生产销售单位名称、海关编码、社会信用代码。按报关单填制规范要求填写。

三十二、关联报关单申报单位

本栏目填写关联报关单申报单位名称、海关编码、社会信用代码。

三十三、报关单申报日期

本栏目填写与保税核注清单一一对应的报关单的申报日期。海关接受报关单申报后由系统填写。

三十四、备注（非必填项）

本栏目填报要求如下。

（一）涉及加工贸易货物销毁处置的，填写海关加工贸易货物销毁处置申报表编号。

（二）加工贸易副产品内销，在本栏内填报"加工贸易副产品内销"。

（三）申报时其他必须说明的事项填报在本栏目。

三十五、序号

本栏目填写保税核注清单中商品顺序编号。系统自动生成。

三十六、备案序号

本栏目填写进出口商品在保税底账中的顺序编号。

三十七、商品料号

本栏目填写进出口商品在保税底账中的商品料号级编号。由系统根据保税底账自动填写。

三十八、报关单商品序号

本栏目填写保税核注清单商品项在报关单中的商品顺序编号。

三十九、申报表序号

本栏目填写进出口商品在保税业务申报表商品中的顺序编号。

设备解除监管核注清单，填写原进口核注清单对应的商品序号。

四十、商品编码

本栏目填报的商品编号由10位数字组成。前8位为《税则》确定的进出口货物的税则号列，同时也是《统计商品目录》确定的商品编码，后2位为符合海关监管要求的附加编号。

加工贸易等已备案的货物，填报的内容必须与备案登记中同项号下货物的商品编码一致，由系统根据备案序号自动填写。

四十一、商品名称、规格型号

按企业管理实际如实填写。

四十二、币制

按报关单填制规范要求填写。

四十三、数量及单位

按照报关单填制规范要求填写。其中第一比例因子、第二比例因子、重量比例因子分别填写申报单位与法定计量单位、第二法定计量单位、重量（千克）的换算关系。非必填项。

四十四、单价、总价

按照报关单填制规范要求填写。

四十五、产销国（地区）

按照报关单填制规范中有关原产国（地区）、最终目的国（地区）的要求填写。

四十六、毛重（千克）

本栏目填报进出口货物及其包装材料的重量之和，计量单位为千克，不足一千克的填报为"1"。非必填项。

四十七、净重（千克）

本栏目填报进出口货物的毛重减去外包装材料后的重量，即货物本身的实际重量，计量单位为千克，不足一千克的填报为"1"。非必填项。

四十八、征免规定

本栏目应按照手（账）册中备案的征免规定填报；手（账）册中的征免规定为"保金"或"保函"的，应填报"全免"。

四十九、单耗版本号

本栏目适用加工贸易货物出口保税核注清单。本栏目应与手（账）册中备案的成品单耗版本一致。非必填项。

五十、简单加工保税核注清单成品

该项由简单加工申报表调取，具体字段含义与填制要求与上述字段一致。

4. 深加工结转

深加工结转是指加工贸易企业将用本企业保税进口料件加工的产品转（售）至另一加工贸易企业，经进一步加工后复出口的经营活动。

海关对加工贸易深加工结转业务不再进行事前审核，企业真正实现深加工结转一次申报、收发货记录自行留存备查。企业通过"金二"加贸系统办理深加工结转业务时，不再向海关申报深加工结转申报表和收发货记录，只需在规定的时间内直接向海关申报保税核注清单及报关单，办理结转手续。

5. 外发加工

外发加工是指经营企业受生产工艺或生产水平所限，需委托承接单位对加工贸易货物进行加工，并在规定期限内将加工后的产品最终复出口的行为。承接单位可以是企业，也可以是个人。

外发加工与深加工结转的区别见表3-2。

表3-2　外发加工与深加工结转区别

加工类型	主体	物权归属	保税核注清单/报关单
外发加工	加工贸易经营企业	加工贸易经营企业	不需要
深加工结转	处于产业链上下游的两家加工贸易企业	按不同阶段分属不同企业	需要

企业通过"金二"加贸系统办理外发加工业务时，只需在规定的时间内向海关申报外发加工申报表，不再向海关申报外发加工收发货登记。

企业应如实填写并向海关申报外发加工申报表，对于需要全工序外发的，应在申报表中勾选"全工序外发"标志，并按规定提供担保后才可以开展外发加工业务。

6. 内销征税

加工贸易保税货物内销简称"内销"，是指加工贸易企业因故不能按规定将加工成品复出口，而需要将全部或者部分保税料件、制成品在境内销售，或者转用于生产内销产品的行为。内销的范围包括但不限于保税料件和制成品，还包括将加工贸易合同项下产生的半成品、边角料、残次品、副产品及受灾保税货物等转为境内销售的行为。

企业申请内销加工贸易货物，除根据内销货物种类分别按照原进口料件或者报验状态依法纳税外，还须缴纳缓税利息；属于国家对进口有限制性规定的，还应当向海关提交进口监管证件，同时需要根据有关规定接受海关对内销货物价格的审查确定。

企业通过"金二"加贸系统办理加工贸易货物内销业务时，直接通过保税核注清单生成内销征税报关单，并办理内销征税手续，不再向海关申报内销征税联系单。

符合集中办理内销征税手续条件的加工贸易企业，应于每月15日前对上月内销情况进行保税核注清单及报关单的集中申报，但集中申报不得超过加工贸易手册有效期或核销截止日期，且不得跨年申报。

部分加工贸易进口料件或制成品不能按合同、协议约定复出口，经海关批准转为内销，需对其实施估价后计征税款。加工贸易进口货物关税计算的核心问题是按制成品计征还是按料件计征，主要有以下几种情形。

（1）进料加工进口料件或者其制成品（包括残次品）内销时，海关以料件原进口申报时的成交价格为基础确定计税价格。属于料件分批进口，且内销时不能确定料件原进口——对应批次的，海关可按照同项号、同品名和同税号的原则，以其合同有效期内或电子账册核销周期内已进口料件的成交价格计算所得的加权平均价为基础确定计税价格。如果该加权平均价难以计算或者难以确定的，海关以客观可量化的当期进口料件成交价格的加权平均价为基础确定计税价格。原成交价格不能确定时，依次使用如下方法：相同货物成交价格方法、类似货物成交价格方法、倒扣价格方法、计算价格方法和合理方法。企业提出申请，经海关同意后，可颠倒第三项和第四项方法的适用次序。

（2）来料加工进口料件或制成品（包括残次品）内销时，海关以企业办理内销纳税手续之日同时或者大约同时进口的与料件相同或类似的保税货物的进口成交价格为基础确定计税价格。

（3）加贸内销边角余料或副产品，海关以内销时的价格为基础确定计税价格。

7. 余料结转

余料结转是指加工贸易企业申请将剩余料件结转到另一个加工贸易合同中使用，限同一经营单位、同样进口料件和同一加工贸易方式。

海关对加工贸易余料结转业务不再进行事前审核，企业通过"金二"加贸系统办理加工贸易余料结转业务时，不再向海关申报余料结转申报表，在规定的时间内向海关申报保税核注清单，办理余料结转手续，实现企业余料结转一次申报。

对于同一经营企业申报将剩余料件结转到另一加工企业、剩余料件转出金额达到该加工贸易合同项下实际进口料件总额50%及以上、剩余料件所属加工贸易合同办理两次及两次以上延期手续等情形，企业无须再提供担保。

（三）加工贸易手册核销

加工贸易手册核销，是指加工贸易经营企业加工复出口或者办理内销等海关手续后，凭规定单证向海关报核，海关按照规定进行核查以后办理解除监管手续的行为。

企业根据加工贸易货物进口、出口、库存、结转、内销等情况，将加工贸易手册有效期限内的料件进口、成品出口、生产加工、货物库存、深加工结转、内销征税及边角料、残次品、副产品、剩余料件等的处理情况向海关申报,海关予以审核、核销、结案。

企业应自加工贸易手册项下最后一批成品出口后,或者加工贸易手册到期之日起30日内向海关报核。经营企业对外签订的合同提前终止的,应当自合同终止之日起30日内向海关报核。经营企业单证齐全、正确、有效,数据规范完整的,海关应当自受理报核之日起30日内予以核销,完成核销结案手续。特殊情况需要延长的,经直属海关关长或者其授权的隶属海关关长批准可以延长30日。

三、加工贸易不作价设备监管模式下的通关操作

加工贸易不作价设备是指与加工贸易经营企业开展加工贸易的外商,以免费的方式(不需经营企业付汇进口、也不需用加工费或差价偿还)向经营企业提供的加工生产所需设备。

(一)加工贸易不作价设备的有关规定

不作价设备是加工贸易企业降低运营成本的有效手段之一。除国家明令禁止进口的商品目录和《外商投资项目不予免税的进口商品目录》所列商品外,均可向海关申请办理保税进口。

不作价设备监管要点主要包括以下几点。

1. 不作价设备应由外商免费、无偿提供使用,无须经营企业付汇进口,也无须用加工费或差价偿还。

2. 加工贸易企业应设有独立专门从事加工贸易(不从事内销产品加工生产)的工厂或车间,并且不作价设备仅限在该工厂或车间使用。

3. 对未设有独立专门从事加工贸易的工厂或车间、以现有加工生产能力为基础开展加工贸易的项目,使用不作价设备的加工生产企业,在加工贸易合同(协议)期限内,其每年加工产品必须有70%以上属出口产品。

4. 加工贸易不作价设备可以在享受同等税收待遇的不同企业之间结转。

5. 加工贸易不作价设备自进口之日起至退运出口或按海关规定解除监管之日止,属于海关监管货物,海关监管期限为5年。

在海关监管期限内,未经海关批准,企业不得擅自将不作价设备在境内销售、串换、转让、抵押或移作他用。

(二)加工贸易不作价设备通关操作

1. 不作价设备手册设立

在"金二"加贸系统上线之前,不作价设备手册都是纸质手册,企业凭不作价设备手册办理各项手续。"金二"加贸系统上线之后,企业办理不作价设备手册设立、结转、解除监管及年审等各项手续,根据规范申报要求上传随附单证,进行在线申报即可。

2. 不作价设备解除监管

根据《关于精简和规范作业手续 促进加工贸易便利化的公告》(海关总署公告

2019年第218号），海关简化了不作价设备解除监管的流程。

对于监管期限已满的不作价设备，企业不再向海关提交书面申请等纸质单证，通过申报监管方式为"BBBB"的设备解除监管专用保税核注清单，向主管海关办理设备解除监管手续。保税核注清单审核通过后，企业如有需要，可自行打印解除监管证明。

不作价设备监管期限未满，企业申请提前解除监管的，由企业根据现有规定办理复运出境或内销手续。

四、加工贸易账册监管模式下的通关操作

（一）加工贸易账册管理概述

加工贸易账册是海关以企业为管理单元，为联网监管企业建立电子底账的监管模式。

1. 联网监管企业应当具备的条件

（1）具有加工贸易经营资格，即企业持有经营者备案登记表或外商投资企业批准证书、台港澳侨投资企业批准证书，经营范围包括开展加工贸易或来料加工、进料加工等业务。

（2）企业在海关注册，并已在主管海关加工贸易监管部门备案。

（3）属于生产型的企业，应具有加工生产加工贸易货物的设备、厂房、工人等基本条件。

具备上述基本条件的企业在向海关申请实施联网监管前，应填制《加工贸易联网监管企业申请表》，提交主管海关加工贸易监管部门。

2. 加工贸易账册设立

联网监管企业申请设立加工贸易账册，首先需要通过"单一窗口"或"互联网+海关"一体化网上办事平台登录"金二"加贸系统的加工贸易账册子系统。"金二"加贸系统中的加工贸易账册设立包括企业资质申请备案和加工贸易账册备案两部分。

（1）企业资质申请备案

联网监管企业需登录加工贸易企业经营状况及生产能力信息系统，自主填报信息表，并对信息真实性作出承诺。信息表有效期为自填报（更新）之日起1年，到期后或相关信息发生变化，企业应及时更新信息表。联网监管企业根据信息表的相关内容，录入包括经营单位名称及代码、加工单位名称及代码、加工生产能力、保税加工进出口料件和成品范围（商品编码前4位）等在内的企业资质申请表头和表体内容。

"金二"加贸系统海关端接收到企业通过网络传送的资质申请数据后，经海关审核通过的，将产生12位的档案库号码，其中第1、2位为标记代码"IE"，第3~6位为关区代码，第7~8位为年份，第9~12位为顺序号。

（2）加工贸易账册备案

企业资质申请经海关审核通过后，方可进行加工贸易账册备案。企业通过"金二"加贸系统加工贸易账册子系统中的加工贸易账册模块录入加工贸易账册设立数据。企业向海关发送数据后，应通知主管海关加工贸易部门予以审核。

企业向海关申报加工贸易账册设立数据并经过海关审核通过后，由海关确定账册

的最大周转金额和核销周期，"金二"加贸系统会产生12位加工贸易账册号码，其中第1位为标记代码"E"，第2~5位为关区代码，第6~7位为年份，第8位为账册类型代码，第9~12位为顺序号。

3. 加工贸易账册变更

加工贸易账册变更包括企业资质申请变更和加工贸易账册变更两部分。企业通过"金二"加贸系统加工贸易账册子系统的数据查询模块，可以直接选择要变更的记录，并对拟变更数据进行相应的操作。企业资质申请变更、加工贸易账册变更的基本录入规范与备案录入基本一致。

办理加工贸易账册变更手续时，根据情况需要上传的单证包括但不限于：

（1）申请变更商品编码、商品品名、规格型号、核销周期等项目的，应说明变更的具体原因；

（2）新增商品涉及铜精矿、生皮、卫星电视接收设施、成品油、易制毒化学品等根据有关规定设定了企业资质或数量等限制条件的商品，需提供商务部门为企业出具的涉及禁止或限制开展加工贸易商品的核准文件；

（3）新增进口保税消耗性物料的，需提供经主管海关签章确认的加工贸易项下进口消耗性物料申报表；

（4）商品编码涉及禁止类、出口应税商品等加工贸易政策要求的，需提供说明材料；

（5）变更成品商品编码涉及单耗标准的企业，需上传是否适用单耗标准或者是否超单耗标准的说明，包括计量单位的换算过程、料件和成品的规格型号、归并情况等，仅数量增减除外。

4. 保税货物库存盘点

保税货物库存盘点是指企业在加工贸易账册核销周期到期时，由企业、海关或所委托的中介机构对保税货物进行盘点，并确认盘点结果的过程。

主要业务办理流程：

确定核销截止日期及盘核方式→企业（海关、中介）实施盘点→确认联网监管企业保税货物库存盘点清册（以下简称盘点清册）→海关予以审核。

企业在加工贸易账册核销周期到期前，由主管海关确定加工贸易账册核销截止日期，企业根据海关确定的截止日期进行数据准备和盘点工作。主管海关根据企业实际情况，确定对企业的盘核方式，具体分为企业自盘、海关盘核、中介盘核三种方式。

对海关确定实施企业自盘或海关盘核方式的，企业应在加工贸易账册核销截止日期前的规定时限内，将盘点工作计划报送主管海关，包括盘点日期、盘点数据截止日期、盘点货物内容等，并于核销截止日期当天开展盘点，具体时限应依据各主管海关规定。对海关确定实施中介盘核的，按海关总署和主管海关的有关规定和要求处理。盘点结束后，企业应向主管海关报送盘点清册，内容包括原材料库存、成品折料库存、半成品折料库存、在线料件数量等。

5. 加工贸易账册核销

加工贸易账册核销是指企业根据保税货物进口、出口、结转、库存等情况，将加工贸易账册核销周期内的料件进口、成品出口、生产加工、货物库存、深加工结转等情况向海关申报，海关予以审核、核销的过程。

联网企业必须在海关确定的加工贸易账册核销期结束之日起规定时限内完成报核手续。"金二"加贸系统取消了预报核，因此加工贸易账册的报核时限要求与加工贸易手册一致，应在核销周期结束之日起60日内完成报核。确有正当理由不能按期报核的，经主管海关批准可以延期，但延长后报核期限不得超过90日。企业通过"金二"加贸系统加工贸易账册子系统中的加工贸易账册报核模块直接申报报核数据。

(二) 加工贸易账册通关操作

加工贸易账册的单耗管理和进出口通关操作，与加工贸易手册基本一致，此处不再赘述。

加工贸易账册通关操作与手册通关操作的区别在于：商品归并关系。

1. 商品归并关系的概念

商品归并关系，是指根据监管的需要，海关与联网企业按照商品名称、商品编码、价格、贸易管制等条件，将联网企业内部管理的料号级商品与加工贸易账册备案的项号级商品进行归并或拆分，建立一对多或多对一的对应关系。

2. 商品归并关系管理的总体原则

商品归并应在归类完成后进行，体现了重要商品重点监管的要求，在满足通关便利要求的同时还应兼顾加工贸易核查与核销的需要。一般而言，不同料号的商品应同时满足以下条件，才可归入加工贸易账册同一个商品项号：

(1) 商品编码相同；
(2) 法定计量单位相同；
(3) 中文商品名称相同；
(4) 符合规范申报的要求。

3. 商品归并关系管理的具体原则

根据企业生产实际，商品归并管理可分为料件归并管理和成品归并管理。在实际归并中，除了要满足归并的共性以外，还要特别注意不能归并的情况。

(1) 料件如出现以下情况之一的，不得归并：
①有特别关税等的商品；
②根据相关规定可予保税的消耗性物料与其他保税料件，不得归并；
③因管理需要，企业认为需单列的商品。
(2) 成品如出现以下情况之一的，不得归并：
①涉及单耗标准与不涉及单耗标准的料号级成品，不得归并；
②因管理需要，企业认为需单列的商品。

4. 商品归并关系管理

"金二"加贸系统全面支持料号级管理，联网监管企业在设立"金二"加贸系统保税底账时，可按照企业运作数据的颗粒度办理业务，即按照料号级进行备案，这为企业免去了料号归并等不必要的工作。

企业在满足海关规范申报和有关监管要求的前提下，应综合考虑实际运行情况和商品项数、数据承受能力等因素，科学、合理地确定商品颗粒度，适度归并，自主向海关申报有关商品信息。企业内部管理商品与电子底账之间并非一一对应，归并关系由企业自行留存备查。

需特别说明的是，"金二"加贸系统上线后，在通关申报环节，系统会根据归并关系管理的规则自动对所申报的商品进行验核、归并，企业也可以手动对商品项进行归并后申报。因此，尽管"金二"加贸系统不需要企业对商品的归并关系进行提前备案申报，但是海关关于归并关系的相关管理规定仍然有效。

第九节　保税物流货物通关操作

保税物流货物，也称作保税仓储货物，是指经海关批准未办理纳税手续进境，在境内进行分拨、配送或储存后复运出境的货物。

已办结海关出口手续尚未离境，经海关批准存放在海关保税监管场所或特殊监管区域的货物，也按照保税物流货物监管。

一、保税物流货物概述

（一）特征

保税物流货物有以下特征。

1. 进境时暂缓缴纳进口关税及进口环节海关代征税。复运出境免税。内销时缴纳进口关税和进口环节海关代征税，不征收缓税利息。
2. 进出境时免予交验进出口许可证件，国家另有规定的除外。
3. 进境海关现场放行不是结关，进境后必须进入海关保税监管场所或特殊监管区域，运离这些场所或区域必须办理结关手续。

（二）类型与流向

保税物流货物包括。

1. 经海关批准，进境后进入海关保税监管场所或特殊监管区域，保税储存后转口境外的货物。

货物进境→进入保税物流监管场所→复运出境。

2. 已经办理出口报关手续尚未离境，经海关批准进入海关保税监管场所或特殊监管区域储存的货物。

货物出境前→进入保税物流监管场所→再出境。

3. 经海关批准进入海关保税监管场所或特殊监管区域保税储存的加工贸易货物，供应国际航行船舶和航空器的油料、物料和维修用零部件，供维修外国产品所进口寄售的零配件，外商进境暂存货物。

货物进境→进入保税物流监管场所→再进境。

4. 经海关批准进入海关保税监管场所或特殊监管区域保税的其他未办结海关手续的进境货物。

(三) 海关监管模式

海关对保税物流货物的监管模式有两大类：一类是非物理围网的监管模式，包括保税仓库、出口监管仓库；另一类是物理围网的监管模式，包括保税物流中心、保税物流园区、保税区、保税港区、综合保税区。

对各种监管形式的保税物流货物的管理，主要可以归纳为以下5点。

1. 审批设立

保税物流货物必须存放在经过法定程序审批设立的保税监管场所或者特殊监管区域。保税仓库、出口监管仓库、保税物流中心要经过海关审批，并核发批准证书，凭批准证书设立及存放保税物流货物；保税物流园区、保税区、保税港区要经过国务院审批，凭国务院同意设立的批复设立，并经海关等部门验收合格才能进行保税物流货物的运作。

未经法定程序审批同意设立的任何场所或者区域都不得存放保税物流货物。

2. 准入保税

保税物流货物经海关批准后，方能进入保税监管场所或特殊监管区域实现保税。海关通过对保税监管场所和特殊监管区域的监管来完成对保税物流货物的监管。海关应当依法监管这些场所或者区域，按批准存放范围准予货物进入这些场所或者区域，不符合规定存放范围的货物不准进入。

3. 暂缓纳税

凡是进境后进入保税物流监管场所或特殊监管区域的保税物流货物，在进境时均可暂不办理进口纳税手续，待运离海关保税监管场所或特殊监管区域时才办理纳税手续，或者征税，或者免税。在这一点上，保税物流监管制度与保税加工监管制度是一致的，但是保税物流货物在运离海关保税监管场所或特殊监管区域征税时不需同时征收缓税利息，而保税加工货物（特殊监管区域内的加工贸易货物和边角料除外）内销征税时要征收缓税利息。

4. 延伸监管

（1）延伸监管地点

进境货物从进境地海关监管现场，已办结海关出口手续尚未离境的出口货物从出口申报地海关现场，分别延伸监管到保税监管场所或者特殊监管区域。

（2）延伸监管时间

①保税仓库存放保税物流货物的时间是1年，可以申请延长，最长可延长1年。特殊情况下，延期后货物存储期超过2年的，由直属海关审批。

②出口监管仓库存放保税物流货物的时间是6个月，可以申请延长，最长可延长6个月。

③保税物流中心存放保税物流货物的时间是2年，可以申请延长，最长可延长1年。

④保税物流园区、保税区、保税港区存放保税物流货物没有时间限制。

5. 结关运离

除暂准运离（维修、测试、展览等）需要继续监管外，每一批货物运离保税监管场所或者特殊监管区域，都必须根据货物的实际流向办结海关手续。

二、保税仓库进出货物通关操作

（一）保税仓库概述

保税仓库是指经海关批准设立的专门存放保税货物及其他未办结海关手续货物的仓库。

1. 类型

我国的保税仓库根据使用对象分为公用型和自用型两种。

公用型保税仓库由主营仓储业务的中国境内独立企业法人经营，专门向社会提供保税仓储服务。

自用型保税仓库由特定的中国境内独立企业法人经营，仅存储供本企业自用的保税货物。

根据所存货物的特定用途或类型，公用型保税仓库和自用型保税仓库下面还衍生出一种专用型保税仓库，即专门用来存储具有特定用途或特殊种类商品的保税仓库，包括液体保税仓库、备料保税仓库、寄售维修保税仓库和其他专用保税仓库。

2. 功能

保税仓库的功能就是仓储，而且只能存放进境货物。

经海关批准，可以存入保税仓库的进境货物包括：

（1）加工贸易进口货物；

（2）转口货物；

（3）供应国际航行船舶和航空器的油料、物料和维修用零部件；

（4）供维修外国产品所进口寄售的零配件；

（5）外商进境暂存货物；

（6）未办结海关手续的一般贸易货物；

（7）经海关批准的其他未办结海关手续的进境货物。

保税仓库不得存放国家禁止进境货物，不得存放未经批准的影响公共安全、公共卫生或健康、公共道德或秩序的国家限制进境货物，以及其他不得存入保税仓库的货物。

3. 管理

（1）保税仓库所存货物的储存期限为1年，经海关批准可予以延长，延长的期限最长不超过1年。

特殊情况下，延期后货物存储期超过2年的，需由直属海关审批。

保税仓库货物超出规定的存储期限未申请延期或海关不批准延期申请的，经营企业应当办理超期货物的退运、纳税、放弃、销毁等手续。

（2）保税仓库所存货物是海关监管货物，未经海关批准并按规定办理有关手续，任何人不得将其出售、转让、抵押、质押、留置、移作他用或者进行其他处置。

（3）货物在仓库储存期间发生损毁或者灭失的，除不可抗力外，保税仓库应当依法向海关缴纳损毁、灭失货物的税款，并承担相应的法律责任。

（4）保税仓库货物可以进行包装、分级分类、加刷唛码、分拆、拼装等简单加工，不得进行实质性加工。在保税仓库内从事上述加工必须事先向主管海关提出书面申请，经主管海关批准后方可进行。

（5）保税仓库经营企业应于每月初5个工作日前，向海关提交月报关单报表、库存总额报表及其他海关认为必要的月报单证，将上月仓库货物入库、出库、现存、退库等情况以计算机数据和书面形式报送仓库主管海关。

（二）保税仓库货物通关操作

1. 入仓报关

（1）保税仓库货物进口时，货物所有人应到海关通关现场办理货物进口报关手续。

（2）保税仓库入仓货物在仓库主管海关报关进口时，货物所有人需办结进口报关手续后再提取货物入仓。

（3）保税仓库入仓货物在口岸海关报关进口时，分别按以下方式监管：

①口岸海关与仓库主管海关不在同一直属海关关区内的，按转关运输方式办理通关手续；

②口岸海关与仓库主管海关在同一直属海关关区的，直接在口岸海关办理通关手续。

（4）全国通关一体化模式下，保税仓库入仓货物可以选择在仓库主管海关申报，在口岸海关办理验放手续后再提取货物入仓。

（5）仓库经营企业应当按照保税仓库报关单填制注意事项及其他有关要求，填制进口报关单向海关办理进口通关手续。

（6）保税仓库凭进口报关单等海关放行货物的凭证办理货物入仓手续。

2. 出仓报关

（1）保税仓库货物出仓时，货物所有人应到仓库主管海关直接办理相关出仓报关手续。下列保税仓储货物可以按规定办理出仓手续：

①出仓后运往境外的；

②出仓后运往其他特殊监管区域和保税监管场所继续实施保税监管的；

③出仓后转为加工贸易进口的；

④出仓后转入国内市场销售的；

⑤海关规定的其他情形。

（2）保税仓库货物出仓复出境的，分别按以下方式监管：

①口岸海关与仓库主管海关不在同一直属海关关区内的，按转关运输方式办理通关手续；

②口岸海关与仓库主管海关在同一直属海关关区的，直接在口岸海关办理通关手续；

③经海关批准，货物所有人也可采取选择在属地海关申报，在口岸海关验放的跨关区模式办理出仓报关手续。

（3）保税仓库货物出仓复出境的，货物所有人按保税仓库有关要求填制出口报关单，向海关办理复出口通关手续。

（4）保税仓库货物出仓运往境内转为正式进口的，在仓库主管海关办结通关手续。

（5）保税仓库货物出仓转为正式进口的，由货物所有人或代理报关企业按实际进口监管方式填制进口报关单；由保税仓库经营企业填制账册核注清单核扣账册数据，核注清单与进口报关单的货名、数量、商品编码、计量单位、规格型号、价格等必须一致。

（6）保税仓库内的寄售维修零配件如申请以保修期内免税方式出仓，除提交正常出仓单证外，还应提交以下单证：

①保税仓库寄售维修件保修期内维修免税申请表；

②具有资质的商品检验机构出具的原进口货物品质不良的检验证明书或买卖双方签订的索赔协议；

③维修记录单。

海关保税业务部门留存一套上述单证的复印件后，正本退货物所有人报关。

3. 流转报关

保税仓库与海关特殊监管区域或其他海关保税监管场所往来流转的货物，按转关运输的有关规定办理相关手续。

保税仓库与海关特殊监管区域或其他海关保税监管场所在同一直属关区内的，经直属海关批准，可不按转关运输方式办理。

保税仓库货物转往其他保税仓库的，应当各自在仓库主管海关报关，报关时应先办理进口报关，再办理出口报关。

4. 货物集中报关

（1）保税仓储货物出仓原则上应按出仓票数逐票办理，对保税仓库货物出库批次频繁的，经海关审批后可以集中办理报关手续。出仓集中报关应采取事前申请、事后报关的方式办理。

（2）保税仓库申请货物集中报关出仓的，应在货物出仓前填制保税仓储货物集中报关出仓申请表，向仓库主管海关保税业务部门提出申请。保税仓储货物集中报关出仓申请表应写明集中报关的商品名称、发货流向、发货频率、合理理由等。

（3）企业应按以下规定办理集中报关手续：

①根据企业资信状况和风险度，仓库主管海关可收取保证金；

②集中报关的时间应根据出货的频率和数量价值等合理设定；

③企业当月出库的货物最迟应在次月 5 个工作日前办理报关手续，且不得跨年度申报。

三、出口监管仓库进出货物通关操作

（一）出口监管仓库概述

出口监管仓库是指经海关批准设立，对已办结海关出口手续的货物进行存储、保税物流配送，提供流通性增值服务的仓库。

1. 类型

出口监管仓库分为出口配送型仓库和国内结转型仓库。

出口配送型仓库是指存储以实际离境为目的的出口货物的仓库，国内结转型仓库是指存储用于国内结转的出口货物的仓库。

2. 功能

（1）出口监管仓库的功能也只有仓储，主要用于存放出口货物。经海关批准可以存入出口监管仓库的货物有以下几种：

①一般贸易出口货物；

②加工贸易出口货物；

③从其他海关特殊监管区域、场所转入的出口货物；

④其他已办结海关出口手续的货物。

出口配送型仓库还可以存放为拼装本仓库出口货物而进口的货物，以及为改换本仓库货物包装而进口的包装物料。

（2）出口监管仓库不得存放下列货物：

①国家禁止进出境货物；

②未经批准的国家限制进出境货物；

③海关规定不得存放的其他货物。

3. 管理

（1）出口监管仓库必须专库专用，不得转租、转借给他人经营，不得下设分库。

（2）出口监管仓库经营企业应当如实填写有关单证、仓库账册，真实记录并全面反映其业务活动和财务状况，编制仓库月度入库、出库、转库、现存情况表，定期报送主管海关。

（3）出口监管仓库所存货物的储存期限为6个月。如因特殊情况需要延长储存期限，应在到期之前10日内向主管海关申请延期，经海关批准可予以延长，延长的期限最长不超过6个月。货物存储期满前，仓库经营企业应当通知发货人或代理报关企业办理货物的出境或者进口手续。

（4）出口监管仓库所存货物是海关监管货物，未经海关批准并按规定办理有关手续，任何人不得将其出售、转让、抵押、质押、留置、移作他用或者进行其他处置。

（5）货物在仓库储存期间发生损毁或者灭失的，除不可抗力原因外，出口监管仓库应当依法向海关缴纳损毁、灭失货物的税款，并承担相应的法律责任。

（6）经主管海关批准，出口监管仓库货物可以在仓库内进行品质检验、分级分类、分拣分装、印刷运输标志、改换包装等流通性增值服务。

（二）出口监管仓库货物通关操作

1. 入仓报关

（1）出口监管仓库货物在仓库主管海关办理出口货物报关入仓手续的，仓库经营企业应先向主管海关提出申请，并提交以下单证：

①出口监管仓库货物进（出）仓申请表；

②加盖出口监管仓库经营企业报关专用章的出口监管仓库货物入仓清单；

③货物所有人与仓库经营企业签订的仓储合同（协议）；

④注明拟存出口监管仓库名称的出口货物报关单；

⑤对外签订的货物出口合同或海关加工贸易手册；
⑥属于许可证件管理的货物，需提交相关许可证件；
⑦非自理报关的，提供代理报关委托书；
⑧海关监管需要的其他单证。

（2）在启运地海关办结出口报关手续的出口货物，以转关运输方式存入出口监管仓库的，仓库经营企业应向主管海关提交以下单证：
①出口监管仓库货物进（出）仓申请表；
②加盖出口监管仓库经营企业报关专用章的出口监管仓库货物入仓清单；
③进/出口转关货物申报单或进/出境载货清单；
④货物所有人与仓库经营企业签订的仓储合同（协议）；
⑤对外签订的货物出口合同；
⑥海关监管需要的其他单证。

经海关审核批准货物入仓的，主管海关在出口监管仓库货物进（出）仓申请表加盖验讫章，并随附出口监管仓库货物入仓清单、仓储合同（协议）、出口货物报关单制作关封交货物所有人签收，货物所有人凭关封到口岸海关办理出口报关手续。

出口监管仓库货物办结出口报关手续后存入仓库的，仓库经营企业应在出口监管仓库货物入仓清单上签名确认，并于办结出口报关手续后5个工作日内送交仓库主管海关登记确认。仓库经营企业未在规定期限内办理报关手续的，应将有关单证退回仓库主管海关。

2. 出仓报关

（1）出口监管仓库货物在仓库主管海关申报出仓，并从本仓库主管海关口岸出境的，即口岸海关与仓库主管海关在同一隶属海关（办事处）的，企业直接在主管海关通关现场办理报关手续，并提交以下单证：
①出口监管仓库货物进（出）仓申请表；
②加盖出口监管仓库经营企业报关专用章的出口监管仓库货物出仓清单；
③出口货物报关单；
④非自理报关的，提供代理报关委托书；
⑤运输工具装运单证；
⑥海关监管需要的其他单证。

（2）出口监管仓库货物在仓库主管海关申报出仓离境，如口岸海关与仓库主管海关均属同一直属关区，但不在同一隶属海关（办事处）的，原则上按"转关运输"方式办理通关手续；经企业申请、仓库主管海关审核同意的，企业可凭主管海关出具的关封，在口岸海关办理通关手续。在全国通关一体化模式下，仓库企业可以采用跨关区通关模式申报货物出境。

企业办理申报手续时，应提交以下单证：
①出口监管仓库货物进（出）仓申请表；
②加盖出口监管仓库经营企业报关专用章的出口监管仓库货物出仓清单；
③出口货物报关单；
④非自理报关的，提供代理报关委托书；

⑤进/出口转关货物申报单或进/出境载货清单；
⑥海关监管需要的其他单证。

（3）出口监管仓库货物不在仓库主管海关申报出仓，从口岸海关直接申报出境时，按以下程序办理手续。

仓库主管海关对仓库经营企业提交的出口监管仓库货物进（出）仓申请表和出口监管仓库货物出仓清单进行审核，并开具海关出口监管仓库货物口岸申报业务联系单。

企业在口岸海关办理申报手续时，应提交以下单证：
①出口监管仓库货物进（出）仓申请表；
②加盖出口监管仓库经营企业报关专用章的出口监管仓库货物出仓清单；
③出口货物报关单；
④非自理报关的，提供代理报关委托书；
⑤进/出境载货清单及随附单证；
⑥海关出口监管仓库货物口岸申报业务联系单；
⑦海关监管需要的其他单证。

出口监管仓库货物出仓转国内进口的，仓库经营企业应向主管海关提交书面申请报告及出口监管仓库货物进（出）仓申请表。海关批准后，根据贸易管制有关规定、按照实际贸易方式和货物实际状态在仓库主管海关办理进口报关手续。

出口监管仓库货物申报出仓后，应在3日内及时办结出仓报关手续，出口监管仓库经营企业应在经口岸海关签印的报关单及出口监管仓库货物出仓清单上签名确认，并于办结出仓报关手续后5个工作日内送主管海关登记确认。经营企业未在规定期限内办理报关手续的，应将有关单证退回仓库主管海关。

货物拼装出口时，出口货物报关单和出口监管仓库货物出仓清单可按原入仓货物的实际状态分别申报，但须在出口货物报关单和出口监管仓库货物出仓清单备注栏内注明拼装货物。

已出仓离境的出口监管仓库货物因故需退运进境的，按海关退运货物有关规定在口岸海关办理报关手续，退运进境的货物不得再转入出口监管仓库。海关已签发报关单退税证明联的货物退运时，出口企业应向海关提供税务机关证明相关货物未办理出口退税或所退税款已退还税务机关的证明文件。

3. 结转报关

出口监管仓库与其他直属海关管辖的海关特殊监管区域或其他直属海关保税监管场所之间货物进行跨关区流转的，按转关运输有关规定办理。

出口监管仓库与海关特殊监管区域或其他海关保税监管场所在同一直属海关关区内，但在不同隶属海关（办事处）的，原则上按转关运输有关规定办理；经企业申请、转出方主管海关同意的，可不按转关运输方式办理，直接在转入方主管海关办理通关手续。

同一隶属海关（办事处）的出口监管仓库与海关特殊监管区域或其他海关保税监管场所之间货物流转，转入、转出企业应分别向仓库主管海关办理通关手续。

出口监管仓库与海关特殊监管区域或其他海关保税监管场所之间货物流转的，企业应提交海关出口监管仓库货物流转申请表，经海关审核同意后，办理相关通关手续。

通关时应先办理转入报关手续,再办理转出报关手续。进口报关单与出口报关单的货物品名、数量、商品编码、计量单位、价格等必须一致。

出口监管仓库之间与海关特殊监管区域或其他海关保税监管场所之间货物流转涉及出口退税的,按照国家有关规定办理。

4. 更换报关

出口监管仓库货物因质量等原因要求更换的,仓库经营企业应填制出口监管仓库货物更换申请表,并提供由商检机构、行业中介检验机构或收发货人出具的质量检验报告,以及收发货人的申请报告,向主管海关提出申请。

主管海关审核后,对准予更换的,签发出口监管仓库货物更换审核表,并批注监管要求。

被更换货物须在更换货物实际入仓后方能出仓,更换货物应当与原货物的商品编码、品名、规格型号、数量、价值相同。

四、保税物流中心进出货物通关操作

(一) 保税物流中心概述

保税物流中心分为 A 型和 B 型。

保税物流中心(A 型)是指经海关批准,由中国境内企业法人经营、专门从事保税仓储物流业务的保税监管场所。

保税物流中心(B 型)是指经海关批准,由中国境内一家企业法人经营、多家企业进入并从事保税仓储物流业务的保税监管场所。

1. 功能

保税物流中心的功能是保税仓库和出口监管仓库功能的叠加,既可以存放进口货物,也可以存放出口货物,还可以开展多项增值服务。

(1) 保税物流中心的货物存放范围

保税物流中心主要存放以下货物:

①国内出口货物;

②转口货物和国际中转货物;

③外商暂存货物;

④加工贸易进出口货物;

⑤供应国际航行船舶和航空器的物料、维修用零部件;

⑥供维修外国产品所进口寄售的零配件;

⑦未办结海关手续的一般贸易进口货物;

⑧经海关批准的其他未办结海关手续的货物。

(2) 业务范围

①保税物流中心可以开展以下业务:

A. 保税存储进出口货物及其他未办结海关手续货物;

B. 对所存货物开展流通性简单加工和增值服务;

C. 全球采购和国际分拨、配送;

D. 转口贸易和国际中转业务；

E. 经海关批准的其他国际物流业务。

②保税物流中心不得开展以下业务：

A. 商业零售；

B. 生产和加工制造；

C. 维修、翻新和拆解；

D. 存储国家禁止进出口货物，以及危害公共安全、公共卫生或者健康、公共道德或者秩序的国家限制进出口货物；

E. 存储法律、行政法规明确规定不能享受保税政策的货物；

F. 其他与物流中心无关的业务。

2. 管理

（1）保税物流中心经营企业应当设立管理机构负责物流中心的日常工作，制定完善的物流中心管理制度，协助海关对进出物流中心的货物及中心内企业经营行为实施监管。

（2）保税物流中心经营企业不能在本中心内直接从事保税仓储物流的经营活动。

（3）保税物流中心内货物保税存储期限分别为1年（A型）、2年（B型）。经主管海关同意可以予以延期，除特殊情况外，延期不得超过1年。

（4）保税物流中心内企业根据需要经主管海关批准，可以分批进出货物，办理月度集中报关，但集中报关不得跨年度办理。实行集中申报的进出口货物，应当适用每次货物进出口时企业办理纳税手续之日实施的税率、计征汇率。

（5）保税物流中心内货物可以在中心内企业之间进行转让、转移，但必须办理相关海关手续。

未经海关批准，保税物流中心内企业不得擅自将所存货物抵押、质押、留置、移作他用或者进行其他处置。

（6）保税仓储货物在存储期间发生损毁或者灭失的，除不可抗力外，保税物流中心内企业应当依法向海关缴纳损毁、灭失货物的税款，并承担相应的法律责任。

(二) 保税物流中心货物通关操作

海关对进出保税物流中心货物的通关监管手续，可以分成两个环节：一是保税物流中心与境外之间进出货物（"一线"进出）的通关；二是保税物流中心与境内中心外之间进出货物（"二线"进出）的通关。

1. 保税物流中心与境外之间（一线）进出货物的报关

中心内企业填报进出口报关单向保税物流中心主管海关申报，监管方式为"6033"（保税物流中心进出境货物）。同时，企业需在各保税物流中心主管海关的业务管理系统中录入相同的数据，并记入该企业的电子底账。

货物在此环节不实行进出口配额、许可证件管理（特殊规定除外），享受进口全额保税政策（企业自用设备按现行规定办理）。

根据需要，海关在此环节签发进口付汇报关单证明联给企业。

该环节中货物是实际进出境的，如果保税物流中心主管海关不是口岸海关，则需按进出口转关运输模式办理有关手续或者根据全国通关一体化模式采用跨关区通关的方式申报进出境。

2. 保税物流中心与境内中心外（二线）进出货物的报关

（1）货物出中心进入境内，视同进口。

中心外企业通过海关通关系统填制进口报关单向保税物流中心主管海关申报，贸易方式根据企业贸易实际填报，如一般贸易、进料加工、来料加工，运输方式填报"物流中心"，启运国（地区）为"中国"，原产国（地区）按照实际国别（地区）填报。中心内的企业在业务管理系统中以转出单的形式向海关申报，两份单证的内容要求一致，同时提交海关审核。在此环节的申报，海关按照货物出中心的实际状态来核定价格、归类，如属进口许可证件管理的商品，还应当向海关出具有效的进口许可证件。根据需要，海关在此环节签发进口付汇报关单证明联。

（2）境内货物进中心，视同出口。

中心外企业填制出口报关单向保税物流中心主管海关申报，贸易方式根据企业贸易实际填报，运输方式填报"物流中心"，运抵国（地区）为"中国"，最终目的国（地区）按照实际国别（地区）填报。中心内的企业在业务管理系统中以转入单的形式向海关申报，两份单证的内容要求一致，同时提交海关审核。根据需要，海关在此环节签发出口收汇报关单证明联和出口退税报关单证明联给中心外的企业。进中心的货物如需缴纳出口关税的，中心外企业应当按照规定纳税；属许可证件管理商品，还应当向海关出具有效的出口许可证件。

保税物流中心之间，或保税物流中心与海关特殊监管区域、其他保税监管场所之间往来的货物应向海关申报，转入、转出企业应填制进出口货物报关单或保税核注清单。

申报核注清单时，应按以下要求办理。

①转入、转出企业应对保税货物流转（设备结转）情况协商一致后报送保税核注清单，其中下列栏目应符合：

A. 清单类型为普通清单；

B. 关联清单编号由转出企业填报对应转入企业的进口保税核注清单编号；

C. 关联备案编号填写对方手（账）册备案号；

D. 设备结转时，监管方式应填设备进出区（代码5300）。

②转入、转出保税核注清单按10位商品编码进行汇总比对，商品编码比对一致且法定数量相同的，双方核注清单比对成功；系统比对不成功的，按双方核注清单商品编码前8位进行汇总比对，商品编码比对一致且法定数量相同的，转人工比对。商品编码比对不一致或法定数量不同的，对转出保税核注清单予以退单，由转入、转出双方协商，并根据协商结果对保税核注清单进行相应修改或撤销。

流转双方对同一商品的商品编码协商不一致时，应按转入地海关依据商品归类的有关规定认定的商品编码确定。

转入、转出保税核注清单均已审核通过的，企业进行实际收发货，并按相关要求办理卡口核放手续。

五、保税物流园区进出货物通关操作

(一) 保税物流园区概述

保税物流园区是指经国务院批准,在保税区规划面积或者毗邻保税区的特定港区内设立的、专门发展现代国际物流业的海关特殊监管区域。

1. 功能

保税物流园区的主要功能是保税物流,可以开展以下保税物流业务:

(1) 存储进出口货物及其他未办结海关手续的货物;

(2) 对所存货物开展流通性简单加工和增值服务,如分级分类、分拆分拣、分装、计量、组合包装、打膜、印刷运输标志、改换包装、拼装等具有商业增值的辅助性作业;

(3) 国际转口贸易;

(4) 国际采购、分销和配送;

(5) 国际中转;

(6) 检测、维护;

(7) 商品展示;

(8) 经海关批准的其他国际物流业务。

2. 管理

保税物流园区是海关监管的特定区域,实行物理式围网管理。园区与境内其他地区之间设置符合海关监管要求的卡口、围网隔离设施、视频监控系统及其他海关监管所需的设施。

海关在园区派驻机构,依照有关法律、行政法规,对进出园区的货物、运输工具、个人携带物品以及园区内相关场所实行24小时监管。

(1) 禁止事项

①除安全人员和相关部门、企业值班人员外,其他人员不得在园区内居住;

②园区内不得建立工业生产加工场所和商业性消费设施;

③园区内不得开展商业零售、加工制造、翻新、拆解及其他与园区无关的业务;

④法律、行政法规禁止进出口的货物、物品不得进出园区。

(2) 企业管理

保税物流园区行政机构及其经营主体、在保税物流园区内设立的企业等单位的办公场所应当设置在园区规划面积内、围网外的园区综合办公区内。

海关对园区企业实行电子账册监管制度和计算机联网管理制度。

园区行政管理机构或者其经营主体应当在海关指导下通过电子口岸建立供海关、园区企业及其他相关部门进行电子数据交换和信息共享的计算机公共信息平台。

园区企业应当建立符合海关监管要求的计算机管理系统,提供供海关查阅数据的终端设备,按照海关规定的认证方式和数据标准与海关进行联网。

园区企业须依照法律、行政法规的规定,规范财务管理,设置符合海关监管要求的账簿、报表,记录本企业的财务状况和有关进出园区货物、物品的库存、转让、转移、销售、简单加工、使用等情况，如实填写有关单证、账册，凭合法、有效的凭证记账核算。

(二) 保税物流园区货物通关操作

1. 保税物流园区与境外之间进出货物的报关

海关对保税物流园区与境外之间进出的货物实行备案制管理，但保税物流园区自用的免税进口货物、国际中转货物或者法律、行政法规另有规定的货物除外。

境外货物到港后，区内企业（或者其代理人）可以先凭舱单将货物直接运至保税物流园区，再凭进境货物备案清单向保税物流园区主管海关办理申报手续。

保税物流园区与境外之间进出的货物，应当按照规定向海关办理相关手续。

保税物流园区内开展整箱进出、二次拼箱等国际中转业务的，由开展此项业务的企业向海关发送电子舱单数据，区内企业向保税物流园区主管海关申请提箱、集运等，凭舱单等单证办理进出境申报手续。

从保税物流园区运往境外的货物，除法律、行政法规另有规定外，免征出口关税。

保税物流园区与境外之间进出的货物，不实行进出口许可证件管理，但法律、行政法规、规章另有规定的除外。

保税物流园区进出境货物的监管方式及代码按照保税区进出境货物的监管方式填报：

（1）保税物流园区进出境仓储、转口货物填报"保税区仓储转口"（代码1234）；

（2）保税物流园区进出境减免税货物根据性质填报区外减免税货物相应的监管方式。

2. 保税物流园区与境内区外之间进出货物的报关

保税物流园区与区外之间进出的货物，由园区企业或者区外收、发货人（或者其代理人）按照规定向海关办理相关手续。

（1）保税物流园区货物运往区外视同进口。

区内企业或者区外收货人（或者其代理人）按照进口货物的有关规定向保税物流园区主管海关申报，海关按照货物出园区时的实际监管方式的有关规定办理。

（2）区外货物运入保税物流园区视同出口。

由区内企业或者区外发货人（或者其代理人）向保税物流园区主管海关办理出口申报手续。属于应当征收出口关税的商品，海关按照有关规定征收出口关税；属于许可证件管理的商品，应当同时向海关出具有效的出口许可证件，但法律、行政法规、规章另有规定在出境申报环节验核出口许可证件的除外。

园区企业跨关区配送货物或者异地企业跨关区到园区提取货物的，应当按照规定向海关办理相关手续。

除法律、行政法规、规章规定不得集中申报的货物外，区内企业少批量、多批次进出货物的，经保税物流园区主管海关批准可以办理集中申报手续，并适用每次货物进出口时海关接受该货物申报之日实施的税率、汇率。集中申报的期限不得超过1个月，且不得跨年度办理。

用于办理出口退税的出口货物报关单证明联的签发手续，按照下列规定办理：

①从区外进入保税物流园区供区内企业开展业务的国产货物及其包装物料,由区内企业或者区外发货人(或者其代理人)填写出口货物报关单,海关按照对出口货物的有关规定办理,签发出口货物报关单证明联;货物转关出口的,启运地海关在收到保税物流园区主管海关确认转关货物已进入保税物流园区的电子回执后,签发出口货物报关单证明联。

②从区外进入保税物流园区供保税物流园区行政管理机构及其经营主体和区内企业使用的国产基建物资、机器、装卸设备、管理设备等,海关按照对出口货物的有关规定办理,并签发出口货物报关单证明联。

③从区外进入保税物流园区供保税物流园区行政管理机构及其经营主体和区内企业使用的生活消费用品、办公用品、交通运输工具等,海关不予签发出口货物报关单证明联。

④从区外进入保税物流园区的原进口货物、包装物料、设备、基建物资等,区外企业应当向海关提供上述货物或者物品的清单,按照出口货物的有关规定办理申报手续,海关不予签发出口货物报关单证明联,原已缴纳的关税、进口环节增值税和消费税不予退还。

区外原进口货物需要退运出境或者原出口货物需要复运进境的,不得经过保税物流园区进出境或者进入保税物流园区存储。根据无代价抵偿货物规定进行更换的区外原进口货物,留在区外不退运出境的,也不得进入保税物流园区。

六、保税区进出货物通关操作

(一)保税区概述

保税区是指经国务院批准在中华人民共和国境内设立的由海关进行监管的特定区域。

1. 功能

保税区具有出口加工、转口贸易、商品展示、仓储运输等功能,即保税区既有保税加工的功能,又有保税物流的功能。

2. 管理

保税区与境内其他地区之间,应当设置符合海关监管要求的隔离设施。

(1)从保税区进入非保税区的货物,按照进口货物办理手续。

(2)从非保税区进入保税区的货物,按照出口货物办理手续。

(3)企业在办结海关手续后,可办理结汇、核销、加工贸易核销等手续。

(4)保税区内的转口货物可以在区内仓库或者区内其他场所进行分级、挑选、印刷运输标志、改换包装等简单加工。

(5)保税区企业开展加工贸易,除进口易制毒化学品、监控化学品、消耗臭氧层物质要提供进口许可证件,生产激光光盘要主管部门批准外,其他加工贸易料件进口免予交验许可证件。

(6)保税区内企业开展加工贸易,无须提交保证金。

(7)区内加工企业加工的制成品及其在加工过程中产生的边角余料运往境外时,

应当按照国家有关规定向海关办理手续，除法律、行政法规另有规定外，免征出口关税。

（8）区内加工企业将区内加工的制成品、副次品，在加工过程中产生的边角余料运往非保税区时，应当按照国家有关规定向海关办理进口报关手续，并依法纳税。

(二) 保税区货物通关操作

1. 保税区与境外之间进出货物的报关

（1）海关对保税区与境外之间进出的货物实施简便、有效的监管。

（2）海关对保税区与境外之间进出的货物实行备案制管理，由货物的收货人、发货人或其代理人向海关备案。

（3）对保税区与境外之间进出的货物，除实行出口被动配额管理的外，不实行进出口配额、许可证管理。

（4）企业按照保税区相关规定填制相应单证，相关监管方式有：

①保税区进出境仓储、转口货物填报"保税区仓储转口"（代码1234）；

②保税区进出境加工贸易货物根据性质填报区外加工贸易货物相应的监管方式；

③保税区进出境减免税货物根据性质填报区外减免税货物相应的监管方式。

2. 保税区与境内区外之间进出货物的报关

进出区报关要根据不同的情况按不同的通关程序报关。

（1）从保税区进入非保税区的货物，按照进口货物办理手续；从非保税区进入保税区的货物，按照出口货物办理手续，海关在货物实际离境后，签发用于出口退税的出口货物报关单证明联。

（2）从非保税区进入保税区供区内使用的机器、设备、基建物资和物品，使用单位应当向海关提供上述货物或者物品的清单，经海关查验后放行。有关货物或者物品，已经缴纳进口关税和进口环节税收的，已纳税款不予退还。

（3）保税区的货物需从非保税区口岸进出口或者保税区内的货物运往另一保税区的，应当事先向海关提出书面申请，经海关批准后，按照海关转关运输及有关规定办理。

（4）企业按照保税区相关规定填制相应单证，相关监管方式有：

①按成品征税的保税区进料加工成品转内销货物，填报"保区进料成品"（代码0444）；

②按成品征税的保税区来料加工成品转内销货物，填报"保区来料成品"（代码0445）；

③按料件征税的保税区进料加工成品转内销货物，填报"保区进料料件"（代码0544）；

④按料件征税的保税区来料加工成品转内销货物，填报"保区来料料件"（代码0545）；

⑤其他货物根据性质填报区外相应监管方式。

七、保税港区（综合保税区）进出货物通关操作

(一) 保税港区（综合保税区）概述

保税港区是指经国务院批准，设立在国家对外开放的口岸港区和与之相连的特定区域内，具有口岸、物流、加工等功能的海关特殊监管区域。

综合保税区是指经国务院批准，设立在内陆地区的具有保税港区功能的海关特殊监管区域。综合保税区的政策、功能、管理模式等均与保税港区相同。

1. 功能

保税港区（综合保税区）具备目前我国海关所有特殊监管区域的全部功能，可以开展下列业务：

(1) 存储进出口货物和其他未办结海关手续的货物；
(2) 对外贸易，包括国际转口贸易；
(3) 国际采购、分销和配送；
(4) 国际中转；
(5) 检测和售后服务维修；
(6) 商品展示；
(7) 研发、加工、制造；
(8) 港口作业；
(9) 经海关批准的其他业务。

2. 管理

保税港区（综合保税区）实行封闭式管理。保税港区（综合保税区）与境内其他地区之间，应当设置符合海关监管要求的卡口、围网、视频监控系统，以及海关监管所需的其他设施。

保税港区（综合保税区）享受与保税区、出口加工区相同的税收和外汇管理政策。主要税收政策为：国外货物入区保税；货物出区进入国内销售按货物进口的有关规定办理报关，并按货物实际状态征税；国内货物入区视同出口，实行退税；区内企业之间的货物交易不征增值税和消费税。

经保税港区（综合保税区）主管海关批准，区内企业可以在保税港区（综合保税区）综合办公区专用的展示场所举办商品展示活动。展示的货物应当在海关备案，并接受海关监管。

区内货物可以自由流转。区内企业转让、转移货物的，双方企业应当及时向海关报送转让、转移货物的品名、数量、金额等电子数据信息。

除国家另有规定外，保税港区（综合保税区）货物不设存储期限。但存储期限超过2年的，区内企业应当每年向海关备案。

经海关核准，区内企业可以办理集中申报手续。实行集中申报的区内企业应当对1个自然月内的申报清单数据进行归并，填制进出口货物报关单，在次月底前向海关办理集中申报手续。集中申报适用报关单集中申报之日实施的税率、汇率。集中申报不得跨年度办理。

区内企业不实行加工贸易银行保证金台账和合同核销制度，海关对区内加工贸易货物不实行单耗标准管理。区内企业应当自开展业务之日起，定期向海关报送货物的进区、出区和储存情况。

(二) 保税港区（综合保税区）货物通关操作

1. 保税港区（综合保税区）与境外之间进出货物的报关

除减免税货物、征税货物（区内自用的交通运输工具、生活消费用品）、通过保税港区（综合保税区）直接进出的货物外，海关对区内与境外之间进出的货物实行备案制管理，对从境外入区的货物予以保税。

实行备案制管理的货物，其收发货人或者代理人应当如实填写进出境货物备案清单，向海关备案。

从区内运往境外的货物免征出口关税，但法律、行政法规另有规定的除外。

区内与境外之间进出的货物，不实行进出口配额、许可证件管理，但法律、行政法规和规章另有规定的除外。对于同一配额、许可证件项下的货物，海关在进区环节已经验核配额、许可证件的，在出境环节不再要求企业出具配额、许可证件。

区内与境外之间进出的货物应当向主管海关办理海关手续；进出境口岸不在保税港区（综合保税区）主管海关辖区内的，经保税港区（综合保税区）主管海关批准，可以在口岸海关办理海关手续。

2. 保税港区（综合保税区）与境内区外之间进出货物的报关

区内与境内区外之间进出的货物需要征税的，区内企业或者区外收发货人按照货物进出区时的实际状态缴纳税款。

属于配额、许可证件管理商品的，区内企业或者区外收发货人还应当向海关出具配额、许可证件。对于同一配额、许可证件项下的货物，海关在进境环节已经验核配额、许可证件的，在出区环节不再要求企业出具配额、许可证件。

区内企业在区外从事对外贸易业务且货物不实际进出区的，可以在收发货人所在地或者货物实际进出境口岸地海关办理申报手续。

区外货物以出口报关方式入区的，其出口退税按照国家有关规定办理；区外货物属于原进口货物的，原已缴纳的关税、进口环节海关代征税，海关不予退还。

3. 区内货物流转

区内货物可以自由流转。区内企业转让、转移货物的，双方企业应当及时向海关报送转让、转移货物的品名、数量、金额等电子数据信息。

4. 区内机器、设备、模具和办公用品等出区检测、维修

（1）区内使用的机器、设备、模具和办公用品等海关监管货物，可以比照进境修理货物的有关规定，运往区外进行检测、维修。区内企业将模具运往区外进行检测、维修的，应当留存模具所生产产品的样品或者图片资料。

（2）运往区外进行检测、维修的机器、设备、模具和办公用品等，不得在区外用于加工生产和使用，并应当自运出之日起2个月内运回区内。因特殊情况不能如期运回的，区内企业或者保税港区（综合保税区）行政管理机构应当在期限届满前7日内，以书面形式向海关申请延期，申请延期以1次为限，延长期限不得超过1个月。

（3）检测、维修完毕运回区内的机器、设备、模具和办公用品等应当为原物。有更换新零件、配件或者附件的，原零件、配件或者附件应当一并运回区内。对在区外更换的国产零件、配件或者附件，需要退税的，由企业按照出口货物的有关规定办理手续。

5. 外发加工

（1）区内企业需要将模具、原材料、半成品等运往区外进行加工的，应当在开展外发加工前，凭承揽加工合同或者协议、区内企业签章确认的承揽企业生产能力状况等材料，向保税港区（综合保税区）主管海关办理外发加工手续。

（2）委托区外企业加工的期限不得超过合同或者协议有效期，加工完毕后的货物应当按期运回区内。在区外开展外发加工产生的边角料、废品、残次品、副产品不运回区内的，海关应当按照实际状态征税。区内企业凭出区时委托区外加工申请书以及有关单证，向海关办理验放核销手续。

第十节　进出境快件及跨境电商通关操作

一、进出境快件通关操作

（一）进出境快件分类

进出境快件分为：文件类进出境快件（以下简称 A 类快件）；个人物品类进出境快件（以下简称 B 类快件）；低值货物类进出境快件（以下简称 C 类快件）。

1. A 类快件是指无商业价值的文件、单证、票据和资料（依照法律、行政法规以及国家有关规定应当予以征税的除外）。

2. B 类快件是指境内收寄件人（自然人）收取或者交寄的个人自用物品（旅客分离运输行李物品除外）。

3. C 类快件是指价值在 5000 元人民币（不包括运、保、杂费等）及以下的货物（涉及许可证件管制的，需要办理出口退税、出口收汇或者进口付汇的除外）。

（二）进出境快件分类通关操作

1. A 类快件通关时，快件运营人应当向海关提交 A 类快件报关单、总运单（复印件）和海关需要的其他单证。

2. B 类快件通关时，快件运营人应当向海关提交 B 类快件报关单、每一进出境快件的分运单、进境快件收件人或出境快件发件人身份证影印件和海关需要的其他单证。B 类快件的限量、限值、税收征管等事项应当符合海关总署关于邮递进出境个人物品的相关规定。

3. C 类快件通关时，快件运营人应当向海关提交 C 类快件报关单，代理报关委托书或者委托报关协议，每一进出境快件的分运单、发票和海关需要的其他单证，并按照进出境货物规定缴纳税款。进出境 C 类快件的监管方式为"一般贸易"或者"货样广告品",征免性质为"一般征税",征减免税方式为"照章征税"。

二、跨境电商零售进出口通关操作

(一) 对企业的管理

跨境电子商务平台企业、物流企业、支付企业等参与跨境电子商务零售进口业务的企业,应当依据海关报关单位注册登记管理相关规定,向所在地海关办理注册登记。境外跨境电子商务企业应委托境内代理人(以下称跨境电子商务企业境内代理人)向该代理人所在地海关办理注册登记。

跨境电子商务企业、物流企业等参与跨境电子商务零售出口业务的企业,应当向所在地海关办理信息登记,如需办理报关业务,向所在地海关办理注册登记。

物流企业应获得国家邮政管理部门颁发的《快递业务经营许可证》。直购进口模式下,物流企业应为邮政企业或者已向海关办理代理报关登记手续的进出境快件运营人。

支付企业为银行机构的,应具备银保监会或者原银监会颁发的《金融许可证》;支付企业为非银行支付机构的,应具备中国人民银行颁发的《支付业务许可证》,支付业务范围应当包括"互联网支付"。

补充阅读

1. "跨境电子商务企业"是指自境外向境内消费者销售跨境电子商务零售进口商品的境外注册企业(不包括在海关特殊监管区域或保税物流中心内注册的企业),或者境内向境外消费者销售跨境电子商务零售出口商品的企业,为商品的货权所有人。

2. "跨境电子商务企业境内代理人"是指开展跨境电子商务零售进口业务的境外注册企业所委托的境内代理企业,由其在海关办理注册登记,承担如实申报责任,依法接受相关部门监管,并承担民事责任。

3. "跨境电子商务平台企业"是指在境内办理工商登记,为交易双方(消费者和跨境电子商务企业)提供网页空间、虚拟经营场所、交易规则、信息发布等服务,设立供交易双方独立开展交易活动的信息网络系统的经营者。

4. "支付企业"是指在境内办理工商登记,接受跨境电子商务平台企业或跨境电子商务企业境内代理人委托为其提供跨境电子商务零售进口支付服务的银行、非银行支付机构以及银联等。

5. "物流企业"是指在境内办理工商登记,接受跨境电子商务平台企业、跨境电子商务企业或其代理人委托为其提供跨境电子商务零售进出口物流服务的企业。

(二) 通关管理

1. 对跨境电子商务直购进口商品及适用"网购保税进口"(监管方式代码1210)进口政策的商品,按照个人自用进境物品监管,不执行有关商品首次进口许可批件、注册或备案要求。但对相关部门明令暂停进口的疫区商品和对出现重大质量安全风险的商品启动风险应急处置时除外。适用"网购保税进口A"(监管方式代码1239)进口政策的商品,按《跨境电子商务零售进口商品清单(2018版)》尾注中的监管要求执行。

2. 海关对跨境电子商务零售进出口商品及其装载容器、包装物按照相关法律法规实施检疫，并根据相关规定实施必要的监管措施。

3. 跨境电子商务零售进口商品申报前，跨境电子商务平台企业或跨境电子商务企业境内代理人、支付企业、物流企业应当分别通过国际贸易"单一窗口"或跨境电子商务通关服务平台向海关传输交易、支付、物流等电子信息，并对数据真实性承担相应责任。

直购进口模式下，邮政企业、进出境快件运营人可以接受跨境电子商务平台企业或跨境电子商务企业境内代理人、支付企业的委托，在承诺承担相应法律责任的前提下，向海关传输交易、支付等电子信息。

4. 跨境电子商务零售出口商品申报前，跨境电子商务企业或其代理人、物流企业应当分别通过国际贸易"单一窗口"或跨境电子商务通关服务平台向海关传输交易、收款、物流等电子信息，并对数据真实性承担相应法律责任。

5. 跨境电子商务零售商品进口时，跨境电子商务企业境内代理人或其委托的报关企业应提交《中华人民共和国海关跨境电子商务零售进出口商品申报清单》（以下简称《申报清单》），采取"清单核放"方式办理报关手续。

跨境电子商务零售商品出口时，跨境电子商务企业或其代理人应提交《申报清单》，采取"清单核放、汇总申报"方式办理报关手续；跨境电子商务综合试验区内符合条件的跨境电子商务零售商品出口，可采取"清单核放、汇总统计"方式办理报关手续。

《申报清单》与《中华人民共和国海关进（出）口货物报关单》具有同等法律效力。按照上述3—5要求传输、提交的电子信息应施加电子签名。

6. 开展跨境电子商务零售进口业务的跨境电子商务平台企业、跨境电子商务企业境内代理人应对交易真实性和消费者（订购人）身份信息真实性进行审核，并承担相应责任，身份信息未经国家主管部门或其授权的机构认证的，订购人与支付人应当为同一人。

7. 跨境电子商务零售商品出口后，跨境电子商务企业或其代理人应当于每月15日前（当月15日是法定节假日或者法定休息日的，顺延至其后的第一个工作日），将上月结关的《申报清单》依据清单表头同一收发货人、同一运输方式、同一生产销售单位、同一运抵国、同一出境关别，以及清单表体同一最终目的国、同一10位海关商品编码、同一币制的规则进行归并，汇总形成《中华人民共和国海关出口货物报关单》向海关申报。

允许以"清单核放、汇总统计"方式办理报关手续的，不再汇总形成《中华人民共和国海关出口货物报关单》。

8. 《申报清单》的修改或者撤销，参照海关《中华人民共和国海关进（出）口货物报关单》修改或者撤销有关规定办理。除特殊情况外，《申报清单》《中华人民共和国海关进（出）口货物报关单》应当采取通关无纸化作业方式进行申报。

（三）税收征管

1. 对跨境电子商务零售进口商品，海关按照国家关于跨境电子商务零售进口税收政策征收关税和进口环节增值税、消费税，完税价格为实际交易价格，包括商品零售价格、运费和保险费。

2. 跨境电子商务零售进口商品消费者（订购人）为纳税义务人。在海关注册登记的跨境电子商务平台企业、物流企业或申报企业作为税款的代收代缴义务人，代为履行纳税义务，并承担相应的补税义务及相关法律责任。

3. 代收代缴义务人应当如实、准确向海关申报跨境电子商务零售进口商品的商品名称、规格型号、税则号列、实际交易价格及相关费用等税收征管要素。跨境电子商务零售进口商品的申报币制为人民币。

4. 为审核确定跨境电子商务零售进口商品的归类、完税价格等，海关可以要求代收代缴义务人按照有关规定进行补充申报。

5. 海关对符合监管规定的跨境电子商务零售进口商品按时段汇总计征税款，代收代缴义务人应当依法向海关提交足额有效的税款担保。海关放行后30日内未发生退货或修撤单的，代收代缴义务人在放行后第31日至第45日内向海关办理纳税手续。

（四）场所管理

1. 跨境电子商务零售进出口商品监管作业场所必须符合海关相关规定。跨境电子商务监管作业场所经营人、仓储企业应当建立符合海关监管要求的计算机管理系统，并按照海关要求交换电子数据。其中开展跨境电子商务直购进口或一般出口业务的监管作业场所应按照快递类或者邮递类海关监管作业场所规范设置。

2. 跨境电子商务网购保税进口业务应当在海关特殊监管区域或保税物流中心（B型）内开展，另有规定的除外。

（五）检疫、查验和物流管理

1. 对需在进境口岸实施的检疫及检疫处理工作，应在完成后方可运至跨境电子商务监管作业场所。

2. 网购保税进口业务，一线入区时以报关单方式进行申报，海关可以采取视频监控、联网核查、实地巡查、库存核对等方式加强对网购保税进口商品的实货监管。

3. 海关实施查验时，跨境电子商务企业或其代理人、跨境电子商务监管作业场所经营人、仓储企业应当按照有关规定提供便利，配合海关查验。

4. 跨境电子商务零售进出口商品可采用"跨境电商"模式进行转关。其中，跨境电子商务综合试验区所在地海关可将转关商品品名以总运单形式录入"跨境电子商务商品一批"，并需随附转关商品详细电子清单。

5. 网购保税进口商品可在海关特殊监管区域或保税物流中心（B型）间流转，按有关规定办理流转手续。以"网购保税进口"（监管方式代码1210）海关监管方式进境的商品，不得转入适用"网购保税进口A"（监管方式代码1239）的城市继续开展跨境电子商务零售进口业务。网购保税进口商品可在同一区域（中心）内的企业间进行流转。

（六）退货管理

在跨境电子商务零售进口模式下，允许跨境电子商务企业境内代理人或其委托的报关企业申请退货，退回的商品应当符合二次销售要求并在海关放行之日起 30 日内以原状运抵原监管作业场所，相应税款不予征收，并调整个人年度交易累计金额。

在跨境电子商务零售出口模式下，退回的商品按照有关规定办理有关手续。

对超过保质期或有效期、商品或包装损毁、不符合我国有关监管政策等不适合境内销售的跨境电子商务零售进口商品，以及海关责令退运的跨境电子商务零售进口商品，按照有关规定退运出境或销毁。

第四章

检验检疫

2018年，按照《深化党和国家机构改革方案》的部署，出入境检验检疫管理职责和队伍划入海关。关检业务的融合优化，有利于口岸监管资源的统筹配置，通过流程简化和优化，降低企业成本，提升通关效率，改善口岸营商环境。

实际工作中，从业人员在办理检验检疫业务时，通常将"进出口"称为"出入境"。

第一节 概　述

一、出入境检验检疫工作的主要任务和目的

依据《中华人民共和国进出口商品检验法》等国家有关法律、法规规定，出入境检验检疫工作的主要任务和目的主要包括以下方面。

1. 对进出口商品进行检验、鉴定和监督管理，加强进出口商品检验工作，规范进出口商品检验行为，维护社会公共利益和进出口贸易有关各方的合法权益，促进对外贸易的顺利发展。

2. 对出入境动植物及其产品，包括其运输工具、包装材料进行检疫和监督管理，防止危害动植物的病菌、害虫、杂草种子及其他有害生物由境外传入或由境内传出，保护我国农、林、牧、渔业生产和国际生态环境与人类健康。

3. 对出入境人员、交通工具、运输设备，以及可能传播检疫传染病的行李、货物、邮包等物品实施国境卫生检疫和口岸卫生监督，防止传染病由境外传入或由境内传出，保护人类健康。

4. 出入境检验检疫机构按照世界贸易组织（WTO）《实施卫生与植物检疫措施协定》（SPS协定）、《技术性贸易壁垒协议》（TBT协议）和《国际植物保护公约》（IPPC）的有关规定，建立有关制度，在保护我国人民的健康和安全及我国动植物生命和健康的同时，采取有效措施打破境外技术壁垒。

二、出入境检验检疫工作的主要内容

依据国家有关法律、法规规定，出入境检验检疫工作的主要内容包括以下方面。

（一）进出口商品检验

凡列入《出入境检验检疫机构实施检验检疫的进出境商品目录》（以下简称《法检目录》）的进出口商品和其他法律、法规规定必须经检验的进出口商品，必须经过出入境检验检疫部门或其指定的检验检疫机构检验。规定进口商品应检验未检验的，不准销售、使用；出口商品未检验合格的，不准出口。

（二）进口商品认证管理

国家对涉及人类健康和动植物健康，以及环境保护和公共安全的产品实行强制性认证制度。

列入《强制性产品认证目录》的商品,必须经过指定的认证机构认证合格、取得指定认证机构颁发的认证证书,并加施认证标志后,方可进口。

此外,我国对显示器、液晶电视机、等离子电视机、电饭锅、电磁炉、家用洗衣机、电冰箱、储水式电热水器、节能灯、高压钠灯、打印机、复印机、电风扇、空调等产品强制实施能效标识。

(三) 出口商品质量许可

国家对重要出口商品实行质量许可制度。出入境检验检疫部门单独或会同有关主管部门负责签发质量许可证书,未获得质量许可证书的商品不准出口。检验检疫部门已对机械、电子、轻工、机电、玩具、医疗器械、煤炭等类商品实施出口产品质量许可制度。境内生产企业或其他代理人均可向当地检验检疫机构申请出口质量许可证书。检验检疫机构对于实施许可制度的出口产品实行验证管理。

(四) 食品卫生监督检验

进口食品、食品添加剂、食品容器、包装材料、食品用工具及设备必须符合我国有关法律法规的规定。申请人须向检验检疫部门申报并接受卫生监督检验,检验检疫部门对进口食品按食品危险性等级分类进行管理,依照国家卫生标准进行监督检验,检验合格的方准进口。

所有出口食品必须经过检验,未经检验或检验不合格的不准出口。凡在我国境内生产、加工、存储相应出口食品的企业,未经备案登记的,检验检疫机构不予受理检验检疫申报。出口食品生产企业需要办理境外卫生注册的,未取得有关进口国(地区)批准或认可的,不得向该国(地区)出口食品。

(五) 动植物检疫

检验检疫部门依法实施动植物检疫的范围包括:

1. 出境、入境、过境的动植物,动植物产品和其他检疫物。检验检疫部门对进境动物、动物产品、植物种子、种苗及其他繁殖材料实行进境检疫许可制度,办理检疫审批;对出境动植物、动植物产品或其他检疫物的生产、加工、存放过程实施检疫监管;对过境运输的动植物、动植物产品和其他检疫物实行检疫监管;对携带、邮寄动植物,动植物产品和其他检疫物的进境物实行检疫监管。

2. 装载动植物、动植物产品和其他检疫物的装载容器、包装物、铺垫材料。

3. 来自动植物疫区的运输工具。对来自疫区的运输工具,口岸检验检疫部门实施现场检疫和有关消毒处理。

4. 进境拆卸的废旧船舶。

5. 有关法律、行政法规、国际条约规定或者贸易合同约定应当实施动植物检疫的其他货物、物品。

(六) 卫生检疫与处理

出入境检验检疫部门统一负责对出入境的人员、交通工具、集装箱、行李、货物、邮包等实施医学检查和卫生检查。检验检疫部门对未染有检疫传染病或者已实施卫生处理的交通工具,签发入境或者出境检疫证。

检验检疫部门对入境、出境人员实施传染病监测,有权要求入境人员填写健康申明卡,出示预防接种证书、健康证书或其他有关证件。

检验检疫部门负责对国境口岸和停留在国境口岸的出入境交通工具的卫生状况实施卫生监督,主要包括:

1. 监督和指导对啮齿动物、病媒昆虫的防除;
2. 检查和检验食品、饮用水及其存储、供应、运输设施;
3. 监督从事食品、饮用水供应的从业人员的健康状况;
4. 监督和检查垃圾、废水、污水、粪便、压舱水的处理,可对卫生状况不良和可能引起传染病传播的因素采取必要措施。

检验检疫部门负责对发现患有检疫传染病、监测传染病、疑似检疫传染病的入境人员实施隔离、留验和就地诊验等医学措施;对来自疫区、被传染病污染、发现传染病媒介的出入境交通工具、集装箱、行李、货物、邮包等物品进行消毒、除鼠、除虫等卫生处理。

(七) 旧机电产品装运前检验

进口旧机电产品的收货人或其代理人应当在合同签订前向出入境检验检疫部门办理备案手续。对需要实施装运前检验的,检验检疫部门实施装运前检验。

(八) 出口商品运输包装检验

出入境检验检疫部门对列入《法检目录》和其他法律、法规规定必须经检验检疫机构检验的出口商品的运输包装进行性能检验,未经检验或检验不合格的,不准用于盛装出口商品;对出口危险货物包装容器实行危险货物包装容器出口质量许可制度,危险货物包装容器须经检验检疫机构进行性能检验和使用鉴定后,方可生产使用。

(九) 货物装载和残损鉴定

用船舶和集装箱装运粮油食品、冷冻品等易腐食品出口的,应向口岸检验检疫机构申请检验船舱和集装箱,经检验合格并发给证书后,方准装运。

对外贸易关系人及仲裁、司法等机构,对海运进口商品可向检验检疫部门提请办理残损鉴定、监视卸载、海损鉴定、验残等工作。

(十) 涉外检验、鉴定、认证审核认可和监督

国家对从事进出口商品检验、鉴定、认证业务的中外合资、合作的机构、公司及中资企业的经营活动实行统一监督管理;对境内外检验鉴定认证公司设在各地的办事处,实行备案管理。

(十一) 与外国和国际组织开展合作

出入境检验检疫部门承担 TBT 协议和 SPS 协议咨询点业务;承担联合国、亚太经

济合作组织、亚欧会议等国际组织在标准与一致化和检验检疫领域的联络点工作；负责对外签订政府部门间的检验检疫合作协议、认证认可合作协议、检验检疫协议执行议定书等，并组织实施。

（十二）特殊监管区域检验检疫管理

我国海关对保税区、边境特别管理区等特殊区域制定了检验检疫的管理办法，如《沙头角边境特别管理区进出物品检验检疫管理规定》《保税区检验检疫监督管理办法》等，适用于对进出保税区、法律法规规定应当实施检验检疫的货物及其包装物、铺垫材料、运输工具、集装箱的检验检疫及监督管理工作。

第二节　出入境货物检验检疫基本程序

进出口货物整合申报后，报关单、报检单合并为一张报关单，实现了关检业务融合。申报人可通过"单一窗口"或"互联网+海关"一体化网上办事平台预录入系统进行申报。

一、基本环节

出入境检验检疫申报程序一般包括准备申报单证、电子数据录入、上传无纸化单据、联系配合现场查验、签领检验检疫单证等环节。

（一）准备申报单证

申报人了解出入境货物的基本情况后，应按照货物的性质，根据海关有关规定和要求，准备好申报单证，并确认提供的数据和各种单证正确、齐全、真实、有效。需办理检疫审批、强制性认证、卫生注册等有关批准文件的，还应在申报前办妥相关手续。

（二）电子数据录入

1. 申报人通过"单一窗口"或"互联网+海关"一体化网上办事平台预录入系统进行申报。
2. 须在规定的申报时限内将出入境货物的有关数据发送至海关。
3. 对于合同或信用证中涉及检验检疫特殊条款和特殊要求的，应在电子申报中同时提出。
4. 对经审核不符合要求的电子数据，申报人可按照海关的有关要求修改后再次申报。
5. 需要对已发送的电子数据进行更改或撤销时，申报人应发送更改或撤销申请。

（三）上传无纸化单据

申报人通过"单一窗口"或"互联网+海关"一体化网上办事平台预录入系统进

行申报时，应通过无纸化上传系统上传随附单据电子版，无须在申报时提交纸质单证。在海关监管过程中按照风险布控、签注作业等要求需要验核纸质单证的，申报人应当补充提交相关纸质单证。

（四）联系配合现场查验

申报人应根据海关风险布控指令要求，对需要现场查验的货物，主动联系配合海关对出入境货物实施检验检疫；向海关提供进行抽样、检验、检疫和鉴定等必要的工作条件，配合海关为实施检验检疫而进行的现场验（查）货、抽（采）样及检验检疫处理等事宜；落实海关提出的检验检疫监管措施和其他有关要求。

对经检验检疫合格放行的出境货物加强批次管理，不错发、错运、漏发。法定检验检疫的出口货物未经检验检疫或者经检验检疫不合格的，不准出口。未经检验检疫合格或未经海关许可的入境法检货物，不准销售、使用或拆卸、运递。

（五）签领检验检疫单证

对出入境货物检验检疫完毕后，海关根据评定结果签发相应的单证，申报人在领取海关出具的有关检验检疫单证时应如实签署姓名和领证时间。各类单证应按其特定的范围使用。

二、出入境检验检疫单证

（一）出入境检验检疫单证的种类

出入境检验检疫单证泛指海关总署公开发布的、具有固定格式和填制要求的各种单证，包括证书类、凭单类、监督管理证明类和专用单证类等。

1. 证书类所证明的内容较为详尽、专业，主要作为第三方公证证明供境内外有关方面了解受检对象的质量状况、对受检对象采取的相关处理措施和举证、采信的依据。例如，海关对经检验不合格的进口货物签发品质检验证书，作为贸易相关方理赔的依据。

2. 凭单类所证明的内容较为简略、概括，主要包括出入境关系人为受检对象申请有关检验检疫事项而向海关提交的法律文件、供出入境海关内部使用或用于中国境内（不含港澳台地区）其他有关方面了解受检对象的质量状况、对受检对象采取的相应处理措施和举证、采信的凭据等。个别单证也可供出入境关系人在境外使用，例如，某些国家（地区）要求提供的国际旅行人员健康检查记录等。

3. 监督管理证明类是海关实施某种行政许可或行政授权的凭证。

4. 专用单证类目前主要有海峡两岸直航专用单证等。

（二）出入境检验检疫单证的用途

出入境检验检疫单证是出入境货物通关的重要凭证，是海关征收和减免、退税的有效凭证，是履行交接、结算及进口国（地区）准入的有效证件，是议付货款的有效证件，是明确责任的有效证件，是办理索赔、仲裁及诉讼的有效证件。

（三）出入境检验检疫单证的管理和有效期

出入境检验检疫单证的签发应符合国家有关法律法规和有关规定，以及国际惯例的有关要求。申报人在申请签发检验检疫单证时应了解海关签证的有关规定。

1. 关于单证正副本

检验检疫证书一般由一正三副组成，其中正本对外签发，可同时向申报人提供 2 份副本，海关留存 1 份副本。目前海关签发的单证则有一正一副、一正两副和一正三副等多种情况。证书一般只签发 1 份正本。申报人要求 2 份或 2 份以上正本的，须经综合部门负责人审批同意，并在证书备注栏内声明"本证书是×××号证书正本的重本"。

2. 关于签证时限

综合部门签发单证，出境应在收到证稿后 2 个工作日内完成，入境应在收到证稿后 3 个工作日内完成，特殊情况除外。

3. 关于单证文字和文本

检验检疫单证必须严格按照海关总署制定或批准的格式，分别使用英文、中文、中英文合璧签发。进口国（地区）政府要求单证文字使用本国（地区）官方语言的，或有特定内容要求的，应视情况予以办理。使用中英文合璧签发单证的，两种文字视为具有同等法律效力。

4. 检验检疫单证的有效期

检验检疫单证一般应以检讫日期作为签发日期。

检验检疫单证的有效期不得超过检验检疫有效期。检验检疫有效期由施检部门根据国家有关规定，结合对货物的检验检疫监管情况确定。

出境货物的出运期限及检验检疫单证的有效期为：一般货物 60 天；植物和植物产品 21 天，北方冬季可适当延长至 35 天；鲜活类货物 14 天。

用于电讯卫生检疫的交通工具卫生证书的有效期为：用于船舶的为 1 年，用于飞机、列车的为 6 个月。

船舶免予卫生控制措施证书/船舶卫生控制措施证书的有效期为 6 个月。

国际旅行健康检查证明书的有效期为 1 年；疫苗接种或预防措施国际证书的有效期根据疫苗的有效保护期确定。

海关总署对检验检疫单证有效期另有规定的从其规定。例如，供港澳活猪的动物卫生证书有效期为 14 天。

5. 检验检疫单证的更改、补充和重发

任何单位或个人不得擅自更改检验检疫单证内容，伪造或变造检验检疫单证均属于违法行为。检验检疫单证签发后，申报人提出更改或补充内容的，应填写更改申请单，向原签发单证的海关提出申请，经海关综合部门审核批准后予以办理。更改、补充涉及检验检疫内容的，还需由施检部门核准。超过检验检疫单证有效期的，不予更改、补充或重发。

三、申报的更改与撤销及重新申报

（一）更改

1. 经海关审核批准后进行更改的情形

（1）已申报检验检疫的出入境货物，海关尚未实施检验检疫或虽已实施检验检疫但尚未出具单证的，由于某种原因，申报人需要更改申报信息的，可以向受理申报的海关申请，经海关审核批准后按规定进行更改；

（2）检验检疫单证发出后，申报人提出更改或补充内容的，应填写更改申请单，经海关有关部门审核批准后，予以办理。

2. 不予更改的情形

（1）品名、数（重）量、包装、发货人、收货人等重要项目更改后与合同、信用证不符的，或者更改后与输入国家（地区）法律法规的规定不符的，均不能更改；

（2）超过检验检疫单证有效期的，不予更改、补充或重发。

3. 办理更改应提供的单据

（1）填写更改申请单，说明更改的事项和理由；

（2）提供有关函电等证明文件，交原签发检验检疫单证机构；

（3）变更合同或信用证的，须提供新的合同或信用证；

（4）更改检验检疫单证的，应交还原单证（含正副本），确有特殊情况不能交还的，申报人应书面说明理由，经法定代表人签字、加盖公章，在指定的报纸上声明作废，并经海关审批后，方可重新签发。

（二）撤销

申报人申请撤销检验检疫申报时，应书面说明原因，经批准后方可办理撤销手续。申报后30天内未联系检验检疫事宜的，海关做自动撤销处理。

（三）重新申报

有下列情况之一的，应重新申报：

1. 超过检验检疫有效期限的；
2. 变更输入国家（地区），并有不同检验检疫要求的；
3. 改换包装或重新拼装的；
4. 已撤销检验检疫申报的。

四、检验检疫复验管理

申报人对海关作出的检验结果有异议的，可以向作出检验结果的主管海关或其上一级海关申请复验，也可以向海关总署申请复验。受理复验的海关或海关总署负责组织实施复验，申报人应予以配合。

申报人对同一检验结果只能向同一海关申请一次复验。

申报人对受理复验的海关或海关总署作出的复验结论不服的，可以依法申请行政复议，也可以向人民法院提起行政诉讼。

第三节　进口商品境外企业注册登记与备案操作

一、进口食品境外生产企业注册

海关对向中国境内出口食品的境外生产、加工、贮存企业（以下统称进口食品境外生产企业）实行注册管理。

海关总署根据对食品的原料来源、生产加工工艺、食品安全历史数据、消费人群、食用方式等因素的分析，并结合国际惯例确定进口食品境外生产企业的注册方式和申请材料。

经风险分析或者有证据表明某类食品的风险发生变化的，海关总署可以对相应食品的境外生产企业注册方式和申请材料进行调整。进口食品境外生产企业的注册方式包括所在国家（地区）主管当局推荐注册和企业申请注册。

进口食品境外生产企业注册有效期为 5 年，海关总署在对进口食品境外生产企业予以注册时，应当确定注册有效期起止日期。

为加强进口食品境外生产企业的管理，根据法律、行政法规的规定，海关总署统一负责进口食品境外生产企业的注册管理工作。

（一）进口食品境外生产企业注册条件

1. 所在国家（地区）的食品安全管理体系通过海关总署等效性评估、审查；
2. 经所在国家（地区）主管当局批准设立并在其有效监管下；
3. 建立有效的食品安全卫生管理和防护体系，在所在国家（地区）合法生产和出口，保证向中国境内出口的食品符合中国相关法律法规和食品安全国家标准；
4. 符合海关总署与所在国家（地区）主管当局商定的相关检验检疫要求。

（二）进口食品境外生产企业注册方式

进口食品境外生产企业注册方式包括两种方式：
一是所在国家（地区）主管当局推荐注册，二是企业申请注册。

1. 推荐注册商品范围

下列食品的境外生产企业，由所在国家（地区）主管当局向海关总署推荐注册：肉与肉制品、肠衣、水产品、乳品、燕窝与燕窝制品、蜂产品、蛋与蛋制品、食用油脂和油料、包馅面食、食用谷物、谷物制粉工业产品和麦芽、保鲜和脱水蔬菜以及干豆、调味料、坚果与籽类、干果、未烘焙的咖啡豆与可可豆、特殊膳食食品、保健食品。

2. 企业申请注册商品范围

除上述所列食品以外的其他食品。

3. 推荐注册程序

所在国家（地区）主管当局应当对其推荐注册的企业进行审核检查，确认符合注册要求后，向海关总署推荐注册并提交以下申请材料：

（1）所在国家（地区）主管当局推荐函；

（2）企业名单与企业注册申请书；

（3）企业身份证明文件，如所在国家（地区）主管当局颁发的营业执照等；

（4）所在国家（地区）主管当局推荐企业符合本规定要求的声明；

（5）所在国家（地区）主管当局对相关企业进行审核检查的审查报告。

必要时，海关总署可以要求提供企业食品安全卫生和防护体系文件，如企业厂区、车间、冷库的平面图，以及工艺流程图等。

已获得推荐注册的企业向中国境内出口食品时，应当在食品的内、外包装上标注在华注册编号或者所在国家（地区）主管当局批准的注册编号。

4. 申请注册程序

其他食品境外生产企业，应自行或者委托代理人向海关总署提出注册申请并提交以下申请材料：

（1）企业注册申请书；

（2）企业身份证明文件，如所在国家（地区）主管当局颁发的营业执照等；

（3）企业承诺符合本规定要求的声明。

海关总署根据评估审查情况，对符合要求的进口食品境外生产企业予以注册并给予在华注册编号，书面通知所在国家（地区）主管当局或进口食品境外生产企业；对不符合要求的进口食品境外生产企业不予注册，书面通知所在国家（地区）主管当局或进口食品境外生产企业。

已获得企业申请注册的企业向中国境内出口食品时，应当在食品的内、外包装上标注在华注册编号或者所在国家（地区）主管当局批准的注册编号。

二、进境商品境外企业注册登记

（一）进境粮食的境外生产加工企业注册登记

海关总署对进境粮食的境外生产加工企业实施注册登记制度。境外生产加工企业应当符合输出国家（地区）法律法规和标准的相关要求，并达到中国有关法律法规和强制性标准的要求。实施注册登记管理的进境粮食境外生产加工企业，经输出国家（地区）主管部门审查合格后向海关总署推荐。海关总署收到推荐材料后进行审查确认，符合要求的境外生产加工企业，予以注册登记。

（二）进境中药材境外生产企业的注册登记

海关总署对向中国境内输出中药材的境外生产企业实施注册登记管理。确定需要实施境外生产、加工、存放单位注册登记的中药材品种目录，并实施动态调整。

境外生产企业应当符合输出国家（地区）法律法规的要求，并符合中国国家技术规范的强制性要求。

输出国家（地区）主管部门在境外生产企业申请向中国注册登记时，需对其进行审查，向海关总署推荐，并提交相关的中文或者中英文对照材料。

海关总署收到推荐材料并经书面审查合格后，经与输出国家（地区）主管部门协商，可以派员到输出国家（地区）对其监管体系进行评估，对申请注册登记的境外生产企业进行检查。

经检查符合要求的申请企业，予以注册登记。

（三）进口饲料、饲料添加剂的境外生产企业注册登记

海关总署对允许进口饲料、饲料添加剂的境外生产企业实施注册登记制度，进口饲料、饲料添加剂应当来自注册登记的境外生产企业。

境外生产企业应当符合输出国家（地区）法律法规和标准的相关要求，并达到与中国有关法律法规和标准的等效要求，经输出国家（地区）主管部门审查合格后向海关总署推荐。海关总署应当对推荐材料进行审查。审查不合格的，通知输出国家（地区）主管部门补正；审查合格的，经与输出国家（地区）主管部门协商后，海关总署派出专家到输出国家（地区）对其饲料安全监管体系进行审查，并对申请注册登记的企业进行抽查。对抽查不符合要求的企业，不予注册登记，并将原因向输出国家（地区）主管部门通报；对抽查符合要求的及未被抽查的其他推荐企业，予以注册登记。

（四）进口水生动物的境外养殖和包装企业的注册登记

海关总署对向中国输出水生动物的境外养殖和包装企业实施注册登记管理。向中国输出水生动物的境外养殖和包装企业应当符合输出国家（地区）有关法律法规的要求，输出国家（地区）主管部门批准后向海关总署推荐。海关总署应当对推荐材料进行审查。审查不合格的，通知输出国家（地区）主管部门补正；审查合格的，海关总署可以派出专家组对申请注册登记企业进行抽查。对抽查不符合要求的企业，不予注册登记；对抽查符合要求的及未被抽查的其他推荐企业，结合水生动物安全卫生控制体系评估结果，决定是否给予注册登记。

（五）进境非食用动物产品的境外生产加工企业注册登记

向中国输出非食用动物产品的境外生产加工企业应当符合输出国家（地区）法律法规和标准的相关要求，并达到中国有关法律法规和强制性标准的要求。实施注册登记管理的非食用动物产品境外生产加工企业，经输出国家（地区）主管部门审查合格后向海关总署推荐。

海关总署收到推荐材料并经书面审查合格后，必要时经与输出国家（地区）主管部门协商，派出专家到输出国家（地区）对其监管体系进行评估或者回顾性审查，对申请注册登记的境外生产加工企业进行检查。

符合要求的境外生产加工企业，经检查合格的予以注册登记。

（六）进口棉花的境外供货企业登记

进口棉花的境外供货企业按照自愿原则申请登记。符合条件的境外企业可以自行

或委托代理人申请登记，提交相关书面材料后，经海关审核合格的，对境外供货企业予以登记，颁发"进口棉花境外供货企业登记证书"。

第四节　出口商品境内企业注册备案管理与申请境外注册管理操作

一、出口商品境内企业备案管理

（一）出口食品生产企业备案核准

为加强出口食品生产企业食品安全卫生管理，规范出口食品生产企业备案管理工作，国家实行出口食品生产企业备案管理制度。

海关总署负责统一组织实施全国出口食品生产企业备案管理工作。出口食品生产企业未依法履行备案法定义务或者经备案审查不符合要求的，其产品不予出口。

（二）出口食品原料种植、养殖场备案

海关总署对出口食品原料种植、养殖场实施备案管理。出口食品原料种植、养殖场应当向所在地海关办理备案手续。供港澳蔬菜种植基地备案管理按照海关总署的有关规定执行。实施备案管理的原料品种目录和备案条件由海关总署另行制定。出口食品的原料列入目录的，应当来自备案的种植、养殖场。

二、出境商品境内企业注册登记

（一）出境新鲜水果（含冷冻水果）果园和包装厂注册登记

我国与输入国家（地区）签订的双边协议、议定书等明确规定，或者输入国家（地区）法律法规要求对输入该国家（地区）的水果果园和包装厂实施注册登记的，海关应当按照规定对输往该国家（地区）的出境水果果园和包装厂实行注册登记。我国与输入国家（地区）签订的双边协议、议定书未有明确规定，且输入国家（地区）法律法规未明确要求的，出境水果果园、包装厂可以向海关申请注册登记。

（二）出境水生动物养殖场、中转场的注册登记

海关总署对出境水生动物养殖场、中转场实施注册登记。申请注册登记的出境水生动物养殖场、中转场，出境食用水生动物非开放性水域养殖场、中转场，出境食用水生动物开放性水域养殖场、中转场，出境观赏用和种用水生动物养殖场、中转场应当符合海关规定的相关条件，并向所在地直属海关申请注册登记。

（三）出境粮食（包括稻谷、小麦、大麦、黑麦、玉米、大豆、油菜籽、薯类等）加工、仓储企业注册登记

输入国家（地区）要求我国对向其输出粮食的出境生产加工企业注册登记的，直属海关负责组织注册登记，并向海关总署备案。

（四）出境种苗花卉生产经营企业注册登记

海关总署对出境种苗花卉生产经营企业实行注册登记管理。从事出境种苗花卉生产经营的企业，包括种植基地和加工包装厂及储存库具备法律法规规定条件或者符合法律法规要求的，应向所在地海关申请注册登记。

对于已受理的行政许可申请，经审查认为申请人不具备法律法规规定条件或者不符合法律法规要求的，不予许可。

（五）出境烟叶加工、仓储企业注册登记

海关总署对出境烟叶加工、仓储企业实行注册登记管理。对于具备法律法规规定条件或者符合法律法规要求的出境烟叶加工企业、仓储企业，以及中转、暂存场所，海关准予注册登记。

（六）出境竹木草制品生产加工企业注册登记

海关总署对出境竹木草制品（包括竹、木、藤、柳、草、芒等）生产、加工、存放企业实行注册登记管理。对于具备法律法规规定条件或者符合法律法规要求的出境竹木草制品生产、加工、存放企业，海关准予注册登记。

（七）出境饲料、饲料添加剂生产、加工、存放企业注册登记

海关总署对出境饲料、饲料添加剂生产、加工、存放企业实行注册登记管理。对于具备法律法规规定条件或者符合法律法规要求的出境饲料、饲料添加剂的生产、加工、存放企业，海关准予注册登记。

（八）出境货物木质包装除害处理标识加施企业注册登记

海关总署对出境货物木质包装除害处理标识加施企业实行注册登记管理。对于具备热处理或熏蒸处理等除害设施的、符合法律法规规定条件和要求的出境货物木质包装除害处理标识加施企业，海关准予注册登记。

（九）供港澳活羊中转场、活牛育肥场、中转仓、活禽饲养场、活猪饲养场注册登记

海关总署对供港澳活羊中转场、活牛育肥场、中转仓、活禽饲养场、活猪饲养场实行注册登记管理。对于具备法律法规规定条件或者符合法律法规要求的供港澳活羊中转场、活牛育肥场、中转仓、活禽饲养场、活猪饲养场，海关准予注册登记。

(十) 出境非食用动物产品生产、加工、存放企业注册登记

海关总署对非食用动物产品生产、加工、存放企业实行注册登记管理。对于具备法律法规规定条件或者符合法律法规要求的出境非食用动物产品生产、加工、存放企业，海关准予注册登记。

(十一) 出境中药材生产企业注册登记

输入国家（地区）要求对向其输出中药材的出境生产企业注册登记的，海关实行注册登记。出境中药材应当符合我国政府与输入国家（地区）签订的检疫协议、议定书、备忘录等规定，以及进境国家（地区）的标准或者合同要求。出境生产企业应当达到输入国家（地区）法律法规的相关要求，并符合我国有关法律法规规定。

三、出口食品生产企业申请境外注册管理

为维护我国出口食品生产企业的合法权益，规范出口食品生产企业申请境外注册管理工作，境外国家（地区）对中国输往该国家（地区）的出口食品生产企业实施注册管理且要求海关总署推荐的，海关总署统一向该国家（地区）主管当局推荐。境外国家（地区）有注册要求的，出口食品生产企业及其产品应当先获得该国家（地区）主管当局注册批准，其产品方能出口。企业注册信息情况以进口国家（地区）公布为准。

第五节　入境货物检验检疫操作

一、入境货物检验检疫申报的一般要求

(一) 入境货物检验方式

1. 境内检验

法定检验的进口商品应当在申报的目的地检验，大宗散装商品、易腐烂变质商品、已发生残损、短缺的商品等应当在卸货口岸检验。检验合格后，海关按照法定程序出具相应的检验单证。

对上述规定的进口商品，海关总署可以根据便利对外贸易和进出口商品检验工作的需要，指定在其他地点检验。

2. 境外装运前检验

对属于法定检验范围内的关系国计民生、价值较高、技术复杂的，以及其他重要的进口商品和大型成套设备，应当按照对外贸易合同约定监造、监装或者进行装运前检验。收货人保留到货后最终检验和索赔的权利。海关可以根据需要派出检验人员参加或者组织实施监造、装运前检验或者监装。

属于境外装运前检验的商品进口时，收货人应当提供海关或其他检验机构签发的

装运前检验证书，办理进口通关手续。

（二）入境检验检疫申报

入境检验检疫申报是指法定检验检疫入境货物的货主或其代理人，持有关单证向报关地海关申请对入境货物进行检验检疫以获得入境通关放行凭证，并取得入境货物销售、使用合法凭证的申报。对入境一般检验检疫申报业务而言，签发放行指令和对货物实施检验检疫都由报关地海关完成，货主或其代理人在办理完通关手续后，应主动与海关联系落实检验检疫工作。

1. 申报时限和地点

对入境货物，应在入境前或入境时向入境口岸、指定的或到达站的海关办理检验检疫申报手续；入境的运输工具及人员应在入境前或入境时申报。

入境货物需对外索赔出证的，应在索赔有效期前不少于20天内向到货口岸或货物到达地的海关申报检验检疫。

输入微生物、人体组织、生物制品、血液及其制品或种畜、禽及其精液、胚胎、受精卵的，应当在入境前30天申报。

输入其他动物的，应当在入境前15天申报。

输入植物、种子、种苗及其他繁殖材料的，应当在入境前7天申报。

2. 申报时应提供的单据

电子形式的外贸合同、发票、提（运）单、装箱单等必要凭证，海关要求提供的其他特殊单证，以及根据海关需要应提供相关纸质单证。

下列情况申报时还应按要求提供有关文件：

（1）国家实施许可制度管理的货物，应提供有关证明。

（2）品质检验的，还应提供境外品质证书或质量保证书、产品使用说明书及有关标准和技术资料；凭样成交的，须加附成交样品；以品级或公量计价结算的，应同时申请重量鉴定。

（3）申报入境废物原料时，还应提供主管海关或者其他检验机构签发的装运前检验证书；属于限制类废物原料的，应当提供进口许可证明。

（4）申请残损鉴定的，还应提供理货残损单、铁路商务记录、空运事故记录或海事报告等证明货损情况的有关单证。

（5）申请重（数）量鉴定的，还应提供重量明细单、理货清单等。

（6）货物经收、用货部门验收或其他单位检测的，应随附验收报告或检测结果及重量明细单等。

（7）入境的国际旅行者，国内外发生重大传染病疫情时，应当填写出入境检疫健康申明卡。

（8）入境的动植物及其产品，在提供贸易合同、发票、产地证书的同时，还必须提供输出国家（地区）官方出具的检疫证书；需办理入境检疫审批手续的，还应提供进境动植物检疫许可证。

（9）申报过境动植物及其产品时，应持货运单和输出国家（地区）官方出具的检疫证书；运输动物过境时，还应提交海关总署签发的动植物过境许可证。

（10）申报入境运输工具、集装箱时，应提供检疫证明，并申报有关人员的健康状况。

（11）入境旅客、交通员工携带伴侣动物的，应提供入境动物检疫证书及预防接种证明。

（12）因科研等特殊需要，输入禁止入境物的，必须提供海关总署签发的特许审批证明。

（13）属于入境特殊物品的，应提供有关的批件或规定的文件。

二、入境货物检验检疫申报的特殊要求

（一）入境木质包装

1. 申报范围

法定检验的木质包装包括输入中国的货物的木质包装。这里的货物木质包装是指用于承载、包装、铺垫、支撑、加固货物的木质材料，如木板箱、木条箱、木托盘、木框、木桶（盛装酒类的橡木桶除外）、木轴、木楔、垫木、枕木、衬木等。不包括经人工合成或者经加热、加压等深度加工的包装用木质材料（如胶合板、刨花板、纤维板等）和薄板旋切芯、锯屑、木丝、刨花等，以及厚度等于或者小于 6 毫米的木质材料。

2. 申报要求

海关总署统一管理全国进境货物木质包装的检疫监督管理工作。主管海关负责所辖地区进境货物木质包装的检疫监督管理工作。

进境货物使用木质包装的，应当在输出国家（地区）政府检疫主管部门的监督下，按照《国际植物保护公约》的要求进行除害处理，并加施 IPPC 标识。除害处理方法和专用标识应当符合相关规定。

进境货物使用木质包装的，货主或者其代理人应当向海关申报，海关按照以下情况处理。

（1）对已加施 IPPC 标识的木质包装，按规定抽查检疫，未发现活的有害生物的，予以放行；发现活的有害生物的，监督货主或者其代理人对木质包装进行除害处理。

（2）对未加施 IPPC 标识的木质包装，在海关监督下进行除害处理或者销毁处理。

（3）对申报时不能确定木质包装是否加施 IPPC 标识的，海关按规定抽查检疫。经抽查确认木质包装加施了 IPPC 标识，且未发现活的有害生物的，予以放行；发现活的有害生物的，监督货主或者其代理人对木质包装进行除害处理。经抽查发现木质包装未加施 IPPC 标识的，对木质包装进行除害处理或者销毁处理。

（二）入境食品

1. 申报范围

包括食品、食品添加剂和食品相关产品。

食品指各种供人食用或者饮用的成品和原料，以及按照传统既是食品又是药品的物品，但是不包括以治疗为目的的物品。

食品添加剂指为改善食品品质和色、香、味，以及为防腐、保鲜和加工工艺需要而加入食品中的人工合成或者天然物质，包括营养强化剂。

食品相关产品指用于食品的包装材料、容器、洗涤剂、消毒剂和用于食品生产经营的工具、设备。

预包装食品指预先定量包装或者制作在包装材料、容器中的食品。

2. 申报要求

海关总署对进口食品境外生产企业实施注册管理，对向中国境内出口食品的出口商或者代理商实施备案管理，对进口食品实施检验。

进口食品、食品添加剂和食品相关产品，应当经海关检验合格后放行。在此之前，货主或代理人应当持合同、发票、装箱单、提单等必要的凭证和相关批准证明文件，向报关地海关申请检验检疫。

进口动植物源性食品的货主或代理人在申报时，应根据产品的不同提供相应的动植物检疫许可证、输出国家（地区）出具的检验检疫证书及原产地证。

进口食用植物油的货主或代理人在申报时，除提供产品符合我国现行食品安全国家标准的证明文件等材料外，还应在申报信息的"合同订立的特殊条款以及其他要求"栏中注明产品境外生产企业的名称。

食品添加剂进口企业申报时，应当提供以下资料：注明产品用途（食品加工用）的贸易合同，或者贸易合同中买卖双方出具的用途声明（食品加工用）；食品添加剂完整的成分说明。

进口企业是经营企业的，应提供加盖进口企业公章的营业执照或经营许可证复印件。进口企业是食品生产企业的，应提供加盖进口企业公章的食品生产许可证复印件。需办理检验检疫审批的，还应提供进境动植物检疫许可证。

进口预包装食品被抽中现场查验或实验室检验的，进口商应当向海关提交其合格证明材料、进口预包装食品的标签原件和翻译件、中文标签样张及其他证明材料。

食品标签是指印制在食品包装容器上或附于食品包装容器上的一切附签、吊牌、文字、图形、符号说明物。海关应当对标签内容是否符合法律法规和食品安全国家标准的要求，以及与质量有关内容的真实性、准确性进行检验，包括格式版面检验和标签标注内容的符合性检测。进口食品标签、说明书中强调获奖、获证、产区及其他内容的，或者强调含有特殊成分的，应当提供相应证明材料。

3. 申报时应提供的单证

进口食品的进口商或者其代理人应当按照规定，持下列材料向海关申报：

（1）合同、发票、装箱单、提单等必要的凭证；

（2）相关批准文件；

（3）法律法规、双边协定、议定书，以及其他规定要求提交的输出国家（地区）官方检疫（卫生）证书；

（4）首次进口预包装食品，应当提供进口食品标签样张和翻译件。

申报时，进口商或者其代理人应当将所进口的食品按照品名、品牌、原产国（地区）、规格、数（重）量、总值、生产日期（批号）及海关总署规定的其他内容逐一申报。

（三）入境动物及动物产品

1. 入境动物及动物遗传物质

动物遗传物质是指哺乳动物精液、胚胎和卵细胞。

（1）申报时限和地点

输入种畜、禽及其精液、胚胎的，货主或其代理人应在入境前 30 日申报；输入其他动物的，应在入境前 15 日申报。

输入动物及动物遗传物质，应当按照指定的口岸入境。

输入动物及动物遗传物质的，货主或其代理人应向入境口岸海关申报，由口岸海关实施检疫；入境后需调离入境口岸办理转关手续的，除活动物和来自动植物疫情流行国家（地区）的检疫物由入境口岸海关检疫外，其他均应分别向入境口岸海关和指运地海关申报，货主或其代理人向指运地海关申报检疫时，应提供相关单证的复印件和入境口岸海关签发的审结通知书。

（2）申报时应提供的证单

货主或其代理人在办理入境申报手续时，除按照申报的一般要求录入数据并提供电子版贸易合同、发票、装箱单、海运提单（或铁路运单、航空运单、海运单）外，还应提供原产地证、输出国家（地区）官方出具的检疫证书正本、进境动植物检疫许可证正本（分批入境的，还需提供许可证复印件进行核销）、隔离场使用证（输入种用/观赏用水生动物、畜、禽等活动物的应提供）、备案证明书（输入动物遗传物质的，应提供经所在地海关批准并出具的使用单位备案证明书）。

无输出国家（地区）官方机构出具有效检疫证书的，或者未依法办理检疫审批手续的，海关根据具体情况，作退回或销毁处理。

2. 入境肉类产品及水产品

（1）申报时限和地点

货主或其代理人应在货物入境前或入境时向口岸海关申报，约定检疫时间。

入境后需调离入境口岸办理转关手续的，货主或其代理人应向口岸海关申报，到达指运地时，应当向指运地海关申报。

肉类产品及水产品只能在海关总署指定的口岸入境。

（2）申报时应提供的单证

肉类产品及水产品入境前或者入境时，货主或者其代理人应当持进境动植物检疫许可证正本、输出国家（地区）官方签发的检验检疫证书正本、原产地证、贸易合同、提单、装箱单、发票等单证向入境口岸海关申报。

经我国港澳地区中转入境的肉类产品，必须加验港澳中检公司签发的检验证书正本。没有港澳中检公司签发的检验证书正本的，海关不受理申报。

入境水产品随附的输出国家（地区）官方签发的检验检疫证书，应当符合海关总署对该证书的要求。

3. 入境动物源性饲料及饲料添加剂

动物源性饲料及饲料添加剂是指源于动物或产自动物的，经工业化加工、制作的供动物食用的产品及其原料。主要包括饵料用活动物、饲料用（含饵料用）冰鲜冷冻动物产品及水产品、加工动物蛋白及油脂、宠物食品及咬胶、配合饲料及含有动物源性成分的添加剂预混合饲料及饲料添加剂。

其中，加工动物蛋白及油脂包括肉粉（畜禽）、肉骨粉（畜禽）、鱼粉、鱼油、鱼膏、虾粉、鱿鱼肝粉、鱿鱼粉、乌贼膏、乌贼粉、鱼精粉、干贝精粉、血粉、血浆粉、血球粉、血细胞粉、血清粉、发酵血粉、动物下脚料粉、羽毛粉、水解羽毛粉、水解毛发蛋白粉、皮革蛋白粉、蹄粉、角粉、鸡杂粉、肠膜蛋白粉、明胶、乳清粉、乳粉、蛋粉、干蚕蛹及其粉、骨粉、骨灰、骨炭、骨制磷酸氢钙、虾壳粉、蛋壳粉、骨胶、动物油渣、动物脂肪、饲料级混合油、干虫及其粉等。

货主或者其代理人应当在饲料入境前或者入境时向海关申报，申报时应当提供原产地证、贸易合同、提单、发票等单证，并根据海关对产品的不同要求提供进境动植物检疫许可证、输出国家（地区）检验检疫证书、进口饲料和饲料添加剂产品登记证复印件。

需要办理并取得进口饲料和饲料添加剂产品登记证的产品种类见《进口饲料和饲料添加剂登记管理办法》。

4. 入境其他动物产品及其他检疫物

这里的入境其他动物产品特指上述未列名的来源于动物未经加工或者虽经加工但仍有可能传播疫病的产品，如皮张类、毛类、蜂产品、蛋制品、奶制品、肠衣等。

其他检疫物是指动物疫苗、血清、诊断液、动植物性废弃物等。

货主或其代理人应在货物入境前或入境时向口岸海关申报，约定检疫时间。

申报时应当提供原产地证、输出国家（地区）检验检疫证书、贸易合同、提单、发票等单证，并根据海关对产品的不同要求提供进境动植物检疫许可证。

（四）入境植物及植物产品

1. 入境种子、苗木等植物繁殖材料

植物繁殖材料是植物种子、种苗及其他繁殖材料的统称，指栽培、野生的可供繁殖的植物全株或者部分，如植株、苗木（含试管苗）、果实、种子、砧木、接穗、插条、叶片、芽体、块根、块茎、鳞茎、球茎、花粉、细胞培养材料（含转基因植物）等。

（1）申报时限和地点

输入植物、种子、种苗及其他繁殖材料的，货主或其代理人应在入境前7日持有关资料向海关申报，预约检疫时间。

（2）申报时应提供的单证

货主或其代理人申报时，除按照申报的一般要求录入数据外，还需提供电子版合同、发票、提单、进境动植物检疫许可证（适用于需海关总署审批的种子、苗木）或引进种子、苗木检疫审批单或引进林木种子、苗木和其他繁殖材料检疫审批单及输出国家（地区）官方出具的植物检疫证书、原产地证等有关文件。

2. 入境水果、烟叶和茄科蔬菜

（1）申报时限和地点

货主或其代理人应在入境前持有关资料向海关申报，预约检疫时间。

（2）申报时应提供的单证

货主或其代理人申报时，除按照申报的一般要求录入数据外，还需提供电子版合同、发票、提单、进境动植物检疫许可证及输出国家（地区）官方出具的植物检疫证书、原产地证等有关文件。

3. **入境粮食和植物源性饲料**

粮食是指禾谷类（如小麦、玉米、稻谷、大麦、黑麦、燕麦、高粱等）、豆类（如大豆、绿豆、豌豆、赤豆、蚕豆、鹰嘴豆等）、薯类（如马铃薯、木薯、甘薯等）等粮食作物的籽实（非繁殖用）及其加工产品（如大米、麦芽、面粉等）；植物源性饲料是指源于植物或产自植物的，经工业化加工、制作的供动物食用的产品及其原料，包括饲料粮谷、饲料用草籽、饲草类、麦麸类、糠麸饼粕渣类（麦麸除外）、青贮料、加工植物蛋白及植物粉类、配合饲料等。

货主或其代理人应当在入境前向入境口岸海关申报。申报时除按照一般要求录入数据外，还需提供电子版合同、发票、提单、约定的检验方法标准或成交样品、原产地证及按规定应当提供的其他有关单证，并根据海关对产品的不同要求提供进境动植物检疫许可证、输出国家（地区）检验检疫证书。

需要办理并取得进口饲料和饲料添加剂产品登记证的产品，还应提供进口饲料和饲料添加剂产品登记证复印件。

海关对入境转基因产品还需查验农业转基因生物安全证书（进口）、农业转基因生物标识审查认可批准文件正本。

4. **其他入境植物产品**

入境原木须附有输出国家（地区）官方检疫部门出具的植物检疫证书，证明其不带有我国关注的检疫性有害生物或双边植物检疫协定中规定的有害生物和土壤。入境原木带有树皮的，应当在输出国家（地区）进行有效的除害处理，并在植物检疫证书中注明除害处理方法、使用药剂、剂量、处理时间和温度；入境原木不带树皮的，应在植物检疫证书中作出声明。

入境干果、干菜、原糖、天然树脂、土产类、植物性油类产品等，货主或其代理人应当根据这些货物的不同种类进行不同的申报准备。需要办理检疫审批的，如干辣椒等，在货物入境前事先提出申请，办理检疫审批手续，取得许可证。

在输入上述货物前，货主或其代理人应当持合同、输出国家（地区）官方检疫部门出具的植物检疫证书向海关申报，约定检疫时间。经海关实施现场检疫、实验室检疫合格或经检疫处理合格的，签发入境货物检验检疫证明，准予入境销售或使用。

5. **入境转基因产品**

转基因产品是指《农业转基因生物安全管理条例》规定的农业转基因生物及其他法律法规规定的转基因生物与产品，包括通过各种方式（如贸易、来料加工、邮寄、携带、生产、代繁、科研、交换、展览、援助、赠送及其他方式）进出境的转基因产品。

海关总署对入境转基因动植物及其产品、微生物及其产品和食品实行申报制度。

（1）入境转基因产品的申报

货主或其代理人在办理入境申报手续时，应当在申报信息的"货物名称"栏中注明是否为转基因产品。申报为转基因产品的，除按规定提供有关单证外，还应当提供农业转基因生物安全证书和农业转基因生物标识审查认可批准文件正本。

国家对农业转基因生物实行标识制度。输入国务院农业行政主管部门制定并公布的第一批实施标识管理的农业转基因生物目录内的产品，海关核查标识，符合农业转基因生物标识审查认可批准文件的，准予进境；不按规定标识的，重新标识后方可进境；未标识的，不得进境。

对列入实施标识管理的农业转基因生物目录的入境转基因产品，申报为转基因的，海关实施转基因项目符合性检测；申报为非转基因的，海关进行转基因项目抽查检测；对实施标识管理的农业转基因生物目录以外的入境动植物及其产品、微生物及其产品和食品，海关可根据情况实施转基因项目抽查检测。

海关按照国家认可的检测方法和标准进行转基因项目检测。经检测合格的，准予入境。如有下列情况之一，海关通知货主或其代理人作退货或者销毁处理：申报为转基因产品，但经检测其转基因成分与批准文件不符的；申报为非转基因产品，但经检测其含有转基因成分的。

入境供展览用的转基因产品，须获得有关批准文件后方可入境，展览期间应当接受海关的监管。展览结束后，所有转基因产品必须作退回或者销毁处理。如因特殊原因，需改变用途的，须按有关规定补办入境检验检疫手续。

（2）过境转基因产品的申报

过境转基因产品，货主或其代理人应当事先向海关总署提出过境许可申请，并提交以下资料：转基因产品过境转移许可证申请表；输出国家（地区）有关部门出具的国（境）外已进行相应研究的证明文件或者已允许作为相应用途并投放市场的证明文件；转基因产品的用途说明和拟采取的安全防范措施；其他相关资料。

海关总署自收到申请之日起 20 日内作出答复，对符合要求的，签发转基因产品过境转移许可证并通知入境口岸海关；对不符合要求的，签发不予过境转移许可证，并说明理由。

过境转基因产品进境时，货主或其代理人须持规定的单证和转基因产品过境转移许可证向入境口岸海关申报，经海关审查合格的，准予过境，并由出境口岸海关监督其出境。改换原包装及变更过境线路的过境转基因产品，应当按照规定重新办理过境手续。

（五）入境旧机电产品

1. 申报范围

所谓旧机电产品，是指具有下列情形之一的机电产品：已经使用（不含使用前测试、调试的设备），仍具备基本功能和一定使用价值的；未经使用，但超过质量保证期（非保修期）的；未经使用，但存放时间过长，部件产生明显有形损耗的；新旧部件混装的；经过翻新的，如旧压力容器类、旧工程机械类、旧电器类、旧车船类、旧印刷机械类、旧食品机械类、旧农业机械类等。

进口旧机电产品，进口单位需向海关总署或其授权的检验机构申请办理入境检验。

2. 申报要求

进口旧机电产品应当符合法律法规对安全、卫生、健康、环境保护、防止欺诈、节约能源等方面的规定，以及国家技术规范的强制性要求。

进口旧机电产品应当实施口岸查验、目的地检验以及监督管理。价值较高、涉及人身财产安全、健康、环境保护项目的高风险进口旧机电产品，还需实施装运前检验。需实施装运前检验的进口旧机电产品清单由海关总署制定并在海关总署网站上公布。进口旧机电产品的装运前检验结果与口岸查验、目的地检验结果不一致的，以口岸查验、目的地检验结果为准。

收货人或其代理人应当凭合同、发票、装箱单、提单等资料向海关办理申报手续。需实施装运前检验的，申报前还应当取得装运前检验证书。

（六）入境汽车

1. 申报范围

列入《法检目录》的进口机动车辆，以及虽未列入但国家有关法律法规明确规定由海关负责检验的入境机动车辆。

2. 申报要求

进口汽车运抵入境口岸后，收货人或其代理人应持有关单证向口岸海关办理申报手续，申报时应提供合同、发票、提（运）单、装箱单（列明车架号）等单证及有关技术资料。进口汽车入境口岸海关负责进口汽车入境检验工作，经登记的进口汽车，在质量保证期内发现质量问题，用户应向所在地海关申请检验出证。

进口汽车入境口岸海关对进口汽车的检验包括：一般项目检验、安全性能检验和品质检验。

（1）一般项目检验。在进口汽车入境时逐台核查安全标志，并进行规格、型号、数量、外观质量、随车工具、技术文件和零备件等项目的检验。

（2）安全性能检验。按国家有关汽车的安全环保等法律法规、强制性标准和《进出口汽车安全检验规程》（SN/T0792—1999）实施检验。

（3）品质检验。品质检验及其标准、方法等应在合同或合同附件中明确规定，进口合同中无规定或规定不明确的，按《进出口汽车品质检验规程》（SN/T0791—1999）检验。

对大批量进口汽车，外贸经营单位和收用货主管单位应在对外贸易合同中约定在出口国装运前进行预检验、监造或监装，海关可根据需要派出检验人员参加或者组织实施在出口国的检验。

进口汽车的销售单位凭海关签发的进口机动车辆随车检验单等有关单证办理进口汽车国内销售备案手续。

用户在国内购买进口汽车时必须取得海关签发的进口机动车辆随车检验单和购车发票。在办理正式牌证前，到所在地海关登检、换发进口机动车辆检验证明，作为到车辆管理机关办理正式牌证的依据。

(七) 入境化妆品

1. 申报范围

化妆品是指涂、擦、散布于人体表面任何部位（如表皮、毛发、指趾甲、口唇等）或口腔黏膜、牙齿，以达到清洁、消除不良气味、护肤、美容和修饰目的的产品。

2. 申报要求

进口化妆品的收货人或者其代理人应当按照海关总署的相关规定申报，同时提供收货人备案号。首次进口的化妆品应当符合下列要求：

(1) 国家实施卫生许可的化妆品，应当取得国家相关主管部门批准的进口化妆品卫生许可批件，海关对进口化妆品卫生许可批件电子数据进行系统自动比对验核；

(2) 国家实施备案的化妆品，应当凭备案凭证办理申报手续；

(3) 国家没有实施卫生许可或者备案的化妆品，应当提供具有相关资质的机构出具的可能存在安全性风险物质的有关安全性评估资料，在生产国家（地区）允许生产、销售的证明文件或者原产地证明；

(4) 销售包装化妆品成品除前3项外，还应当提交中文标签样张和外文标签及翻译件；

(5) 非销售包装的化妆品成品还应当提供产品的名称、数（重）量、规格、产地、生产批号和限期使用日期（生产日期和保质期），加施包装的目的地名称、工厂名称、地址、联系方式等信息。

(八) 入境玩具

1. 申报范围

列入《法检目录》及法律、行政法规规定必须经海关检验的进口玩具。海关对《法检目录》外的入境玩具按照海关总署的规定实施抽查检验。

2. 申报要求

进口玩具的收货人或者其代理人应在入境前或入境时向报关地海关申报。除按照申报的一般要求录入数据外，还需提供电子版外贸合同、发票、装箱单、提（运）单等有关单证。列入《强制性产品认证目录》的进口玩具还应当取得强制性产品认证证书。海关对强制性产品认证证书电子数据进行系统自动比对验核。

(九) 入境涂料

1. 申报范围

《商品名称及编码协调制度》（以下简称《协调制度》，英文简称为HS）中品目32.08、32.09项下的商品。

2. 申报要求

国家对进口涂料实行登记备案和专项检测制度。进口涂料的生产商、进口商和进口代理商根据需要，可以向进口涂料备案机构申请进口涂料备案。备案申请应在涂料入境至少2个月前向备案机构提出。

海关总署指定的进口涂料备案机构和涂料专项检测实验室，分别负责进口涂料的备案和专项检测。备案机构和专项检测实验室须具备检测能力和相应的资格。

3. 申报时应提供的材料

货主或其代理人应当在涂料入境前，向入境口岸海关办理申报手续。申报时除提供合同、发票、提单、装箱单等资料外，已经备案的涂料应同时提交进口涂料备案书或其复印件。

（十）入境危险化学品

1. 申报范围

根据《危险化学品安全管理条例》和《关于进出口危险化学品及其包装检验监管有关问题的公告》（海关总署公告 2020 年第 129 号）的要求，海关对列入国家《危险化学品目录》的出入境危险化学品实施检验监管。

2. 申报要求

入境危险化学品的收货人或者其代理人应按照《出入境检验检疫报检规定》向报关地海关申报，申报时按照《危险化学品目录》中的名称申报。

3. 申报时应提供的单证

（1）进口危险化学品经营企业符合性声明；

（2）对需要添加抑制剂或稳定剂的产品，应提供实际添加抑制剂或稳定剂的名称、数量等情况说明；

（3）中文危险公示标签（散装产品除外）、中文安全数据单的样本。

（十一）入境展览物品

1. 申报范围

参加国际展览的入境展览物品及其包装材料、运输工具等。

2. 申报要求及检验检疫规定

展览物品入境前或入境时，货主或其代理人应持有关单证向报关地海关申报。申报时，应如实申报并提供外贸合同（或参展函电）、发票、提单等有关单证的电子信息。

需进行检疫审批的动植物及其产品，应办理相应的检疫审批手续。入境展览物为旧机电产品的，应按旧机电产品备案手续办理相关证明。属于 ATA 单证册项下的展览品，申报时可以持 ATA 单证册作为证明文件。

入境展品不必进行品质检验，免于 3C 认证。

第六节　出境货物检验检疫操作

一、出境货物检验检疫申报的一般要求

（一）出境货物检验方式

1. 出口检验

法定检验的出口商品的发货人应当在海关总署统一规定的地点和期限内，持合同等必要的凭证和相关批准文件向海关报关。法定检验的出口商品未经检验或者经检验不合格的，不准出口。

出口商品应当在商品的生产地检验。海关总署可以根据便利对外贸易和进出口商品检验工作的需要，指定在其他地点检验。

2. 适载检验

对装运出口的易腐烂变质食品、冷冻品的集装箱、船舱、飞机、车辆等运载工具，承运人、装箱单位或者其代理人应当在装运前向海关申请清洁、卫生、冷藏、密固等适载检验。未经检验或者经检验不合格的，不准装运。

3. 出口装运前检验

依据《装运前检验协议》，目前我国对向塞拉利昂、埃塞俄比亚出口的每批次价值在 2000 美元以上的贸易性质商品，对出口至伊朗和也门的列入《法检目录》的部分产品实施政府协议的装运前检验。

（二）出境检验检疫监管的申报

出境检验检疫监管的申报是指法定检验检疫出境货物的货主或其代理人，办理出口货物通关手续前，持有关单证向产地海关申请检验检疫，以取得出境电子底账号及其他单证的申报。对于出境需要实施检验检疫的货物，经产地海关检验检疫合格后，货主或其代理人凭产地海关签发的出境电子底账信息方可向口岸海关报关。

1. 申报时限和地点

出境货物最迟应于报关或装运前 7 天申报，对于个别检验检疫周期较长的货物，应留有相应的检验检疫时间。

出境的运输工具和人员应在出境前向口岸海关申报。

需隔离检疫的出境动物在出境前 60 天预报，隔离前 7 天申报。

法定检验检疫货物，原则上应向产地海关申报并由产地海关实施检验检疫。

2. 申报时应提供的材料

电子形式的合同、信用证（以信用证方式结汇时提供）、发票、装箱单等必要凭证，海关要求提供的其他特殊单证，以及根据海关需要应提供的相关纸质单证。

下列情况申报时还应按要求提供有关文件。

（1）国家实施许可制度管理的货物，应提供有关证明。

（2）出境货物须经生产者或经营者检验合格并加附检验合格证或检测报告；申请重量鉴定的，应加附重量明细单或磅码单。

（3）凭样成交的货物，应提供经买卖双方确认的样品。

（4）出境人员应向海关申请办理国际旅行健康证明书及国际预防接种证书。

（5）申报出境运输工具、集装箱时，还应提供检疫证明，并申报有关人员的健康状况。

（6）生产出境危险货物包装容器的企业，必须向海关申请包装容器的性能鉴定；生产出境危险货物的企业，必须向海关申请危险货物包装容器的使用鉴定。

（7）申报出境危险货物时，必须提供危险货物包装容器性能鉴定结果单和使用鉴定结果单。

（8）申请原产地证明书和普惠制原产地证明书的，应提供商业发票等资料。

（9）属于出境特殊物品的，根据法律法规规定应提供有关的审批文件。

二、出境货物检验检疫申报的特殊要求

（一）出境货物木质包装

为规范木质包装检疫监督管理，确保出境货物使用的木质包装符合输入国家（地区）的检疫要求，依据《中华人民共和国进出境动植物检疫法》（以下简称《动植物检疫法》）及其实施条例，参照第 15 号国际植物检疫措施标准《国际贸易中木质包装材料的管理》的规定，海关对出境植物、植物产品及其他检疫物的装载容量、包装物及铺垫材料依照规定实施检疫。

出境货物木质包装应当按照有关规定和要求进行检疫除害处理，并按照《出境货物木质包装除害处理标识要求》加施 IPPC 标识。

1. 申报范围

用于承载、包装、铺垫、支撑、加固货物的木质材料，如木板箱、木条箱、木托盘、木框、木桶、木轴、木楔、垫木、枕木、衬木等。经人工合成或者经加热、加压等深度加工的包装用木质材料（如胶合板、纤维板等）和薄板旋切芯、锯屑、木丝、刨花等，以及厚度等于或者小于 6 毫米的木质材料除外。

2. 申报要求

（1）直属海关对木质包装标识加施企业的热处理或者熏蒸设施、人员及相关质量管理体系等进行考核，符合要求的，颁发除害处理标识加施资格证书，并公布标识加施企业名单，同时报海关总署备案，标识加施资格有效期为 3 年；不符合要求的，不予颁发资格证书。未取得资格证书的企业，不得擅自加施除害处理标识。

（2）IPPC 标识

IPPC 标识必须加施于木质包装的显著位置，至少应在相对的两面。标识应清晰易辨，具有永久性和不可改变性，避免使用红色或橙色。

（3）对木质包装实施除害处理并加施标识的企业（标识加施企业）应当建立木质包装生产防疫制度和质量控制体系。未获得标识加施资格的木质包装使用企业，可以向海关公布的标识加施企业购买木质包装，并要求标识加施企业提供出境货物木质包

装除害处理合格凭证。

(二) 出境食品

1. 申报范围

各种供人食用、饮用的成品和原料，按照传统习惯加入药物的食品，以及用于出口食品的食品添加剂等；出口列入《人类食品和动物饲料添加剂及原料产品目录》的124种产品。

2. 申报时应提供的材料

出口食品的出口商或者其代理人应当按照规定，凭合同、发票、装箱单、出厂合格证明、出口食品加工原料供货证明文件等必要的凭证和相关批准文件向出口食品生产企业所在地海关申报。申报时，应当将所出口的食品按照品名、规格、数（重）量、生产日期逐一申报。

除按规定申报并提供合同、信用证（以信用证方式结汇时提供）、发票、装箱单等有关外贸单证电子信息外，还应提供以下相应材料：

(1) 生产企业（包括加工厂、冷库、仓库）的出口食品生产企业备案证明；

(2) 海关出具的出入境食品包装及材料检验检疫结果单。

(三) 出境食品包装

为加强对出口食品包装容器、包装材料的安全卫生检验检疫和监督管理，保证出口食品安全，保护消费者身体健康，海关总署对出口食品包装生产企业实施备案管理，对出口食品包装产品实施检验。

1. 申报范围

出口食品的包装容器和包装材料。出口食品的包装容器、包装材料（以下统称食品包装）是指已经与食品接触或预期会与食品接触的出口食品内包装、销售包装、运输包装及包装材料。

2. 申报时应提供的材料

除需提供生产企业厂检合格单、销售合同外，还需提供出境货物运输包装检验申请单、食品包装的周期检测报告及原辅料检测报告。

食品包装生产企业在提供出口食品包装给出口食品生产企业前，应到所在地海关申请对该出口食品包装进行检验。出口食品申报检验检疫时需提供海关出具的出境货物运输包装性能检验结果单，并应注明出口国别。

(四) 出境动物及动物产品

海关依照《动植物检疫法》的规定，对出境动物及动物产品实施检疫。动物是指饲养、野生的活动物，如畜、禽、兽、蛇、龟、鱼、虾、蟹、贝、蚕、蜂等。动物产品是指来源于动物未经加工或者虽经加工但仍有可能传播疫病的产品，如生皮张、毛类、肉类、脏器、油脂、动物水产品、奶制品、蛋类、血液、精液、胚胎、骨、蹄、角等。

1. 出境动物

（1）申报时间和地点

需隔离检疫的出境动物，货主或其代理人应在出境前60天向启运地海关预申报，隔离前7天向启运地海关正式申报；出境观赏动物（观赏鱼除外，下同）应在出境前30天到出境口岸海关申报；出境野生捕捞水生动物的货主或者其代理人应当在水生动物出境前3天向出境口岸海关申报；出境养殖水生动物（包括观赏鱼，下同）的货主或者其代理人应当在水生动物出境前7天向注册登记养殖场、中转场所在地海关申报。

（2）申报时应提供的材料

除按规定申报并提供合同、信用证（以信用证方式结汇时提供）、发票、装箱单等有关外贸单证电子信息外，申报以下出境动物还应提供其他相应材料。

①观赏动物：应提供贸易合同或展出合约、产地检疫证书。

②非供屠宰用的畜禽：应有农牧部门出具的品种审批单。

③实验动物：应有中华人民共和国濒危物种进出口管理办公室出具的允许进出口证明书。

④实行检疫监督的动物：须出示生产企业的输出动物检疫许可证。

⑤野生捕捞水生动物：应提供所在地县级以上渔业主管部门出具的捕捞船舶登记证和捕捞许可证、捕捞渔船与出口企业的供货协议（应有捕捞船只负责人签字）、海关规定的其他单证。

进境国家（地区）对捕捞海域有特定要求的，应当申明捕捞海域。

⑥养殖水生动物：应当提供出境水生动物养殖场/中转场检验检疫注册登记证复印件，并交验原件。

2. 纳入《进出口野生动植物种商品目录》管理范围的出境野生动物及其制品

（1）申报范围

珍贵、濒危的陆生、水生野生动物和有益的或者有重要经济、科学研究价值的陆生野生动物；列入《国家重点保护野生动物名录》的国家一级、二级保护野生动物和列入《濒危野生动植物种国际贸易公约》（CITES）附录Ⅰ、附录Ⅱ的野生动物，以及驯养繁殖的上述物种；含有《进出口野生动植物种商品目录》所列野生动物成分的中成药；国家重点保护的和我国参加的国际公约限制出口的野生动物产品，包括其皮张、羽毛、掌骨、器官等；列入《进出口野生动植物种商品目录》的动物及其产品，既包括野外来源的，也包括通过人工驯养或人工繁殖获得的。

（2）申报时应提供的材料

除按规定申报并提供合同、信用证（以信用证方式结汇时提供）、发票、装箱单等有关外贸单证电子信息外，还须提供中华人民共和国濒危物种进出口管理办公室或其授权的办事处核发的濒危物种允许出口证明书或物种证明。

3. 出境肉类产品

（1）申报范围

肉类产品是指动物身体的任何可供人类食用部分，包括胴体、脏器、副产品及以上述产品为原料的制品，不包括罐头产品。

(2) 申报时间和地点

发货人或者其代理人应当在出口肉类产品起运前，向出口肉类产品生产企业所在地海关申报。出口肉类产品运抵中转冷库时，应当向其所在地海关申报。中转冷库所在地海关凭生产企业所在地海关签发的检验检疫单证监督出口肉类产品入库。

4. 出境水产品

(1) 申报范围

水产品包括供人类食用的水生动物产品及其制品，包括水母类、软体类、甲壳类、棘皮类、头索类、鱼类、两栖类、爬行类、水生哺乳类动物等其他水生动物产品及藻类等海洋植物产品及其制品，不包括活水生动物及水生动植物繁殖材料。

(2) 申报地点

出口水产品生产企业或者其代理人应当向产地海关申报。

(3) 申报时应提供的材料

除按规定申报并提供合同、信用证（以信用证方式结汇时提供）、发票、装箱单等有关外贸单证电子信息外，还应提供以下相应材料：

①生产企业检验报告（出厂合格证明）；

②出货清单；

③所用原料中药物残留、重金属、微生物等有毒、有害物质含量符合输入国家（地区）及我国要求的书面证明。

（五）出境植物及植物产品

海关依照《动植物检疫法》的规定，对出境植物及植物产品实施检疫。检疫范围：出境植物、植物产品和其他检疫物；装载植物、植物产品和其他检疫物的装载容器、包装物、铺垫材料；有关法律、行政法规、国际条约规定或者贸易合同约定应当实施出境植物检疫的其他货物、物品。

上述植物是指栽培植物、野生植物及其种子、种苗及其他繁殖材料等；植物产品是指来源于植物未经加工或者虽经加工但仍有可能传播病虫害的产品，如粮食、豆、棉花、油、麻、烟草、籽仁、干果、鲜果、蔬菜、生药材、木材、饲料等；其他检疫物包括植物废弃物，如垫舱木、芦苇、草帘、竹篓、麻袋、纸等废旧植物性包装物、有机肥料等。

1. 出境水果

(1) 申报范围

新鲜水果，含冷冻水果。其中"冷冻水果"是指加工后，在-18℃以下储存、运输的水果。

(2) 申报地点

出境水果应在包装厂所在地海关申报，按照规定提供有关单证及产地供货证明。出境水果来源不清楚的，海关不予受理申报。

(3) 申报时应提供的材料

出境水果来自注册登记果园、包装厂的，应当提供注册登记证书复印件；来自主管海关辖区以外其他注册果园的，由注册果园所在地海关出具水果产地供货证明。

2. 出境粮食

（1）申报范围

粮食是指用于加工、非繁殖用途的禾谷类、豆类、油料类等作物的籽实，以及薯类的块根或者块茎等。

（2）申报地点

货主或其代理人应当在粮食出境前向储存或者加工企业所在地海关申报。

（3）申报时应提供的材料

提供贸易合同、发票、自检合格证明等材料。贸易方式为凭样成交的，还应当提供成交样品。

3. 出境转基因产品

（1）申报范围

转基因产品是指《农业转基因生物安全管理条例》规定的农业转基因生物及其他法律法规规定的转基因生物与产品。

（2）申报时应提供的材料

出境产品需要进行转基因检测或出具非转基因证明的，货主或其代理人应当提前向所在地海关提出申请，并提供输入国家（地区）官方发布的转基因产品进境要求。

4. 出境竹木草制品

海关总署对出境竹木草制品及其生产加工企业实施分级分类监督管理。

（1）申报范围

出境的竹、木、藤、柳、草、芒等制品。

（2）申报要求

输出竹木草制品的检疫依据有：我国与输入国家（地区）签定的双边检疫协定（含协议、备忘录等）；输入国家（地区）的竹木草制品检疫规定；我国有关出境竹木草制品的检疫规定；贸易合同、信用证等订明的检疫要求。

出境竹木草制品经检疫合格的，海关按照有关规定出具相关证单；经检疫不合格的，经过除害、重新加工等处理合格后，方可放行；无有效处理方法的，不准出境。

（3）申报时应提供的材料

除按规定申报并提供合同、信用证（以信用证方式结汇时提供）、发票、装箱单等有关外贸单证电子信息外，出境竹木草制品一类、二类企业申报时应当同时提供出境竹木草制品厂检记录单。

（六）出境化妆品

化妆品是指涂、擦、散布于人体表面任何部位（如表皮、毛发、指趾甲、口唇等）或口腔黏膜、牙齿，以达到清洁、消除不良气味、护肤、美容和修饰目的的产品。化妆品是和人体直接接触的物质，对安全和卫生要求很高。国际上许多国家对其进行立法管理，我国对进出境化妆品实施法定检验。

1. 申报范围

商品编码为 33030000 的香水及花露水；33041000 项下的含濒危植物成分唇用化妆品、其他唇用化妆品；33042000 项下的含濒危植物成分眼用化妆品、其他眼用化妆品；

33043000 的指（趾）甲化妆品；33049100 的粉（不论是否压紧）；33049900 项下的护肤品（包括防晒油或晒黑油，但药品除外）、其他含濒危植物成分的美容品或化妆品、其他美容品或化妆品；33051000 项下的含濒危植物成分的洗发剂、其他洗发剂（香波）；33052000 的烫发剂；33053000 的定型剂；33059000 的其他护发品等。

2. 申报要求

海关总署对出口化妆品生产企业实施备案管理。出口化妆品生产企业应当保证其出口化妆品符合进口国家（地区）标准或者合同要求。进口国家（地区）无相关标准且合同未有要求的，可以由海关总署指定相关标准。

出口化妆品由产地海关实施检验检疫，口岸海关实施口岸查验。口岸海关应当将查验不合格信息通报产地海关，并按规定将不合格信息上报上级海关。

海关受理申报后，对出口化妆品进行检验检疫，包括现场查验、抽样留样、实验室检验、出证等。

出口化妆品经检验检疫合格，进口国家（地区）对检验检疫证书有要求的，应当按照要求同时出具有关检验检疫证书。出口化妆品经检验检疫不合格的，可以在海关的监督下进行技术处理，经重新检验检疫合格的，方准出口。不能进行技术处理或者技术处理后重新检验仍不合格的，不准出口。

3. 申报时应提供的材料

除按规定申报并提供合同、信用证（以信用证方式结汇时提供）、发票、装箱单等有关外贸单证电子信息外，首次出口的化妆品必须提供以下相应文件。

（1）出口化妆品生产企业备案材料。

（2）自我声明。声明企业已经取得化妆品生产许可证，且化妆品符合进口国家（地区）相关法规和标准的要求，正常使用不会对人体健康产生危害等内容。

（3）销售包装化妆品成品应当提交外文标签样张和中文翻译件。

（七）出境危险货物

1. 出境烟花爆竹

烟花爆竹是我国传统的出口商品，同时烟花爆竹又属易燃、易爆的危险品，在生产、储存、装卸、运输各环节极易发生安全事故。为保证其安全运输出口，我国对出境烟花爆竹的生产企业实施登记管理制度，对出境烟花爆竹的检验和监管采取产地检验和口岸查验相结合的办法。

（1）申报范围

商品编码为 36041000 的烟花爆竹产品。

（2）申报时应提供的材料

除按规定申报并提供合同、信用证（以信用证方式结汇时提供）、发票、装箱单等有关外贸单证电子信息外，还应提供如下相应材料：

①出境货物运输包装性能检验结果单；

②出境危险货物运输包装使用鉴定结果单；

③生产企业对出口烟花爆竹的质量和安全作出承诺的声明。

2. 出境打火机、点火枪类商品

打火机、点火枪类商品是涉及运输及消费者人身安全的危险品，美国、加拿大及欧盟等已陆续对该类产品强制性执行国际安全质量标准。我国是打火机、点火枪类商品的生产和出口大国，为提高该类商品的质量，促进贸易发展，保障运输及消费者人身安全，我国对出境打火机、点火枪类商品实施法定检验。

（1）申报范围

商品编码为96131000的一次性袖珍气体打火机、96132000的可充气袖珍气体打火机、96138000的其他打火器等。

（2）申报时应提供的材料

除按规定填写出境货物报关单，并提供合同、信用证（以信用证方式结汇时提供）、发票、装箱单等有关外贸单证外，还应提供如下相应材料：

①出口打火机、点火枪类商品生产企业自我声明；

②出口打火机、点火枪类商品生产企业登记证；

③出口打火机、点火枪类商品的型式试验报告；

④出境货物运输包装性能检验结果单；

⑤出境危险货物运输包装使用鉴定结果单。

（八）出境货物运输包装容器

1. 出境危险货物运输包装容器

对于出口危险货物，如果包装不良、不适载或不适于正常的运输、装卸和储存，造成危险货物泄漏，甚至引起爆炸等，会危及人员、运输工具、港口码头、仓库的安全。国际上对运输危险货物有一套比较完整的规则，各国出口危险货物，必须符合国际运输规则的要求。海关对出境危险货物运输包装容器实施检验，是按照上述有关国际危险品管理规则进行的。

盛装危险货物的包装容器称为危险货物包装容器，均被列入法定检验范围。对出境危险货物运输包装容器的检验分为性能检验和使用鉴定两种。

（1）出境危险货物运输包装容器的性能检验

目前海关实施性能检验的出境危险货物运输包装容器包括钢桶、铝桶、镀锌桶、钢塑复合桶、纸板桶、塑料桶（罐）、纸箱、集装袋、塑料编织袋、麻袋、纸塑复合袋、钙塑瓦楞箱、木箱、胶合板箱（桶）、纤维板箱（桶）等。

按照《中华人民共和国进出口商品检验法》（以下简称《商检法》）的规定，为出境危险货物生产运输包装容器的企业，必须向海关申请运输包装容器性能检验。申请时应提供以下单证：

①出境货物运输包装检验申请单；

②运输包装容器生产企业出具的出口危险货物包装容器质量许可证；

③运输包装容器的生产标准；

④企业符合性声明；

⑤运输包装容器的设计工艺、材料检验标准等技术资料。

（2）出境危险货物运输包装容器的使用鉴定

性能检验良好的运输包装容器，如果使用不当，仍达不到保障运输安全及保护商品的目的。为保证危险货物运输安全，危险货物运输包装容器经性能检验合格后，还必须进行使用鉴定。危险货物运输包装容器经海关鉴定合格并取得出境危险货物运输包装使用鉴定结果单后，方可包装危险货物出境。

根据联合国《关于危险货物运输的建议书·规章范本》的分类，气体发生器类产品（包括汽车安全气囊、气囊充气器、安全带卷收器、安全带预紧器等）分为3类：第1类危险品（1.4G，联合国编号为UN0503）；第2类危险品（2.2，联合国编号为UN3353）；第3类危险品（联合国编号为UN3268）。按照联合国《关于危险货物运输的建议书·试验与标准手册》的要求，只有通过6（c）篝火试验，才能确定气体发生器类产品的危险类别。因此，出口气体发生器类产品的企业，必须申请危险品包装容器的使用鉴定。

按照《商检法》的规定，出境危险货物的生产企业，必须向海关申请包装容器的使用鉴定。申请时应提供以下材料。

①出境货物运输包装检验申请单。

②出境货物运输包装性能检验结果单。

③危险货物说明。包括危险货物的危险特性分类鉴别报告、安全数据表和危险信息公示标签样本。首次使用塑料容器、塑料复合容器及有涂（镀）层的容器，应提供相容性试验报告。

④出口气体发生器类产品包装的，申报时须提供经中国合格评定国家认可委员会认可的检测机构出具的6（c）篝火试验检测报告。

⑤出口危险货物生产企业声明。

⑥其他法律、法规规定的有关资料。

2. 出境一般货物运输包装容器

（1）申报范围

列入《法检目录》及其他法律、行政法规规定，须经海关检验检疫的出境货物运输包装容器。

（2）申报时应提供的材料

①出境货物运输包装检验申请单；

②生产企业出具的包装容器检验结果单；

③包装容器规格清单；

④客户订单及对包装容器的有关要求；

⑤包装容器的设计工艺、材料检验标准等技术资料。

第五章
商品归类

进出口商品归类是指在《商品名称及编码协调制度公约》（以下简称《协调制度公约》）商品分类目录体系下，以《税则》为基础，按照《进出口税则商品及品目注释》（以下简称《品目注释》）、《中华人民共和国进出口税则本国子目注释》（以下简称《本国子目注释》），以及海关总署发布的关于商品归类的行政裁定、商品归类决定的要求，确定进出口货物商品编码的活动。

第一节　概　述

一、进出口商品归类的意义

1. 是对进出口商品实施关税政策、措施，如关税征收、减征或免征的基础、依据；
2. 是对进出口商品准确估价，合理确定货物原产地的基础；
3. 是编制海关进出口商品统计，确保数据准确，实现与国际贸易统计的对比和交换的基础；
4. 是实施货物贸易管制措施，对受控物质，如废物、麻醉药物、化学武器、臭氧层消耗物质、危险品等进行有效监控的基础。

此外，进出口商品归类的准确和统一，关乎报关单位的切身利益，影响通关效率。

二、《协调制度》

为便利国际贸易及相关统计资料的收集、对比与分析，减少国际贸易往来中因分类制度不同而引起的转换费用，以及便利数据的传输和贸易单证的统一，海关合作理事会（1994年更名为世界海关组织）主持制定了《协调制度公约》。

《协调制度》作为《协调制度公约》的附件，是以《海关合作理事会分类目录》和《国际贸易标准分类》为基础，参考国际上其他主要的分类目录制定而成的。

1988年，《协调制度》正式生效，成为全球通用的国际贸易商品分类目录。1992年1月1日，我国正式以《协调制度》为基础编制《税则》和《统计商品目录》。截至目前，已有200多个国家、地区和国际组织采用《协调制度》分类目录。

三、商品编码表结构

商品编码表由商品编码和商品名称组成。《协调制度》将国际贸易商品分为21个大类97章，其中第77章是空章。为方便海关统计，在《统计商品目录》中增设了第二十二类，即第98章和第99章，主要商品包括特殊交易品和未分类商品。

四、商品编码表内容

《协调制度》商品编码表主要内容是品目和子目。

商品编码表中的前4位编码（品目）货品名称，称为"品目条文"，主要限定了4位编码所包括商品的名称、规格、成分、用途、加工程度或方式等，是《协调制度》

具有法律效力的归类依据。

商品编码表中的5、6位数级货品名称，称为"子目条文"，主要限定了品目条文项下子目所包括具体的商品名称、规格、成分等，也是具有法律效力的归类依据。

我国《税则》在《协调制度》6位编码的基础上增设了第7、8位编码，即我国的本国子目。对一些有特殊规定的商品，我国海关又增设了第9、10位编码。

编码不是简单的顺序号，而是具有一定含义的。

第1、2位表示商品所在的章。

第3、4位表示商品在该章中的税目。我国《税则》基于"税"的因素，将4位编码与8位编码分别称为"税目"和"税则号列"，其对应的编码与《协调制度》实质上是一样的。本书统一采用《协调制度》的表述方式，即前4位编码统称"品目"，第5位及以后编码统称"子目"。

第5位是一级子目，也称第5位数级编码。

第6位是二级子目，也称第6位数级编码。

同理，第7位、第8位是三、四级子目，也分别称第7位、第8位数级编码。

第5~8位上出现数字"9"，则通常情况下代表未具体列名的商品，即在"9"的前面一般留有空序号，以便修订时增添新商品。

例如，"0301.1100　--淡水鱼"：

0301（品目），代表货品排在编码表第3章第1税目的位置。

第二节　归类总规则

货品在《协调制度》中的归类，应遵循以下规则。

规则一

类、章及分章的标题，仅为查找方便而设；具有法律效力的归类，应按品目条文和有关类注或章注确定，如品目、类注或章注无其他规定，则按以下规则确定。

《品目注释》对"规则一"作了如下注释。

一、本《协调制度》系统地列出了国际贸易的货品，将这些货品分为类、章及分章，每类、章或分章都有标题，尽可能确切地列明所包括货品种类的范围。但在许多情况下，归入某类或某章的货品种类繁多，类、章标题不可能将其一一列出，全都包括进去。

二、因此，本规则一开始就说明，标题"仅为查找方便而设"。据此，标题对商品归类不具有法律效力。

三、本规则第二部分规定，商品归类应按以下原则确定：

（一）按照品目条文及任何相关的类、章注释确定；

（二）如品目条文或类、章注释无其他规定，则按规则二、三、四及五的规定确定。

四、以上三（一）规定的已很明确，许多货品无须借助归类总规则的其他条款即可归入《协调制度》中［例如，活马（品目01.01）、第30章注释四所述的医药用品

（品目 30.06）〕。

五、以上三（二）内容作如下解释。

（一）所称"如品目和类、章注释无其他规定"，旨在明确品目条文及任何相关的类、章注释是最重要的，换言之，它们是在确定归类时应首先考虑的规定。例如，第 31 章的注释规定该章某些品目仅包括特定的货品，因此，这些品目就不能够扩大为包括根据规则二（二）的规定可归入这些品目的货品。

（二）所称"按规则二、三、四及五的规定"中提及的规则二是指：

1. 货品报验时为不完整品或未制成品（例如，未装有鞍座和轮胎的自行车）；

2. 货品报验时为未组装件或拆散件（例如，所有部件一同报验的自行车未组装件或拆散件），其部件可按其自身属性单独归类（例如，外胎、内胎）或者作为这些货品的"零件"归类。

只要符合规则二（一）的规定，并且品目条文或类、章注释无其他专门规定，上述货品应按完整品或制成品归类。

例 1 新鲜的牛肚。

解析 牛肚，即牛胃。根据保存状态，其看似可以归入 02.06 食用杂碎。但第 2 章章注二规定该章不包括"二、动物的肠、膀胱、胃（品目 05.04）"。

故新鲜的牛肚应归入子目 0504.0029。

归类时使用了章注、品目条文，因此，归类依据为归类总规则一。

例 2 冷冻薯条（用油初炸过）。

解析 用油初炸过的冷冻马铃薯条，属于经过加工的食用蔬菜产品。查阅第 7 章和第 20 章的标题及品目条文可知，归入第 7 章的蔬菜，一般可进行简单加工，如切条、冷冻等，如果经过进一步加工，如用糖或油处理制成的半成品则应考虑归入第 20 章。该产品已超出第 7 章所允许的加工范围，依据品目 20.04 注释"一、马铃薯片或法式马铃薯条，用油炸或半炸后冻藏的"，经油初炸过的冷冻马铃薯条，应归入子目 2004.1000。

归类时使用了品目条文和品目注释，因此，归类依据为归类总规则一。

规则二

（一）品目所列货品，应视为包括该项货品的不完整品或未制成品，只要在报验时该项不完整品或未制成品具有完整品或制成品的基本特征；还应视为包括该项货品的完整品或制成品（或按本款规则可作为完整品或制成品归类的货品）在报验时的未组装件或拆散件。

（二）品目中所列材料或物质，应视为包括该种材料或物质与其他材料或物质混合或组合的物品。品目所列某种材料或物质构成的货品，应视为包括全部或部分由该种材料或物质构成的货品。由一种以上材料或物质构成的货品，应按规则三的原则归类。

《品目注释》对规则二（一）作了如下注释。

规则二（一）

（不完整品或未制成品）

一、规则二（一）第一部分将所有列出某一些物品的品目范围扩大为不仅包括完整的物品，而且还包括该物品的不完整品或未制成品，只要报验时它们具有完整品或制成品的基本特征。

二、本款规则的规定也适用于毛坯,除非该毛坯已在某一品目具体列名。所称"毛坯",是指已具有制成品或零件的大概形状或轮廓,但还不能直接使用的物品。除极个别的情况外,它们仅可用于加工成制成品或零件(例如,初制成型的塑料瓶,为管状的中间产品,其一端封闭而另一端为带螺纹的瓶口,瓶口可用带螺纹的盖子封闭,螺纹瓶口下面的部分准备膨胀成所需尺寸和形状)。

尚未具有制成品基本形状的半制成品(例如,常见的杆、盘、管等)不应视为"毛坯"。

三、鉴于第一类至第六类各品目的商品范围,本款规则这一部分的规定一般不适用于这六类所包括的货品。

四、运用本款规则的几个实例,参见有关类、章(例如,第十六类和第61章、第62章、第86章、第87章及第90章)的总注释。

规则二(一)

(物品的未组装件或拆散件)

五、规则二(一)的第二部分规定,完整品或制成品的未组装件或拆散件应归入已组装物品的同一品目。货品以未组装或拆散形式报验,通常是由于包装、装卸或运输上的需要,或是为了便于包装、装卸或运输。

六、本款规则也适用于以组装或拆散形式报验的不完整品或未制成品,按照本规则第一部分的规定,它们可作为完整品或制成品看待。

七、本款规则所称"报验时的未组装件或拆散件",是指其各种部件仅仅通过紧固件(螺钉、螺母、螺栓等),或通过铆接、焊接等组装方法即可装配起来的物品。

组装方法的复杂性可不予考虑,但其各种部件无须进一步加工成制成品。

某一物品的未组装部件如超出组装成品所需数量的,超出部分应单独归类。

八、运用本款规则的实例,参见有关类、章(例如,第十六类和第44章、第86章、第87章及第89章)的总注释。

九、鉴于第一类至第六类各品目的商品范围,本款规则这一部分的规定一般不适用于这六类所包括的货品。

例1 一台未装机箱的电脑主机(指个人电脑,属于微型机),CPU、硬盘、内存、显卡、电源等都已在主板上连接好,散置在桌上,未连接输入输出部件(鼠标、键盘、显示器等)。

解析 完整电脑主机,归入子目8471.5040,即微型机的"8471.41/49以外的处理部件,不论同一机壳内是否具有一个或两个下列部件:存储部件、输入部件、输出部件"。

机箱对于主机来说,是起固定、防护的作用,没有它,里面的部件也可以正常运作,具备了电脑主机的所有功能。根据规则二(一),散置的无外壳主机也应归入子目8471.5040。

例2 电视机主板,未连接液晶显示屏。

解析 该主板具备接收电视信号功能,但不具备输出功能,不具备电视机的基本功能,因此不符合规则二(一)条件,应按照彩色液晶电视机的零件归入子目 8529.9081。

《品目注释》对规则二（二）作了如下注释。

规则二（二）

（不同材料或物质的混合品或组合品）

十、规则二（二）是关于材料或物质的混合品及组合品，以及由两种或多种材料或物质构成的货品。它所适用的品目是列出某种材料或物质的品目（例如，品目05.07列出"兽牙"）和列出某种材料或物质制成的货品的品目（例如，品目45.03列出"天然软木制品"）。应注意到，只有在品目条文和类、章注释无其他规定的情况下才能运用本款规则（例如，品目15.03列出"液体猪油，未经混合"，这就不能运用本款规则）。

在类、章注释或品目条文中列为调制品的混合物，应按规则一的规定进行归类。

十一、本款规则旨在将列出某种材料或物质的任何品目扩大为包括该种材料或物质与其他材料或物质的混合品或组合品，同时旨在将列出某种材料或物质构成的货品的任何品目扩大为包括部分由该种材料或物质构成的货品。

十二、但是，不应将这些品目扩大到包括按规则一的规定不符合品目条文要求的货品；当添加了另外一种材料或物质，使货品丧失了原品目所列货品特征时，就会出现这种情况。

十三、本规则最后规定，不同材料或物质的混合品及组合品，以及由一种以上材料或物质构成的货品，如果看起来可归入两个或两个以上品目的，必须按规则三的原则进行归类。

例1 加有发酵粉的标准面粉（也称自发粉）。

解析 该货品为混合品，但添加发酵粉并未影响标准粉的基本特征，依据规则二（二），应归入品目11.01。

例2 新的混有纤维屑的橡胶制的充气轮胎。

解析 该货品由混合物质构成，即橡胶、纤维屑，但加入纤维屑并未改变橡胶制轮胎的基本特征，依据规则二（二），按照橡胶制轮胎归入品目40.11。

例3 30%的胡椒粉与70%的豆蔻粉的混合物。

解析 该货品由混合物质构成，其中豆蔻粉含量为70%，如果根据基本特征，可按照豆蔻粉归入品目09.08。但根据第9章章注一（二），"不同品目的两种或两种以上产品的混合物应归入品目09.10"。因此，依据规则一，该货品应归入品目09.10。

运用规则二（二）应注意：

1. 类、章注释或品目条文无其他规定；
2. 列名为调制品的混合物，运用归类总规则一归类；
3. 看起来可以归入两个或两个以上品目的货品，运用归类总规则三归类。

规则三

当货品按规则二（二）或由于其他原因看起来可归入两个或两个以上品目时，应按以下规则归类。

（一）列名比较具体的品目，优先于列名一般的品目。但是，如果两个或两个以上品目都仅述及混合或组合货品所含的某部分材料或物质，或零售的成套货品中的部分货品，即使其中某个品目对该货品描述得更为全面、详细，这些货品在有关品目的列名应视为同样具体。

（二）混合物、不同材料构成或不同部件组成的组合物以及零售的成套货品，如果不能按照规则三（一）归类时，在本款可适用的条件下，应按构成货品基本特征的材料或部件归类。

（三）货品不能按照规则三（一）或（二）归类时，应按号列顺序归入其可归入的最末一个品目。

《品目注释》对规则三作了如下总注释。

一、对于根据规则二（二）或由于其他原因看起来可归入两个或两个以上品目的货品，本规则规定了三种归类方法。这三种方法应按其在本规则的先后次序加以运用。据此，只有在不能按照规则三（一）归类时，才能运用规则三（二）；不能按照规则三（一）和（二）归类时，才能运用规则三（三）。因此，它们的优先次序为：（1）具体列名；（2）基本特征；（3）从后归类。

二、只有在品目条文和类、章注释无其他规定的情况下，才能运用本规则。例如，第97章章注五（二）规定，根据品目条文既可归入品目97.01至97.05中的一个品目，又可归入品目97.06的货品，应归入品目97.01至97.05中的其中一个品目。这些货品应按第97章注释五（二）的规定归类，而不应根据本规则进行归类。

《品目注释》对规则三（一）作了如下注释。

规则三（一）

三、规则三（一）规定了第一种归类方法，它规定列名比较具体的品目优先于列名一般的品目。

四、通过制定几条"一刀切"的规则来确定哪个品目比其他品目列名更为具体是行不通的，但作为一般原则可以这样说。

（一）列出品名比列出类名更为具体（例如，电动剃须刀及电动理发推子应归入品目85.10，而不应作为本身装有电动机的手提式工具归入品目84.67或作为家用电动机械器具归入品目85.09）。

（二）如果某一品目所列名称更为明确地述及某一货品，则该品目要比所列名称不那么明确述及该货品的其他品目更为具体。

后一类货品举例如下：

1. 确定为用于小汽车的簇绒地毯，不应作为小汽车附件归入品目87.08，而应归入品目57.03，因品目57.03所列地毯更为具体。

2. 钢化或层压玻璃制的未镶框安全玻璃，已制成一定形状并确定用于飞机上。该货品不应作为品目88.01或88.02所列货品的零件归入品目88.03，而应归入品目70.07，因品目70.07所列安全玻璃更为具体。

五、但是，如果两个或两个以上品目都仅述及混合或组合货品所含的某部分材料或物质，或零售成套货品中的部分货品，即使其中某个品目比其他品目描述得更为全面、详细，这些货品在有关品目的列名应视为同样具体。在这种情况下，货品的归类应按规则三（二）或（三）的规定加以确定。

例1 汽车用电动雨刮器。

解析 该货品既可按照"机动车辆零件、附件"归入品目87.08，也可按照"风挡刮水器"归入品目85.12。比较这两个品目，后者更具体。

根据规则三（一）具体列名原则，应归入子目8512.4000。

例2 数控磨床（品目84.60）用液压动力装置。

解析 该货品既可按照"品目84.56至84.65机器专用零件、附件"归入品目84.66，又可按照"其他发动机及动力装置"归入品目84.12。比较这两个品目，后者更具体。

根据规则三（一）具体列名原则，应归入品目84.12。

例3 电动洗碟机（外部尺寸60厘米×90厘米×70厘米）。

解析 电动洗碟机又称洗碗机，是能代替人工洗涤碗、碟、杯、锅等餐具的机器。由外部尺寸为60厘米×90厘米×70厘米判断，它属于一种家用型，可按机器类归入第84章或按家用电动器具归入第85章，查阅这两章的相关品目条文，在品目84.22列有洗碟机，同时品目85.09列有家用电动器具。比较这两个品目，前者更具体。

根据规则三（一），电动洗碟机应归入品目84.22。

《品目注释》对规则三（二）作了如下注释。

规则三（二）

六、第二种归类方法仅涉及：

（一）混合物；

（二）不同材料的组合货品；

（三）不同部件的组合货品；

（四）零售的成套货品。

只有在不能按照规则三（一）归类时，才能运用本款规则。

七、无论如何，在本款可适用的条件下，这些货品应按构成货品基本特征的材料或部件归类。

八、对于不同的货品，确定其基本特征的因素会有所不同。例如，可根据其所含材料或部件的性质、体积、数量、重量或价值来确定货品的基本特征，也可根据所含材料对货品用途的作用来确定货品的基本特征。

九、本款规则所称"不同部件组成的组合物"，不仅包括各部件相互固定组合在一起，构成了实际不可分离整体的货品，还包括其部件可相互分离的货品，但这些部件必须是相互补足，配合使用，构成一体并且通常不单独销售的。

后一类货品举例如下：

（一）由一个带活动烟灰盘的架子构成的烟灰盅；

（二）由一个特制的架子（通常为木制的）及几个形状、规格相配的装调味料的空瓶子组成的家用调味架。

这类组合货品的各件一般都装于同一包装内。

十、本款规则所称"零售的成套货品"，是指同时符合以下三个条件的货品：

（一）由至少两种看起来可归入不同品目的不同物品构成的，因此，例如，六把乳酪叉不能视为本款规则所称的成套货品；

（二）为了迎合某项需求或开展某项专门活动而将几件产品或物品包装在一起的；

（三）其包装形式适于直接销售给用户而无须重新包装的（例如，装于盒、箱内或固定于板上）。

据此，它包括由不同食品搭配而成，配在一起调制后可成为即食菜或即食饭的成套食品。

可按规则三（二）的规定进行归类的成套货品举例如下。

（一）1. 由一个夹牛肉（不论是否夹奶酪）的小圆面包构成的三明治（品目16.02）和法式炸土豆片（品目20.04）包装在一起的成套货品。

该货品应归入品目16.02。

2. 配制一餐面条的成套货品，由装于一纸盒内的一包未煮的面条（品目19.02）、一小袋乳酪粉（品目04.06）及一小罐番茄酱（品目21.03）组成。

该货品应归入品目19.02。

但本规则不适用于将可选择的不同产品包装在一起组成的货品。例如：

——一罐小虾（品目16.05）、一罐肝酱（品目16.02）、一罐乳酪（品目04.06）、一罐火腿肉片（品目16.02）及一罐开胃香肠（品目16.01）；

——一瓶品目22.08的烈性酒及一瓶品目22.04的葡萄酒。

对于以上两例所列及类似货品，应将每种产品分别归入其相应品目。

（二）由一个电动理发推子（品目85.10）、一把梳子（品目96.15）、一把剪子（品目82.13）、一把刷子（品目96.03）及一条毛巾（品目63.02）装在一个皮匣子（品目42.02）内所组成的成套理发工具。

该货品应归入品目85.10。

（三）由一把尺子（品目90.17）、一个圆盘计算器（品目90.17）、一个绘图圆规（品目90.17）、一支铅笔（品目96.09）及一个卷笔刀（品目82.14）装在一个塑料片制的盒子（品目42.02）内所组成的成套绘图器具。

该货品应归入品目90.17。

以上成套货品应按其构成整套货品基本特征的部件进行归类。

十一、本款规则不适用于按规定比例将分别包装的各种组分包装在一起，供生产饮料等用的货品，不论其是否装在一个共同包装内。

例1 配有起重或搬运装置的工业熔炉。

解析 熔炉类根据热方式等不同归入品目84.17（非电热）或85.14（电热、感应或介质损耗），起重、搬运装置则归入84.25、84.28、84.79等品目。如果整个机器两部分是彻底分开的，非紧密接合，则按照熔炉、搬运装置分别归类；如果已装配后密不可分，根据基本特征原则，按照熔炉归类。

例2 番茄炒蘑菇罐头，按重量计算，其中番茄占70%、蘑菇占30%。

解析 番茄的深加工制品归入品目20.02，蘑菇的深加工制品归入品目20.03，该货品番茄含量大于蘑菇含量，番茄构成了该货品的基本特征，所以，该货品应归入品目20.02。

例3 一张木制双人床，床头中间镶嵌一个名贵的钟，钟的价值超过床的总价值的50%。

解析 虽然钟的价值超过床的总价值的 50%，但是该货品的基本特征是床。依据归类总规则三（二），该货品应按照床归入品目 94.03。

《品目注释》对规则三（三）作了如下注释。

规则三（三）

十二、货品如果不能按照规则三（一）或（二）归类时，应按号列顺序归入其可归入的最后一个品目。

例 1 等量的大麦与燕麦的混合麦。

解析 由于大麦与燕麦含量相等，无法确定货物的"基本特征"，此时，应根据规则三（三），从后进行归类，由于燕麦（品目 10.04）列在大麦（品目 10.03）的后面，因此该货物应按照燕麦归入品目 10.04。

编者提示

1. 正确理解"列名具体"

（1）列出品目比列出类名具体。

例 "电动旅行刮胡刀"看起来可归入下述三个品目，但品目 85.10 列出了品目，其他仅述及类名，因此应归入品目 85.10。

品目 84.67　手提式电动工具
品目 85.09　家用电动器具
品目 85.10　电动剃须刀

（2）如果某一品目所列名称更为明确地述及某一货品，则该品目要比所列名称不那么明确述及该货品的其他品目更为具体。

例 "汽车用挡风玻璃（钢化玻璃，未装配）"在下述两个归类选项中应归入品目 70.07，因为其所列名称更为明确地述及"安全玻璃"。

品目 70.07　钢化或层压玻璃制的安全玻璃
品目 87.08　机动车辆的零件

（3）对具有单一功能的机器设备，在判定具体列名时，可按下述规定操作：

①按功能属性列名的比按用途列名的具体；
②按结构原理、功能列名的比按行业列名的具体；
③同为按用途列名的，则以范围小、关系最直接者为具体。

2. 判断"基本特征"的因素

（1）外观形态、结构；
（2）功能、用途；
（3）使用的最终目的；
（4）商业习惯、社会习惯等。

3. 规则三的使用顺序

规则三必须按照规则三（一）、三（二）、三（三）的顺序依次使用，即首先使用"具体列名"，其次使用"基本特征"，最后使用"从后归类"。

规则四

根据上述规则无法归类的货品，应归入与其最相类似的货品的品目。

《品目注释》对规则四作了如下注释。

一、本规则适用于不能按照规则一至三归类的货品。它规定，这些货品应归入与其最相类似的货品的品目中。

二、在按照规则四归类时，有必要将报验货品与类似货品加以比较，以确定其与哪种货品最相类似。所报验的货品应归入与其最相类似的货品的同一品目。

三、当然，所谓"类似"取决于许多因素，例如，货品名称、特征、用途。

规则五

除上述规则外，本规则适用于下列货品的归类：

（一）制成特殊形状或适用于盛装某一或某套物品，适合长期使用的照相机套、乐器盒、枪套、绘图仪器盒、项链盒及类似容器，如果与所装物品同时报验，并通常与所装物品一同出售的，应与所装物品一并归类。但本款不适用于本身构成整个货品基本特征的容器。

（二）除规则五（一）规定的以外，与所装货品同时报验的包装材料或包装容器，如果通常是用来包装这类货品的，应与所装货品一并归类。但明显可重复使用的包装材料和包装容器不受本款限制。

《品目注释》对规则五（一）作了如下注释。

规则五（一）

（箱、盒及类似容器）

一、本款规则仅适用于同时符合以下各条规定的容器：

（一）制成特定形状或适用于盛装某一或某套物品的，即按所要盛装的物品专门设计的，有些容器还制成所装物品的特殊形状；

（二）适合长期使用的，即在设计上容器的使用期限与所盛装的物品相称，在物品不使用期间（例如，运输或储藏期间），这些容器还起到保护物品的作用，本条标准使其与简单包装区别开来；

（三）与所装物品一同报验的，不论其是否为了运输方便而与所装物品分开包装，单独报验的容器应归入其相应品目；

（四）通常与所装物品一同出售的；

（五）本身并不构成整个货品基本特征的。

二、与所装物品一同报验并可按照本规则进行归类的容器的举例如下：

（一）首饰盒及箱（品目71.13）；

（二）电动剃须刀套（品目85.10）；

（三）望远镜盒（品目90.05）；

（四）乐器盒、箱及袋（例如，品目92.02）；

（五）枪套（例如，品目93.03）。

三、本款规则不包括某些容器，例如，装有茶叶的银质茶叶罐或装有糖果的装饰性瓷碗。

例1 用贵金属制成的镶嵌有宝石的装有小饰物的盒子。

解析 无论从价值上还是制作规格上，这个盒子已经构成了自己本身的基本特征，故应与所装物品分别归类。

《品目注释》对规则五（二）作了如下注释。

规则五（二）

(包装材料及包装容器)

四、本款规则对通常用于包装有关货品的包装材料及包装容器的归类作了规定。但明显可重复使用的包装材料和包装容器，例如，某些金属桶及装压缩或液化气体的钢铁容器，不受本款限制。

五、规则五（一）优先于本款规则，因此，规则五（一）所述的箱、盒及类似容器的归类，应按该款规定确定。

例1 装液化石油气的钢瓶。

解析 由于明显可以重复使用，应该根据制造材料单独归类。

编者提示

对"明显可以重复使用"的理解，不能从节约或者违法的角度思考，只能按照《协调制度》的规定去思考。例如，酒瓶、油瓶、电器的包装盒等，虽能再利用，但不能按照本规则单独归类。

规则六

货品在某一品目项下各子目的法定归类，应按子目条文或有关的子目注释以及以上各条规则（在必要的地方稍加修改后）来确定，但子目的比较只能在同一数级上进行。除条文另有规定的以外，有关的类注、章注也适用于本规则。

《品目注释》对规则六作了如下注释。

一、以上规则一至五在必要的地方稍加修改后，可适用于同一品目项下的各级子目。

二、规则六所用有关词语解释如下。

（一）"同一数级"子目，是指五位数级子目（一级子目）或六位数级子目（二级子目）。

据此，当按照规则三（一）规定考虑某一物品在同一品目项下的两个或两个以上五位数级子目的归类时，只能依据对应的五位数级子目条文来确定哪个五位数级子目所列名称更为具体或更为类似。选定了哪个五位数级子目列名更为具体后，该子目本身又再细分了六位数级子目，只有在这种情况下，才能根据有关的六位数级子目条文考虑物品应归入这些六位数级子目中的哪个子目。

（二）"除条文另有规定的以外"，是指"除类、章注释与子目条文或子目注释不相一致的以外"。

例如，第71章注释四（二）所规定"铂"的范围与子目注释二所规定"铂"的范围不同，因此，在解释子目7110.11及7110.19范围时，应采用子目注释二，而不应考虑该章注释四（二）。

三、六位数级子目的范围不得超出其所属的五位数级子目的范围；同样，五位数级子目的范围也不得超出其所属品目的范围。

例1 可与电脑连接的多功能激光复印一体机（可打印、复印和传真）。

解析 查《税则》列目，如下所示，根据规则六"同级可比"的原则，该货品应归入子目8443.3190。

84.43	用品目84.42的印刷用版（片）、滚筒及其他印刷部件进行印刷的机器；其他打印机、复印机及传真机，不论是否组合式；上述机器的零件及附件：
8443.1	－用品目84.42的印刷用版（片）、滚筒及其他印刷部件进行印刷的机器：
8443.3	－其他印刷（打印）机、复印机及传真机，不论是否组合式：
8443.31	－－具有印刷（打印）、复印或传真中两种及以上功能的机器，可与自动数据处理设备或网络连接：
8443.3110	－－－静电感光式
8443.3190	－－－其他
8443.32	－－其他，可与自动数据处理设备或网络连接：
8443.39	－－其他：
8443.3910	－－－静电感光复印设备：
8443.9	－零件及附件：

例2 木制衣箱。

解析 木制衣箱属于木制品，同时又属于衣箱类商品。因此，可考虑按第44章的木制品或第42章的衣箱类归类，但依据第44章章注一（五）规定，第44章不包括品目42.02的物品。因此，木制的衣箱应归入品目42.02。

进一步确定子目，品目42.02下的五位数子目列出了"衣箱"（子目4202.1）、"手提包"（子目4202.2）等四个子目，同级比较后将木制衣箱归入子目4202.1"衣箱"项下，然后在子目4202.1项下再作同级比较。

子目4202.1项下列出了三个子目，即"用皮革作面的"（子目4202.11）、"用塑料或纺织材料作面的"（子目4202.12）、"用其他材料制的"（子目4202.19）衣箱。

因此，木制衣箱应按"其他材料制的"归入子目4202.1900。

编者提示

1. 注释

《协调制度》中的注释是解释说明性的规定。

类注，位于类标题下，对类进行规定限制和说明。

章注，位于章标题下，对章进行规定、限制和说明。

子目注释，一般位于类注、章注或章标题下，对子目进行规定、限制和说明。

注释是为限定《协调制度》中各类、章、品目和子目所属货品的准确范围，简化品目和子目条文文字，杜绝商品分类的交叉，保证商品归类的正确而设立的。

注释主要单独或综合运用下列方式。

（1）详列货品名称、加工方式等，用提示的方法方便归类。

采用此种方式的注释主要有两种表现形式。

①限定品目及子目货品范围。

为限定货品范围而设定的注释通常采用逐一列举某一（或某些）品目包括的所有货品的方式，在表述时多有"仅""只"等限定性字眼。例如，第31章章注二逐一列举了品目31.02只适用的4类货品，从而限定了品目31.02所属化肥的品种范围。

②避免归类错误等作用。

为发挥预警作用，避免产生错误归类而设的注释，通常采用详细列举某一（或某些）品目包括的容易发生归类错误的货品，常用"包括"等词语。如第7章章注二详细列举了品目07.09、07.10、07.11及07.12包括的容易发生归类错误的蔬菜名称，从而起到预警作用，减少发生归类错误的可能。

（2）列举典型货品名称或允许加工方式等，用以说明货品含义，以便用类比的方法进行商品归类。如第49章章注四（一）列举了品目49.01包括的货品，使归类时有了参照物。

（3）用排他条款详列或列举不得归入本类、章、品目及子目的货品名称，或不允许采用的加工方式等，杜绝商品归类错误的发生。

如第67章章注一详列了不得归入该章的6类货品；第48章章注一（十五）列举了不得归入该章的第95章货品玩具等。

（4）用定义形式明确商品法律归类时的含义。此定义常常与传统的商品定义不完全相同。

如第52章子目注释对粗斜纹布所下的定义。

（5）改变货品名称概念，扩大或缩小货品范围。

如第5章章注四改变了"马毛"的概念，扩大了本目录中马毛的范围。

（6）解释类、章及品目和子目条文中使用的名词。

如第十一类子目注释解释了该类子目中使用的10个名词。

（7）阐述货品归类规定。

如第十一类类注二，规定了由两种或两种以上纺织材料混合制成的货品的归类原则。

注释也是具有法律效力的商品归类依据，除另有说明外，一般只限于使用在相应的类、章、品目及子目中；在有说明时注释可超出通常的使用范围。例如，第十五类类注二规定了通用零件的范围和应归入的品目，该注释所述通用零件即使只适合使用于其他类的机器，也应归入第十五类相应品目。

2. 规则六的两层含义

（1）规定了货品在子目级归类的法律依据是子目条文和子目注释，如果子目条文或子目注释没有规定时，可按类注、章注及以上各条规则的有关规定办理。这就说明当对货品进行子目归类时，首先要按照子目条文和子目注释的规定进行，其次才按照类注、章注及以上各条规则的规定办理。

例如：硬粒小麦（品目10.01）。第10章的子目注释规定，所称"硬粒小麦"，是指硬粒小麦属的小麦及以该属具有相同染色体数目（28）的小麦种间杂交所得的小麦。根据此项子目注释，可确定品目10.01硬粒小麦的范围，而不再考虑章注和类注。

（2）货品归入子目时，比较哪个子目描述得更具体详细，只能在同一品目项下的一级子目之间进行比较或同级子目项下的二级子目、三级子目、四级子目之间进行比较。应注意的问题是，不能在不同级子目之间比较，而应按一、二、三、四级子目的顺序比较。

例如：进口注模。子目8480.4110和8480.7110，其二级子目都是"注模"。归类时，应先根据注模的具体用途，在一级子目上比较，子目8481.4是金属、硬质合金用型模，子目8480.7是塑料或橡胶用型模，可根据具体用途归入适当子目。

3. 运用注释归类时的注意事项

（1）品目归类，类注、章注和品目条文居于同等优先使用的地位，即同时使用。

（2）子目归类，优先使用子目注释，其次是章注和类注，即三者发生矛盾时服从于子目注释。

第三节　归类思维

一、归类依据

进出口商品归类依据包括：

1. 《税则》；
2. 《品目注释》；
3. 《本国子目注释》；
4. 海关总署发布的关于商品归类的行政裁定；
5. 海关总署发布的商品归类决定。

二、归类要素

《协调制度》商品编码表，按照一定的规律进行排列，即按照货品的自然属性、生产部类、加工程度、不同用途和商业习惯进行排列。

为便于初学者掌握商品编码表排列结构，编者将上述规律进行了细分，梳理出九种影响编码表排列的因素，并统称其为"归类要素"。

归类要素一般包含在货品的描述之中。因此，学习者应特别注意：仅凭货品的名称是无法准确归类的，必须要从货品描述中分析出与商品编码表各种注释与条文对应的归类要素。

归类要素解析如表5-1所示。

表5-1 归类要素解析表

序号	归类要素	注释	范例
1	来源	是指生产某种货品的原料由何而来或从何种物品提取而得的。	例如，天然、养殖、合成、再造。
2	状态	是指货品所表现出来的形态或商业形态。 包括： 1. 形状，即商品的形态、状貌、外观等表现形态。 2. 外观，即货品本身实际的外观状态情况，主要指货物的颜色、形状等表观性状。	例如，第2章货品，新鲜、冷藏、冷冻、干的。 例如，第72章货品，盘卷、平板、条、杆、型材、异型材。
3	包装	是指为保护、储运货品或促进货品销售，而使用特定材料、技术、方法的形式。	例如，零售包装。
4	材质	是指构成商品的材料或原料，即货品主体是用何种材料或原料制成的（成分及含量）。	例如，货品含有何种纺织材料及其重量百分比。
5	加工	是指劳动者利用生产工具对各种原材料、半成品进行增值加工或处理，最终使之成为制成品的方法与过程。 包括： 1. 加工程度，即物品在加工过程中经过的具体加工工艺。 2. 加工方法，即原材料、半成品变得合用或达到某种要求而采用的处理过程，也指改变原材料、毛坯或半成品的形状、尺寸、性质或表面状态，使之达到规定要求的各种形状的方法。货品在申报前经过怎样的处理工艺。 3. 加工工艺，即对某种商品进行加工或处理的方法与过程。	例如，对纺织材料进行色织、染色、漂白。
6	规格	是指货品尺寸、重量指标或含量指标、所属类型（种类）、商业规格等。	种类：商品根据事物本身的性质或特点而分成的类别。 例如，货品属于什么类型的服装（大衣、内衣）。 类别：货品的式样（男式、女式）。 货品的商业规格（58.08成匹）。
7	功能（原理）	是指货品本身具有的原理、作用、能力和功效。	
8	用途	是指货品应用领域、范围或行业。	
9	其他	是指除上述要素外的其他要素。	

归类要素与申报要素的区别如下。

归类要素，是指为正确查找商品编码所必需的有关商品信息。

申报要素，是指为满足归类、审价及许可证件管理等海关监管需要，参照《规范申报目录》中的要求向海关提交的有关商品信息。

例1　马铃薯，新鲜的。

解析　如果仅仅凭"马铃薯"这个商品名称进行归类，则会出现不唯一的税号。而"新鲜的"（状态）这一描述，是使货品准确归入某一税号的归类要素。

07.01	鲜或冷藏的马铃薯
07.10	冷冻蔬菜
0710.1000	–马铃薯

第四节　归类要素的应用

一、类章的划分

商品编码表共分21类97章（其中，第77章为空章），本节选取重点章节进行分析。

（一）类章的划分要素

编码表中的类章划分，首先依照材质和用途进行了划分。

1. 材质

（1）按照材质的不同，编码表将商品分别排入第一至第十一类，第十三至第十五类。

例如，纺织服装，则按照材质归入第十一类的相应章。

（2）通常情况下，按材质归类的货品，通过其报验状态，能够看出该货品由何种材质制成。

例如，餐匙，可以通过其报验状态，判定出该货品为塑料制或不锈钢制或瓷制。

2. 用途

（1）按照用途的不同，编码表将商品分别排入第十二类、第十六类至第二十一类。

例如，家用轿车，则按照用途归入第十八类的相应章。

（2）按用途归类的货品，通过其报验状态，无法看出该货品由何种材质构成。

例如，手机，则无法判定其由何种材质构成。

（二）注意事项

一般情况下，按材质归类时，要注意以下问题。

1. 单一材质

单一材质时，按照编码表类章标题，即可快速找到相应的类章。

2. 混合材质

混合材质时，要注意归类总规则三的应用，是否有具体列名，某种材质是否构成了货品的基本特征。

例如，60%棉和40%化学纤维制的服装。其中，棉构成了该货品的基本特征。

还需要注意"关键材质"，所谓"关键材质"是指该材质占比并不大，但却影响了货品归类。

例如，加糖的水，其中糖在该货品中含量并不大，但却起到了关键作用。

二、餐饮类货品

餐饮类货品，在编码表中排列在第一类（第1~5章）、第二类（第6~14章）、第三类（第15章）和第四类（第16~24章）。

（一）来源

按照来源，第一类货品包括动物及动物简单制品，第二类货品包括植物及植物简单制品，第三类货品包括从动植物中提取的油及脂。

（二）加工

按照加工程度，第一类、第二类货品经过深加工（复杂加工）成为了第四类货品。以第2章与第16章的肉及食用杂碎为例。

1. 第2章仅包括下列状态的肉及食用杂碎（不论其是否烫洗或作类似处理，但未经烹煮的）。

（1）鲜的（包括运输途中用盐临时保藏的肉及食用杂碎）。

（2）冷的，即产品温度一般降至0℃左右，但未冻结的。

（3）冻的，即冷却到产品的冰点以下，使产品全部冻结的。

（4）盐腌、盐渍、干制或熏制的。

（5）面上撒糖或糖水的肉及食用杂碎。

上述的肉及食用杂碎，不论是否用解朊酶（例如，木瓜酶）进行过嫩化处理，也不论是否切割、剁碎（绞碎），均归入第2章。此外，第2章内不同品目产品的混合（组合）物（例如，品目02.07的家禽肉用品目02.09的肥猪肉包裹）仍归入第2章。

第2章还包括适合供人食用的肉及食用杂碎细粉或粗粉，不论其是否经烹煮。

第2章的肉及食用杂碎，即使经密封包装（例如，听装干肉），也归入第2章。

第2章的肉及食用杂碎，经过改性空气包装（MAP）加工方法包装的，仍归入第2章（例如，鲜或冷藏的牛肉）。在采用MAP方法进行加工时，产品周围的气体已被改变或受到控制（例如，通过抽去或减少氧气的含量，并将其置换成氮气或二氧化碳，或增加氮气或二氧化碳的含量）。

2. 第16章的肉及食用杂碎包括以下内容。

（1）通过加工肉、食用杂碎（例如，脚、皮、心、舌、肝、肠、胃）、血、昆虫、鱼（包括鱼皮）、甲壳动物、软体动物及其他水生无脊椎动物所得的食品。

（2）超出第1章、第3章及品目05.04所列加工范围以外的经制作或保藏的产品，其加工方法列举如下。

①香肠及类似产品的制作。

②煮、蒸、烤、煎、炸、炒或其他方法烹饪；但在熏制前或熏制过程中制熟的熏鱼、熏制的甲壳动物、软体动物或其他水生无脊椎动物（品目03.05、03.06、03.07及03.08）、蒸过或用水煮过的带壳甲壳动物（品目03.06）、仅经过在运输或冷冻之前为打开外壳或使其保持稳定的烫洗或其他类型的瞬时热处理（但并不致其烹煮）的软体动物（品目03.07）以及从制熟的鱼、甲壳动物、软体动物或其他水生无脊椎动物制得的细粉、粗粉及团粒（品目03.09）除外。

③加工成精、汁，制成鲟鱼子酱或鲟鱼子酱代用品，表面仅涂面浆、撒面包屑、加香蕈、放作料（例如，放胡椒和盐）等。

④精细均化及仅以第16章所列产品为基料制成（即，经制作或保藏的肉、食用杂碎、血、昆虫、鱼、甲壳动物、软体动物或其他水生无脊椎动物）。这些均化食品可含有少量可见的肉、鱼等碎块和少量为调味、保藏或其他目的加入的配料。但是，均化本身并不是产品可作为第16章食品归类的依据。

（3）第16章还包括由香肠、肉、食用杂碎、血、昆虫、鱼、甲壳动物、软体动物或其他水生无脊椎动物与蔬菜、面条、调味汁等组成的配制食品（包括所谓"配餐"），但所含香肠、肉、食用杂碎、血、昆虫、鱼、甲壳动物、软体动物或其他水生无脊椎动物及其混合物按重量计超过20%的。对于含有两种或两种以上所述产品的配制食品（例如，含肉和鱼），应按其所含重量最大的配料归入第16章的相应品目。所述的重量，是指报验时配制食品所含肉、鱼等的重量，而不是配制前肉、鱼等的重量。但应注意，品目19.02所列的包馅食品，品目21.03所列的调味汁及其制品、混合调味品和品目21.04所列的汤料及其制品、均化混合食品，仍应分别归入上述有关品目。

（三）第一、第二类货品与第四类货品的逻辑关系

第一、第二类货品与第四类货品，因加工程度的不同，而存在密切的关联。第一、第二类货品与第四类货品逻辑关系图详见图5-1。

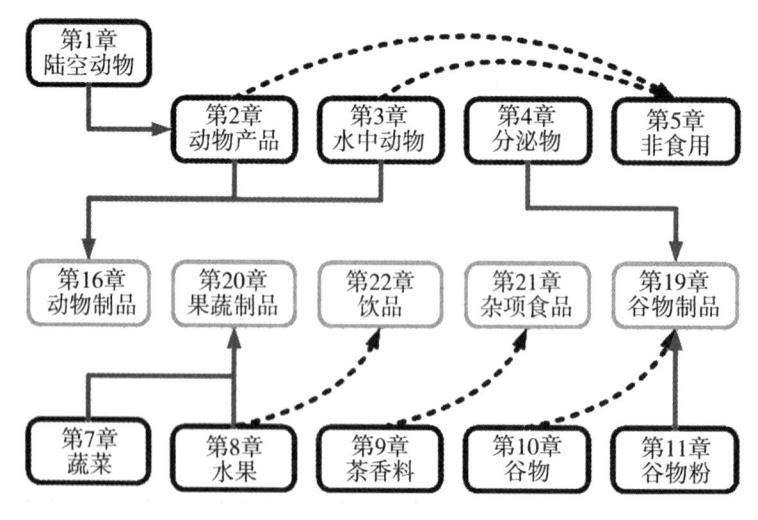

图5-1 第一、第二类货品与第四类货品逻辑关系图

三、化矿类货品

化矿类货品，主要包括第五类（第 25、26、27 章）、第六类（第 28~38 章）、第七类（第 39、40 章）。

化矿类货品，是编码表中最为核心的一类，因为后续类章的货品或货品的构成材料均出自这类。

(一) 来源

编码表第五类货品，后续类章货品的基础，经过不同的加工方式或工艺，形成的丰富多彩的各种货品。

1. 第五类货品

第五类货品，主要包括：

(1) 第 25 章非金属类矿产品（盐；硫磺；泥土及石料；石膏料、石灰及水泥）。

(2) 第 26 章金属矿产品（矿砂、矿渣及矿灰）。

(3) 第 27 章矿物燃料、油等产品（矿物燃料、矿物油及其蒸馏产品；沥青物质；矿物蜡）。

2. 第五类货品的拓展

(1) 第 25、26 章货品，经过提纯、合成，成为了第 28 章的无机物化工品。

(2) 第 27 章货品，经过提炼，成为了第 29 章的有机物化工品。

(3) 第 25 章货品，经过深加工，成为了第 68、69、70 章的矿物、陶瓷、玻璃及其制品。

(4) 第 26 章货品，经过冶炼，成为了第 71 章贵金属和第十五类（第 72~83 章）贱金属。

(5) 第 28、29 章货品，经过混合、调配，成为了第 30-38 章的混合化工品。

(6) 第 29 章货品，经过聚合，成为了第 39、40 章的塑料和橡胶。

(7) 第 39 章货品，经过拉丝，成为了第十一类纺织类货品中的化学纤维。

3. 第六类货品的关联

第六类货品中，也存在着密切关联。

以第 30 章药品为例。

(1) 判断品目 30.04 中药品是否含有青霉素或抗菌素，应在品目 29.41 中查找。

如：头孢西丁胶囊，0.5 克/粒，12 粒/盒。

经在品目 29.41 中查找，头孢西丁属于品目 29.41 的抗菌素，故归入 3004.2013。

(2) 判断品目 30.04 中药品是否含有激素，应在品目 29.37 中查找。

(3) 判断品目 30.04 中药品是否含有维生素，应在品目 29.36 中查找。

(二) 包装

包装，这一归类要素，在化工类货品归类中，体现尤为明显。

第六类类注释二规定，由于制成一定剂量或零售包装而归入品目 30.04、30.05、30.06、32.12、33.03、33.04、33.05、33.06、33.07、35.06、37.07 或 38.08 的货品，

不论是否可归入协调制度的其他品目，应一律归入上述品目（品目 28.43 至 28.46 或 28.52 的货品除外）。

例如，供治疗疾病用的零售包装硫应归入品目 30.04，而不归入品目 25.03 或 28.02；作为胶用的零售包装糊精应归入品目 35.06，而不归入品目 35.05。

再如，第 31 章肥料中，品目 31.05 包括了制成片及类似形状或每包毛重不超过 10 千克的本章各项货品。

（三）状态

以第 39 章为例，货品的报验状态对归类产生了极大影响。

根据报验状态，第 39 章货品可分为：原料（初级形状）、半制品和制成品。

1. 初级形状

第 39 章的初级形状，包括：液状及浆状，粉状、粒状及鳞片状。初级形状的货品，应归入品目 39.01~39.14 中。

2. 半制品

第 39 章的半制品，包括：管子、板、片、膜、箔、带。

本教材第 5 章所描述的"半制品"，是指制成一定形状，但未使用在某个领域的货品。

3. 制成品

第 39 章的制成品，也称"简单制成品"，包括：品目 39.22~39.26 的货品。

本教材第 5 章所描述的"简单制成品"，是指通过冲压等简单加工方式，制造的产品。例如，塑料桶。而塑料制的魔方，则不能按照材质归入 39 章，而应按用途归入 95 章。

四、纺织类货品

（一）来源

根据纤维的来源分为：天然纤维和化学纤维。

1. 天然纤维

天然纤维，包括：第 50 章蚕丝，第 51 章动物毛，第 52 章棉花，第 53 章各种麻。

2. 化学纤维

化学纤维，根据来源又可分为：合成纤维和人造纤维。如图 5-2 所示。

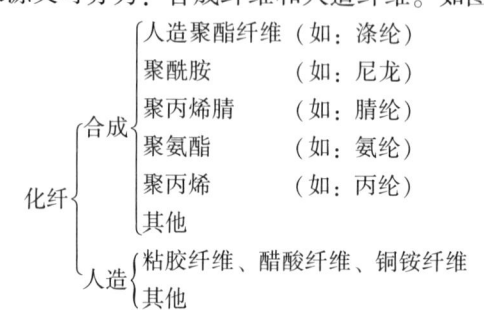

化纤
- 合成
  - 人造聚酯纤维（如：涤纶）
  - 聚酰胺（如：尼龙）
  - 聚丙烯腈（如：腈纶）
  - 聚氨酯（如：氨纶）
  - 聚丙烯（如：丙纶）
  - 其他
- 人造
  - 粘胶纤维、醋酸纤维、铜铵纤维
  - 其他

图 5-2 化学纤维分类表

（1）合成纤维

合成纤维的基本原料，一般是从煤或石油的蒸馏产品或天然气体中制得。首先，将聚合所得的物质熔化或用适当的溶剂溶解，然后通过喷丝头（喷嘴）喷入空气或适当的凝结浴中，冷却后或溶剂挥发后即凝固成丝，也可沉淀于溶液中成为长丝。

在此阶段，这类纤维的性质一般不适于直接用于纺织加工，它们必须经过牵伸工序，使分子沿着纤丝的方向取向，从而大大增强了纤维的某些技术特性（例如，强度）。

（2）人造纤维

人造纤维，是将天然材料经溶解、化学处理或化学改性提取的有机聚合物。

（二）加工工艺

1. 加工程度

根据加工程度，第十一类纺织制品可分为两大部分：

（1）半制品，也称织物（线、布），排列在第 50~60 章；

（2）制成品，其中服装排列在第 61、62 章，其他纺织制成品在第 63 章。

2. 加工工艺

第十一类纺织制品的加工工艺主要包括：

（1）纺织工艺：针织、钩编、机织；

（2）加工工艺：漂白、印花、色织等。

（三）规格

第十一类纺织制品的规格，也对归类产生了影响。

1. 半制品

以第 52 章棉花中的品目 52.08 和品目 52.09 为例：

52.08 棉机织物，按重量计含棉量在 85% 及以上，每平方米重量不超过 200 克；

52.09 棉机织物，按重量计含棉量在 85% 及以上，每平方米重量超过 200 克。

每平方米克重不同，则归入的品目不同。

2. 制成品

（1）以第 61 章的衬衫为例：

61.05 针织或钩编的男衬衫；

61.06 针织或钩编的女衬衫。

（2）第 61、62 章服装按照规格，排列规律为：

先男后女，先外后内。

例如，男大衣排在女大衣之前，男内衣排列在男外衣之后。

五、金属类货品

重点介绍第十五类贱金属及其制品的归类。

（一）概述

第十五类包括贱金属（含化学纯贱金属）及许多贱金属制品。本类还包括从其脉石中分离出来的自然金属，以及铜锍、镍锍和钴锍。但不包括金属矿砂及含有自然金属的脉石（品目 26.01 至 26.17）。

根据类注三的规定，编码表所列"贱金属"是指：铁及钢、铜、镍、铝、铅、锌、锡、钨、钼、钽、镁、钴、铋、镉、钛、锆、锑、锰、铍、铬、锗、钒、镓、铪、铟、铌（钶）、铼及铊。

第 72 章至第 76 章及第 78 章至第 80 章中的各章包括某些未锻轧的贱金属及这些金属的条、杆、丝或片等产品，也包括它们的制成品。但不包括不是以金属自然属性列出的某些贱金属制品，这些制品应归入第 82 章或第 83 章，这些章仅包括具体列名的金属制品。

1. 贱金属合金

根据本类注释六规定，除条文另有规定（例如，合金钢）的以外，第 72 章至第 76 章及第 78 章至第 81 章或本协调制度其他章所称的贱金属也包括其合金。同样，第 82 章、第 83 章或其他章所称"贱金属"，包括作为贱金属合金归类的合金。

根据第 71 章注释五及本类注释五的规定，贱金属合金应按下列规则归类。

（1）贱金属与贵金属的合金

如果合金中没有任何一种贵金属（银、金、铂）的重量达到合金重量的 2%，这种合金应作为贱金属归类。否则，应归入第 71 章。

（2）贱金属与贱金属的合金

除铁合金及铜母合金以外，这类合金应按所含重量最大的一种金属归类。

（3）本类的贱金属与非金属或品目 28.05 的金属的合金

如果这类合金中本类贱金属的总重量等于或超过其他元素的总重量，则这类合金应按贱金属归类。否则，这类合金通常归入品目 38.24。

（4）烧结混合物、熔炼而得的不均匀紧密混合物（金属陶瓷除外）及金属间化合物

金属粉末的烧结混合物及熔炼而得的不均匀紧密混合物（金属陶瓷除外）应作为合金对待。上述紧密混合物主要包括熔化废碎金属而得的组分不同的锭块。

但未经烧结的金属粉末混合物应按本类注释七的规定归类。

由两种或多种贱金属组成的金属间化合物也应作为合金对待。金属间化合物与合金的主要区别在于：金属间化合物晶格中不同原子的排列是有规则的，而合金晶格中不同原子的排列是没有规则的。

2. 贱金属制品

根据本类注释七的规定，除品目另有规定（例如，铜头的钢铁钉应归入品目 74.15，即使所含的铜不是主要成分）的以外，含有两种或两种以上贱金属的制品，应按其所含重量最大的那种贱金属的制品归类。对于部分由非金属构成的制品，如果按照归类总规则，贱金属赋予这些制品基本特征的，也按本规定办理。

引用本规定计算各种金属的比例时，应注意下列三点：

（1）各种钢铁应视为同一种金属；

（2）作为某一种金属归类的合金，应视为一种金属（例如，由黄铜构成的铜制品应视为全部由纯铜构成）；

(3) 品目 81.13 的金属陶瓷，应视为一种贱金属。

3. 制品的零件

明显为制品的零件应按有关制品的零件归入编码表相应的品目。

但是，单独报验的通用零件（本类注释二所列的货品）不能作为制品的零件归类，而应归入本类中相应的品目。例如，集中供暖散热器的专用螺栓及汽车专用弹簧。螺栓应归入品目 73.18（作为螺栓）而不归入品目 73.22（作为集中供暖散热器的零件）。弹簧应归入品目 73.20（作为弹簧）而不归入品目 87.08（作为汽车零件）。

（二）规格

根据各元素含量的不同，形成了第 72 章的不同货品。举例如下。

1. 生铁

无实用可锻性的铁碳合金，按重量计含碳量在 2% 以上并可含有一种或几种下列含量范围的其他元素：

铬不超过 10%；

锰不超过 6%；

磷不超过 3%；

硅不超过 8%；

其他元素合计不超过 10%。

2. 镜铁

按重量计含锰量在 6% 以上，但不超过 30% 的铁碳合金，其他方面符合上述（一）款所列标准。

3. 铁合金

锭、块、团或类似初级形状、连续铸造而形成的各种形状及颗粒、粉末状的合金，不论是否烧结，通常用于其他合金生产过程中的添加剂或在黑色金属冶炼中作除氧剂、脱硫剂及类似用途，一般无实用可锻性，按重量计铁元素含量在 4% 及以上并含有下列一种或几种元素：

铬超过 10%；

锰超过 30%；

磷超过 3%；

硅超过 8%；

除碳以外的其他元素，合计超过 10%，但最高含铜量不得超过 10%。

4. 钢

除品目 72.03 以外的黑色金属材料（某些铸造而成的种类除外），具有实用可锻性，按重量计含碳量在 2% 及以下，但铬钢可具有较高的含碳量。

5. 不锈钢

按重量计含碳量在 1.2% 及以下，含铬量在 10.5% 及以上的合金钢，不论是否含有其他元素。

6. 其他合金钢

不符合以上不锈钢定义的钢，含有一种或几种按重量计符合下列含量比例的元素：

铝 0.3%及以上；

硼 0.0008%及以上；

铬 0.3%及以上；

钴 0.3%及以上；

铜 0.4%及以上；

铅 0.4%及以上；

锰 1.65%及以上；

钼 0.08%及以上；

镍 0.3%及以上；

铌 0.06%及以上；

硅 0.6%及以上；

钛 0.05%及以上；

钨 0.3%及以上；

钒 0.1%及以上；

锆 0.05%及以上；

其他元素（硫、磷、碳及氮除外）单项含量在 0.1%及以上。

另外，制品的宽度也对归类产生了影响，如 72.08 和 72.11 的货品。

72.08 宽度在 600 毫米及以上的铁或非合金钢平板轧材，经热轧，但未经包覆、镀层或涂层。

72.11 宽度小于 600 毫米的铁或非合金钢平板轧材，但未经包覆、镀层或涂层。

（三）报验状态

报验状态这一要素，在第 72 章钢铁归类时最为明显。举例如下。

1. **平板轧材**

截面为矩形（正方形除外）并且不符合第 72 章注释一（九）所述定义的下列形状实心轧制产品。

（1）层叠的卷材。

（2）平直形状，其厚度如果在 4.75 毫米以下，则宽度至少是厚度的十倍；其厚度如果在 4.75 毫米及以上，其宽度应超过 150 毫米，并且至少应为厚度的两倍。

平板轧材包括直接轧制而成并有凸起式样（例如，凹槽、肋条形、格槽、珠粒、菱形）的产品以及穿孔、抛光或制成瓦楞形的产品，但不具有其他品目所列制品或产品的特征。

各种规格的平板轧材（矩形或正方形除外），但不具有其他品目所列制品或产品的特征，都应作为宽度为 600 毫米及以上的产品归类。

2. **不规则盘绕的热轧条、杆**

经热轧不规则盘绕的实心产品，其截面为圆形、扇形、椭圆形、矩形（包括正方形）、三角形或其他外凸多边形（包括"扁圆形"及"变形矩形"，即相对两边为弧拱形，另外两边为等长平行直线形）。这类产品可带有在轧制过程中产生的凹痕、凸缘、槽沟或其他变形（钢筋）。

3. 其他条、杆

不符合上述款或"丝"定义的实心产品，其全长截面均为圆形、扇形、椭圆形、矩形（包括正方形）、三角形或其他外凸多边形（包括"扁圆形"及"变形矩形"，即相对两边为弧拱形，另外两边为等长平行直线形）。这些产品可以：

（1）带有在轧制过程中产生的凹痕、凸缘、槽沟或其他变形（钢筋）；

（2）轧制后扭曲的。

4. 角材、型材及异型材

不符合上述款或"丝"定义，但其全长截面均为同样形状的实心产品。

第 72 章不包括品目 73.01 或 73.02 的产品。

5. 丝

不符合平板轧材定义但全长截面均为同样形状的盘卷冷成形实心产品。

6. 空心钻钢

适合钻探用的各种截面的空心条、杆，其最大外形尺寸超过 15 毫米但不超过 52 毫米，最大内孔尺寸不超过最大外形尺寸的二分之一。不符合本定义的钢铁空心条、杆应归入品目 73.04。

（四）加工工艺

第 72 章的钢铁有多种加工工艺，本教材重点介绍热塑变形、冷塑变形和后加工及整理工艺。

1. 热塑变形

（1）热轧，即在快速结晶点及开始熔化点之间的某一温度下轧制。其温度范围根据各种因素（如钢的成分）而定。一般情况下，热轧的最终工作温度约为 900℃。

（2）锻造，即通过锤击机或锻压机使金属团块热变形，制成任何形状工件的方法。

（3）热拉法，将钢加热并通过模具拉出条、管或各种形状的型材。

（4）热模锻及热冲压，指通过特种工具用模具（闭合的或带毛口合缝的）通常在传送线上将已切割的坯料进行热成型，将其制成型材及异型材。在进行初步滚轧、锤击、手工锻造成弯曲加工后，通过冲或压进行的上述加工，一般是连续性的。

2. 冷塑变形

（1）冷轧，在室温条件下进行，即在低于再结晶温度条件下进行。

（2）冷模锻及冷冲压，指通过类似于以上 1 款（4）项所述方法但却用冷加工工艺制取型材及异型材的方法。

（3）挤压，通常为冷加工法，在模具及加压工具之间加以高压使块钢变形，模具与加压工具之间除材料通过的方位外其余各方位均为密闭，以形成所需形状。

（4）拉丝，一种冷加工工序，在这一工序中，不规则盘绕的条或杆被高速地拉过一个或数个模口，生产出直径更小的盘卷的钢铁丝。

（5）光拔，一种冷加工工序，在这一工序中，不论是否为不规则盘绕的条或杆被相对低速地拉过一个或数个模口，生产出较细或不同形状的型材及异型材。

补充阅读

1. 冷加工产品与热轧或热拉产品可通过以下标准加以区别

(1) 冷加工产品的表面较热加工产品好，没有一层鳞皮。

(2) 冷加工产品的尺寸公差小。

(3) 薄扁产品（薄"宽卷材"板、片及带）通常是通过冷轧制得的。

(4) 冷加工产品用显微镜检验时可发现其金属晶粒明显变形，晶粒取向与加工方向一致。相反，热加工产品由于重结晶作用，其晶粒几乎全都是规则的。

2. 冷加工产品及某些热轧或热拉产品同样具有下列性能

(1) 因为冷加工产品经过机械硬化或加工硬化，冷加工产品极硬且具有很大的抗拉强度，但经热处理后，这些性能便大为减弱。

(2) 冷加工生产品的断裂伸长度很低，但经过适当热处理的产品，其断裂伸长度较高。

在不明显减少产品厚度条件下对某些热轧扁平产品进行极轻度的冷轧加工（称作表皮光轧或轻精冷轧），不会改变热轧产品的特点。在低压力下进行的这种冷轧主要作用于产品的表面，而真正的冷轧通过大幅度缩小工件的横截面而改变工件的晶体结构。

3. 后加工及整理

最终产品可经以下一系列工序进一步加工处理或制成其他物品。

(1) 机械加工，即车削、铣削、磨削、穿孔或冲孔、折叠、精压、剥皮等。但应注意，仅除去氧化皮的粗车削及粗修整不能作为引起归类变化的加工工序。

(2) 表面处理或用以改善金属性能及外观，防止其锈蚀等的其他加工（包括镀层）。除某些品目条文另有规定的以外，上述加工不影响货品的归类。它们包括以下内容。

①用以改善金属性能的退火、淬火、回火、表面硬化、渗氮及类似热处理。

②用以去除金属热处理过程所形成的氧化皮而进行的去皮、酸浸、刮面及其他加工。

③仅为防止产品生锈或其他氧化作用，防止在运输过程中打滑并有利于装卸等而进行的粗涂层，例如，含有活性颜料（铅丹、锌粉、氧化锌、铬酸锌、氧化铁、铁丹、优质胭脂）的防锈油漆，及以油、脂、蜡、石蜡、石墨、焦油或沥青为基料的非颜料涂料。

④表面加工处理包括以下内容。

A. 抛光、磨光或类似处理。

B. 人工氧化作用（通过各种化学处理，例如，浸于一种氧化性溶液中）、铜绿加工、上蓝（蓝回火）、青铜色氧化（通过各种技术）。这些工艺也能在产品表面形成一层氧化膜，用以改善产品的外观，还能提高产品防锈能力。

C. 化学表面处理，举例如下。

a. 磷化，即将产品浸于酸式磷酸金属盐溶液（特别是酸式磷酸锰、酸式磷酸铁及酸式磷酸锌）中。这一加工方法称作磷酸盐被膜处理或磷酸盐处理，磷化程度取决于处理时间及浴池温度。

b. 草酸盐处理、硼酸盐处理等，使用方法与磷化处理相似，但应加入适量的盐或酸。

c. 铬酸盐处理，即将产品浸于主要成分为铬酸或铬酸盐的溶液中。这一加工方法用于镀或涂锌钢板等的表面处理。

这些化学表面处理具有保护金属表面、便于产品日后冷变形处理及涂油漆或涂其他非金属保护层等优点。

D. 用金属涂布（敷金属）的主要方法有以下几种。

a. 浸于金属或金属合金的熔融液中，例如，热浸镀锌、镀锡、热镀铅及铝涂布。

b. 电镀（通过电解适当的金属盐溶液，电镀金属在阴极中沉积于待镀产品上），例如，用锌、镉、锡、铅、铬、铬/铬酸盐、铜、镍、金或银电镀。

　　c. 浸渍或扩散（将产品加热使其表面覆上一层所需的金属粉末），例如，粉末镀锌（用锌渗镀）、热镀铝（用铝渗镀）及扩散镀铬（用铬扩散）。

　　d. 喷涂（雾化熔融镀敷金属并直接喷镀在待镀产品上），例如，斯库普法、瓦斯手枪、电弧、等离子体及静电等喷涂法。

　　e. 通过在真空中蒸发镀敷金属的敷金属法等。

　　f. 用辉光放电离子轰击镀敷金属的敷金属法（离子电镀）。

　　g. 通过阴极气化电镀法（溅散）。

　　E. 涂非金属物质，例如，搪瓷、上清漆、上大漆、涂油漆、表面印染、用陶瓷或塑料涂面，包括特种工艺，例如，辉光放电、电泳、静电喷射及在静电流浴中浸渍后再辐射烧制。

　　⑤包层，即不同颜色或性质的各层金属通过接触使表面分子相互渗透进行缔合。这种有限扩散是包层产品的特点，也是与以上各节所列方法制得的涂镀金属产品（例如，通过普通电镀）的不同之处。

　　各种包层法包括：把熔融包层金属倾注于基本金属上然后再进行滚轧；对包层金属简单热轧使其与基本金属能有效熔接；包层金属的其他沉积法或叠加法，然后再进行其他机械加工或热加工以保证熔接（例如，电包层），在这一方法中，包层金属（镍、铬等）通过电镀，使接触表面的分子相互渗透，覆于基底金属上，然后在适当的温度下进行热处理，随后再进行冷轧。

　　黑色金属产品包括有色金属，如果按重量计以钢铁为主，则仍应归入第72章的相应品目（参见第十五类注释七）。用一种黑色金属包覆不同种类的钢铁产品，根据原产品的组分或包层金属的组分，似乎可以归入两个分章（第2、3或4分章）的，也应按所含重量最大的那种金属归类（参见本章注释二）。例如，用不锈钢包层的非合金普通钢条，如果按重量计以普通钢为主，应归入第2分章，否则应归入第3分章。

　　⑥为了检验目的除去少量金属。

　　⑦迭层，例如，中间夹有一层弹性纤维材料的金属层，弹性纤维材料起到隔音等作用。

六、机电类货品

　　重点介绍第十六类第84、85章、第十七类第87章、第十八类第90章的货品归类。

　　第84章包括机器及机械器具，第85章包括电气设备。但某些机器则具体列入了第85章的有关品目中（例如，家用电动器具）；而另一方面，第84章包括某些非机械设备（例如，蒸汽发生锅炉及其辅助设备，以及过滤装置）。

　　还须注意，第84章所列的机器及装置即使是用电的，仍应归入本章。例如：

　　（1）用电动机驱动的机器；

　　（2）电热机器，例如，品目84.03的集中供暖用的电热水锅炉、品目84.19的机器及装有电热元件的其他机器（例如，砑光机、纺织品洗涤或漂白机器或熨烫机）；

　　（3）电磁式机器（例如，电磁阀）或装有电磁装置的机器（例如，装有电气自动停机装置的纺织机、装有电磁起重吸盘的起重机及装有电磁夹盘的车床）；

　　（4）电子操作机器（例如，电子计算器或自动数据处理装置）和装有光电装置或电子装置的机器（例如，装有光电装置的滚轧机及装有各种电子控制装置的机床）。

　　（一）第十六类

　　1. 第84章的排列结构

　　（1）品目84.01包括核反应堆，核反应堆的未辐照燃料元件及同位素分离机器和装置。

（2）品目84.02至84.24包括其他机器及装置，这些机器及装置主要根据其功能列名，不论其用于哪种产业部门。

（3）品目84.25至84.78包括的机器或装置除某些情况外，不论其特定功能如何，均按其所应用的产业部门进行列名。

（4）品目84.79包括不能归入本章该品目以前任何品目的机器及机械器具。

（5）品目84.80除包括金属铸造用的型箱及阳模以外，还包括模制某些材料用的手工模具或机器模具（锭模除外）。

（6）品目84.81至84.84包括某些可作为机器零件使用或可用作其他章货品零件的通用物品。

（7）品目84.86包括专用于或主要用于制造半导体单晶柱或晶圆、半导体器件、集成电路或平板显示器的设备及装置，以及第84章注释十一（三）所列的设备及装置。

（8）品目84.87包括其他品目未列名的非电气零件。

2. 第85章排列结构

（1）发电、变电或蓄电的设备及装置。例如，发电机、变压器等（品目85.01至85.04）；原电池（品目85.06）及蓄电池（品目85.07）。

（2）某些家用器具（品目85.09），以及电动剃须刀、电动毛发推剪及电动脱毛器（品目85.10）。

（3）某些利用电性能或电效应（例如，电磁效应、电热性能等）工作的设备及装置（品目85.05、85.11至85.18、85.25至85.31及85.43）。

（4）声音的录制或重放设备及装置；电视图像的录制或重放设备；上述设备及装置的零件及附件（品目85.19至85.22）。

（5）声音记录媒体或其他信息的类似记录媒体（包括视频信号记录媒体，但第37章的照相或电影用胶卷除外）（品目85.23）。

（6）平板显示模组（品目85.24）。

（7）某些通常不单独使用、但可在电气设备中作为元器件起某种作用的电气物品，例如，电容器（品目85.32），开关、熔断器、接线盒等（品目85.35或85.36），电灯（品目85.39），热电子管等各种电子管（品目85.40），二极管、晶体管及类似的半导体器件（品目85.41），电气设备用碳精制品（品目85.45）。

（8）某些因其导电或绝缘性能而应用于电气设备及装置的物品及材料，例如，绝缘电线及其组装件（品目85.44）、绝缘子（品目85.46）、绝缘配件及内衬绝缘材料的金属导管（品目85.47）。

除上述各种电气货品以外，本章还包括永磁铁（尚未磁化的也包括在内），以及永磁铁工件夹具（品目85.05）。

应当注意，本章仅包括某些类型的电热器具，例如，电炉等（品目85.14）；空间加热设备、家用电热器具等（品目85.16）。

此外还应当注意，既不能作为品目85.23所列产品或品目85.42的多元件集成电路（MCOs）[参见本章注释十二（二）4] 归类，又不具有其他独立功能的某些电子存储器模件［例如，单列直插式内存模块（SIMM）和双列直插式内存模块（DIMM）］，应运用第十六类注释二的规定，按以下规则进行归类：

仅适用于或主要适用于自动数据处理设备的模件，应按这些机器的零件归入品目84.73；

仅适用于或主要适用于其他特定机器或某一相同品目项下多种机器的模件，应按该机器或该组机器的零件进行归类；

无法确定其主要用途的，模件应归入品目85.48。

3. 第十六类材质的特例

（1）第84章材质的特例

由于陶瓷材料制的机器或器具（例如，泵）及供任何材料制的机器或器具用的陶瓷零件（第69章）、实验室用玻璃器（品目70.17）及玻璃材料制的机器、器具及其玻璃零件（品目70.19或品目70.20）均不归入第84章，因此，即使某种机器或机械用具的品名或属性在第84章的品目中列出，但如果该种机器或机械用具具有陶瓷材料制品或玻璃制品的特征，它们仍不归入第84章。

上述规定适用于装有其他材料制的非主要部件［例如，塞子、接头、旋塞等，夹紧或固定用的圈或环，或其他紧固件或支承件（支架、三脚架等）］的陶瓷或玻璃机器、机械器具或装置。

此外，下列情况通常视为已失去陶瓷制品、实验室用玻璃器、陶瓷或玻璃机器、器具及其零件的特征：

①由陶瓷或玻璃部件与其他材料（例如，金属）制的许多部件组合而成的物品，以及由许多陶瓷或玻璃制的部件装在永久固定在其他材料制的支架、壳罩或类似品中而组成的物品；

②由陶瓷或玻璃制的固定部件与其他材料（例如，金属）制的发动机、泵等机械部件组合而成的物品。

（2）第85章材质的特例

第85章与第84章相反，第85章所列的货品即使由陶瓷材料或玻璃制成，仍应归入第85章，但品目70.11所列的玻璃外壳（包括玻璃泡及玻璃管）除外。

4. 第十六类的零件及附属装置

（1）通用零件

通用零件，是指：

①品目73.07、73.12、73.15、73.17或73.18的物品及其他贱金属制的类似品，不包括专用于医疗、外科、牙科或兽医的植入物（品目90.21）；

②贱金属制的弹簧及弹簧片，但钟表发条（品目91.14）除外；

③品目83.01、83.02、83.08、83.10的物品及品目83.06的贱金属制的框架及镜子。

第73章至第76章（品目73.15除外）及第78章至第82章所列货品的零件，不包括上述的通用零件。

除另有规定的以外，第72章至第76章及第78章至第81章不包括第82章、第83章的物品。

（2）专用零件

①凡明显专用于或主要用于某种机器或装置（包括品目 84.79 或 85.43 所列物品），或同一品目所列同类机器或装置的零件，均应与有关机器或装置一并归类。但下列零件则归入单独品目：

　　A. 品目 84.07 或 84.08 所列发动机的零件（品目 84.09）；

　　B. 品目 84.25 至 84.30 所列机器的零件（品目 84.31）；

　　C. 品目 84.44 至 84.47 所列纺织机器的零件（品目 84.48）；

　　D. 品目 84.56 至 84.65 所列机器的零件（品目 84.66）；

　　E. 品目 84.70 至 84.72 所列办公室用机器的零件（品目 84.73）；

　　F. 品目 85.01 或 85.02 所列机器的零件（品目 85.03）；

　　G. 品目 85.19 或 85.21 所列装置的零件（品目 85.22）；

　　H. 品目 85.25 至 85.28 所列装置的零件（品目 85.29）；

　　I. 品目 85.35、85.36 或 85.37 所列装置的零件（品目 85.38）。

②上述规定不适用于本身已构成本类某个品目（品目 84.87 及 85.48 除外）所列物品的零件。这些物品即使用作某种机器的专用零件，仍应归入其具体列名的品目。本规定特别适用于：

　　A. 泵及压缩机（品目 84.13 及 84.14）；

　　B. 品目 84.21 所列的过滤机器及装置；

　　C. 起重及搬运机器（品目 84.25、84.26、84.28 或 84.86）；

　　D. 龙头、旋塞、阀门等（品目 84.81）；

　　E. 滚珠轴承、滚子轴承、滚针轴承，以及公差不超过 1% 或 0.05 毫米（以相差数值较小的为准）的抛光钢珠（品目 84.82）；

　　F. 传动轴、曲柄、轴承座、滑动轴承、齿轮及齿轮传动装置（包括摩擦传动装置、齿轮箱及其他变速装置）、飞轮、滑轮与滑轮组、离合器及联轴器（品目 84.83）；

　　G. 品目 84.84 所列的密封垫及类似的接合衬垫；

　　H. 品目 85.01 所列的电动机；

　　I. 品目 85.04 所列的变压器及其他机器及装置；

　　J. 组装成电池组的蓄电池；

　　K. 加热电阻器（品目 85.16）；

　　L. 电容器（品目 85.32）；

　　M. 电路的开关、保护等用的电气装置（例如，开关、熔断器、接线盒等）（品目 85.35 及 85.36）；

　　N. 用于电气控制或电力分配的盘、板、台、柜及其他装置（品目 85.37）；

　　O. 品目 85.39 所列的灯；

　　P. 品目 85.40 所列的电子管及品目 85.41 所列的二极管、晶体管等；

　　Q. 电气设备用碳精制品（例如，弧光灯碳棒、碳电极及碳刷）（品目 85.45）；

　　R. 各种材料制的绝缘子（品目 85.46）；

　　S. 品目 85.47 所列的电气设备等用的绝缘配件。

其他可确定为机器零件，但非专用于或主要用于某种机器或某类机器（即通用于不同品目所列的多种机器）的物品，应归入品目84.87（非电气零件）或品目85.48（电气零件）。但上述各项所列物品除外。

上述零件归类的规定不适用于下列品目所列货品的零件。

品目84.84（密封垫等）、85.44（绝缘电线）、85.45（电气设备用碳精制品）、85.46（绝缘子）或85.47（线路导管），其他的这类零件一般应按其构成材料归入相应的章内。

机器零件不论是否制成成品，即可使用，均应归入本类，但钢铁制的粗锻件应归入品目72.07。

（3）附属装置

附属的仪器及装置（例如，压力计、温度计、水平仪或其他测量或检验仪器、产量计数器、时钟机构开关、控制板、自动调节器等），如果与所属机器设备同时报验，并专用于测量、检测、控制或调节某种机器或装置［可以是组合机器（参见以下第六部分）或者功能机组（参见以下第七部分）］，应与有关机器设备一并归类。但用以检测、控制或调节多台机器（不论是否同一类型）的附属仪器及装置应归入其所属的适当品目。

5. 功能与用途

（1）"功能优先"

品目84.01至84.24包括的机器设备（一般按其功能列名）可用于各个产业部门。其他品目的机器或装置则大多数按其所应用的工业或其他行业列名。根据本章注释二的规定，可归入两个及两个以上品目的机器及装置，如果其中一个品目属于第一组品目范围（即品目84.01至84.24）的，应归入第一组的有关品目。因此，发动机不论其用途如何，一律归入品目84.06至84.08及品目84.10至84.12。这一归类原则同样适用于泵［即使其具体用于某种特定用途（例如，纺丝泵或农用泵）］、离心机、研光机、压滤机、熔炉、蒸汽发生器等。

①上述归类原则不适用于品目84.19、84.22及84.24（参见本章注释二的规定）。因而下列物品虽然看起来可归入品目84.19，但实际上却归入本章后一组的有关品目：

A. 农用催芽装置、孵卵器及育雏器（品目84.36）；

B. 谷物调湿机（品目84.37）；

C. 萃取糖汁的浸提装置（品目84.38）；

D. 纺织纱线、织物或纺织制品的热处理机器（品目84.51）；

E. 温度变化（即使必不可少）仅作为辅助功能的机器、设备或实验室设备。

②同样，下列物品虽然看起来可归入品目84.22，但实际上却归入本章后一组的有关品目：

A. 缝纫机（例如，缝合袋子用的）（品目84.52）；

B. 将文件或信件插入包装物或信封中并加封的机器、硬币计数及包装机（品目84.72）。

③另外，下列物品虽然看起来可归入品目84.24，但实际上应归入本章后面的有关品目：

A. 喷墨印刷（打印）机器（品目84.43）；

B. 水射流切割机（品目84.56）。

优先归入品目84.01至84.24的规则仅适用于可视为一个整体的机器。组合机器或多功能机器应按第十六类注释三的规定进行归类，而功能机组则应按第十六类注释四的规定进行归类。

可归入两个及两个以上品目，而又不归入品目84.01至84.24中的任何一个品目的机器，应归入对该机器列名最为具体的有关品目，或按该机器的主要用途归类。可同时用于多种不同用途或工业的多用途机器（例如，打孔机可同时用于造纸、纺织、皮革、塑料等工业）应归入品目84.79。

一般来说，电气加热器具应归入第84章。例如，蒸汽锅炉及过热水锅炉（品目84.02）；空气调节器（品目84.15）；烘炉、蒸馏设备及其他设备（品目84.19）；砑光机和类似的滚压机器及其滚筒（品目84.20）；家禽孵卵器及育雏器（品目84.36）；供木料、软木、皮革等用的通用烫烙机（品目84.79）；医疗器械（品目90.18）。

（2）装有自动数据处理装置或与自动数据处理设备连接使用，但却从事某项专门功能的机器

根据第84章注释六第（五）款的规定，下列归类原则适用于装有自动数据处理装置或与自动数据处理设备连接使用，但却从事某项专门功能的机器。

①装有自动数据处理装置，但却从事除数据处理以外的某项专门功能的机器，可按其功能归入有关品目；如无列名品目可归，则应归入未列名品目，但不能归入品目84.71。

②与自动数据处理设备一同报验并与其连接使用，但却从事除数据处理以外的某项专门功能的机器，应按下列规则归类：

自动数据处理机应单独归入品目84.71，其他机器归入与其功能相应的品目，除非其符合第十六类注释四或第90章注释三的规定，则整套机器归入第84章、第85章或第90章的其他品目。

（3）多功能机器、组合机器及功能机组

①多功能机器

一般来说，多功能机器应按机器的主要功能归类。

多功能机器（例如，利用可互换刀具加工金属的机床），可进行不同的机械加工（例如，铣削、镗削、磨削）。

在不能确定机器的主要功能，而且根据本类注释三的规定，条文也没有列出其他要求时，可运用归类总规则三（三）进行归类。例如，当多功能机器看起来可归入品目84.25至84.30、品目84.58至84.63或品目84.70至84.72的几个品目时，可运用归类总规则三（三）进行归类。

②组合机器

组合机器是由两台或多台不同类型的机器或器具组成的整套设备，各台机器可同时或序贯执行各自的功能，这些功能一般是互补的，不同的功能列在第十六类的不同品目中。这种组合机器也应按其主要功能归类。

这类组合机器举例如下：配有托纸辅助机器的印刷机器（品目84.43）；配有加印名字或简单图案辅助机器的卡纸盒制造机器（品目84.41）；配有起重或搬运装置的工

业熔炉（品目84.17或85.14）；配有辅助性包装设备的香烟制造机器（品目84.78）。

在执行上述规定时，各种不同的机器如果是一台机器装在另一台机器的内部或上面，或者两者装在同一个底座、支架之上或同一个机壳之内，应作为一个整体对待。

机器的组合体不应视为构成一个整体，除非其各台机器是永久性地连在一起，或装在同一个底座、支架或机壳内。临时组合的或通常未构成组合机器的机器组合体不包括在内。

这些机器的底座、支架或机壳可以装有轮子，以便在使用时可随意移动，但不能因此而构成协调制度某一品目具体列名的另一种物品（例如，车辆）。

地板、混凝土底座、墙、隔板、天花板等，即使经专门装配以备安装机器或器具，不能视为将有关机器或器具连成一体的共同底座。

当组合机器可归入某个特定品目时，无须引用第十六类注释三的规定。例如，某些空调器（品目84.15）。

必须注意，多用途机器（例如，金属及其他材料的加工机床，或造纸、纺织、皮革、塑料等工业通用的打孔机），应按第84章注释八的规定归类。

③功能机组

当一台机器（包括机组）由多个独立部件组成，组合后明显只为一种第84章，更常见的是第85章某个品目所列功能工作时，可运用该注释。整套设备应按有关功能归入其相应品目，不论各个部件是否为了方便或其他原因而彼此分开，或仅用管道（装有空气、压缩空气、油等）、传动装置、电缆或其他装置连接起来。

在上述注释中，所称"明显只为一种功能工作"的机器，仅包括在作为一个整体的功能机组中起主要功能作用的机器或机组，但不包括执行辅助功能而不是执行整套设备的主要功能的机器或器具。

功能机组举例如下。

A. 液压系统，由液压动力机组（主要由液压泵、电动机、控制阀及油箱组成）、液压缸及连接液压缸和液压动力装置所需的管道构成（品目84.12）。

B. 冷藏设备，其各个构成部件并不组装成整体，而是由管道连接起来，冷却剂在管道中循环流动（品目84.18）。

C. 灌溉系统，包括由过滤器、喷射器、计量阀等组成的控制站、地下分布支管及地面网络（品目84.24）。

D. 挤奶机器，所配有的各个独立部件（真空泵、脉动器、奶头吸杯及奶桶）是由软管或管道加以联接的（品目84.34）。

E. 酿酒机器，主要包括催芽机、麦芽压碎机、麦芽浆桶、滤酒桶（品目84.38）。但辅助机器（例如，装瓶机、标签印刷机）不应归入本品目，而应归入其他相应品目。

F. 信件分拣系统，主要由编码台、预分拣信道、中间分拣机及最终分拣机所组成。整套设备是由一台自动数据处理机控制（品目84.72）。

G. 沥青拌和设备，由各自独立的加料斗、输送装置、干燥器、振动筛、混合机、贮料箱及操纵装置并排配置而成（品目84.74）。

H. 组装电灯泡用的机器。这种设备的各个部件是利用输送装置加以联接，并配有玻璃的热处理设备、泵及灯泡检测装置（品目84.75）。

I. 焊接设备，由焊头或焊钳组成，配有变压器、发电机或整流器，用以供电（品目85.15）。

J. 配有手提话筒的手提式无线电话发送设备（品目85.17）。

K. 配有电源、放大器等的雷达设备（品目85.26）。

L. 由一台接收机、一个抛物面天线反射盘、一个天线反射盘用的控制旋转器、一个喇叭天线（波导器）、一个偏振器、一个低噪声广播信号接收（LNB）降频转换器及一个红外遥控器组成的卫星电视接收系统（品目85.28）。

M. 由红外线灯、光电池及警铃等组成的防盗报警器（品目85.31）。

必须注意，不符合第十六类注释四规定的各种部件应归入其所属的适当品目。本规定适用于，例如，闭路电视监视系统。这种系统由数量不等的电视摄像机、视频监视器组成，通过同轴电缆与控制器、开关、音频接收器相互连接，必要时还可与自动数据处理设备（用以储存数据）或视频录像机（用以录像）连接使用。

（二）第十七类

1. 用途

本类包括各种铁道车辆及气垫火车（第86章）、其他陆上车辆，包括气垫车辆（第87章）、航空器及航天器（第88章），以及船舶、气垫船及浮动结构体（第89章）。但不包括下列货品。

（1）某些移动式机器。

（2）品目90.23所列的供示范用的模型。

（3）玩具、某些冬季运动设备及专门设计用于游乐场乘骑游乐设施、水上乐园娱乐设备和游乐场娱乐设备的车辆。例如，本类不包括供儿童乘骑的玩具脚踏车等（自行车除外）、玩具船及玩具飞机（品目95.03）；长雪橇、平底雪橇及类似品（品目95.06）；专门设计用于游乐场娱乐用的"碰碰车"、牵引车及其他运输车辆，包括挂车（例如，环形支架挂车）（品目95.08）。

此外，本类还包括与运输设备相关的某些具体列名货品，例如，经特殊设计、装备适于一种或多种运输方式的集装箱，某些铁道或电车道轨道固定装置及附件和机械（包括电动机械）信号设备（第86章），以及降落伞、航空器发射装置、甲板停机装置或类似装置和地面飞行训练器（第88章）。

本类还包括第86章至第88章所列车辆、航空器等的零件及附件。

2. 零件

（1）关于"专用于"或"主要用于"的标准

①既可归入第十七类，又可归入其他类的零件及附件

根据本类注释三的规定，非专用于或非主要用于第86章至第88章所列货品的零件及附件，不归入上述各章。

因此，注释三的规定列明，既可归入第十七类，又可归入其他各类的零件或附件，最终应根据其主要用途来确定归类。

例如，许多第84章所列移动式机器用的转向机构、制动系统、车轮及挡泥板等货品，实际上与第87章所列卡车用的几乎完全相同，但因为它们主要用于卡车，所以这

些零件及附件应归入本类。

②可归入本类中的两个或多个品目的零件及附件

某些零件及附件可适用于多种运输工具（汽车、航空器、摩托车等）。

例如，制动器、转向系统、车轮、车轴等。这些零件及附件应归入其主要用于该种运输工具的零件及附件有关品目。

③《协调制度》其他品目列名更为具体的零件及附件

凡在《协调制度》其他品目列名更为具体的零件及附件，即使能确定为用于本类所列货品的，仍不归入本类，例如：

A. 硫化橡胶（硬化橡胶除外）制的异型材，不论是否切成一定长度（品目40.08）；

B. 硫化橡胶制的传动带（品目40.10）；

C. 橡胶轮胎、可互换胎面、轮胎衬带及内胎（品目40.11至40.13）；

D. 皮革、再生皮革、钢纸等制的工具袋（品目42.02）；

E. 自行车或气球用的网（品目56.08）；

F. 拖缆（品目56.09）；

G. 纺织地毯（第57章）；

H. 由钢化玻璃或层压玻璃制的未镶框的安全玻璃，不论是否成形（品目70.07）；

I. 后视镜（品目70.09或第90章，参见相应的注释）；

J. 车头灯的未镶框玻璃（品目70.14），以及一般归入第70章的货品；

K. 速度计、转数计等用的软轴（品目84.83）；

L. 品目94.01的车辆座椅。

(2) 87.01至87.05所列机动车辆的零件及附件

归入品目87.08的货品，包括品目87.01至87.05所列机动车辆的零件及附件，但它们必须同时符合下列两个条件：

①它们必须可确定为专用于或主要用于上述车辆；

②它们不得列入第十七类注释规定不包括的货品范围。

本品目的零件及附件包括以下内容。

A. 已组装的汽车底盘车架（不论是否装有车轮，但未装有发动机）及其零件（例如，大梁、支架、横梁；悬挂装置；支撑车身、发动机、脚踏板、电池或燃油箱等用的支架及托架）。

B. 车身零件及其配套附件，例如，底板、侧板、前面板、后面板、行李舱等；门及其零件；发动机罩；带框玻璃窗、装有加热电阻器及电气接头的窗、窗框；脚踏板；挡泥板、叶子板；仪表板；散热器护罩；牌照托架；保险杠；转向柱托架；外部行李架；遮阳板；由车辆发动机供热的非电气供暖及除霜设备；固定装在机动车内用以保护人身安全的座位安全带；地毯（纺织材料或未硬化硫化橡胶制的除外）等。尚未具有不完整车身特征的组合体（包括组合式底盘车身），例如，尚未装有车门、挡泥板、发动机罩及后行李箱盖等零件的组合体，应归入本品目，而不应归入品目87.07。

C. 离合器（锥形离合器、盘式离合器、液压离合器、自动离合器等，但品目85.05所列的电磁离合器除外）、离合器外壳、离合器盘、离合器杆及已装配的离合器摩擦片。

D. 各种变速箱（机械式、超速传动式、预选式、电动机械式、自动式等）；变矩转换器；变速箱体；传动轴（但作为发动机内部零件的除外）；小齿轮；直接传动爪形离合器及变速拉杆等。

E. 装有差速器的驱动桥；非驱动桥（前桥或后桥）；差速器箱；行星齿轮机构；轮毂、短轴（轴颈）、短轴托架。

F. 其他传动零件及部件（例如，方向传动轴、半轴；齿轮及齿轮传动装置；滑动轴承；齿轮减速装置；万向节）。但本品目不包括发动机的内部零件，例如，品目84.09的连杆、推杆、气门挺杆以及品目84.83的曲轴、凸轮轴及飞轮。

G. 转向机构零件（例如，转向柱管、转向横拉杆及操纵杆、转向关节系杆；壳体；齿条齿轮传动装置；动力转向机构）。

H. 制动器（蹄式、扇形、盘式等）及其零件（盘、鼓、缸、已装配的制动摩擦片、液压制动器的油箱等）；助力制动器及其零件。

I. 悬挂减震器（摩擦式、液压式等）及其他悬架零件（弹簧除外）、扭杆弹簧。

J. 车轮（压制钢车轮、钢线辐轮等），不论是否装有轮胎；履带式车辆的履带及一组轮子；轮、轮盘、毂盖及轮辐。

K. 控制装置（例如，转向盘、转向柱、转向器）；转向轮轴；变速操纵杆及手刹车操纵杆；加速踏板、制动踏板、离合器踏板；制动器及离合器的连杆。

L. 散热器、消音器、排气管、燃油箱等。

M. 离合索缆、制动索缆、油门索缆及类似索缆，由一条软套管套着一条活动的索缆构成。它们报验时已切成一定长度，端部还装有配件。

N. 带充气系统的各类安全气囊（例如，驾驶员侧气囊、乘客侧气囊、安装在门板内用于侧面撞击保护的气囊、安装在车辆顶板用以对头部进行特别保护的气囊）及其零件。充气系统包括装在一个容器内的点火器及推进剂，用来引起气体膨胀充入气囊。本品目不包括遥感器或电子控制器，因其不能视为充气系统的零件。

3. *规格*

以品目87.03为例，气缸的规格影响了车辆的归类。举例如下（以仅装有活塞内燃发动机的车辆为例）。

87.03 主要用于载人的机动车辆（品目87.02的货品除外），包括旅行小客车及赛车：

——雪地行走专用车；高尔夫球车及类似车辆

——仅装有点燃式活塞内燃发动机的其他车辆：

————气缸容量（排气量）不超过1000毫升

————气缸容量（排气量）超过1000毫升，但不超过1500毫升

————气缸容量（排气量）超过1500毫升，但不超过3000毫升

————气缸容量（排气量）超过3000毫升

——仅装有压燃式活塞内燃发动机（柴油或半柴油发动机）的其他车辆：

————气缸容量（排气量）不超过1500毫升

——气缸容量（排气量）超过1500毫升，但不超过2500毫升

——气缸容量（排气量）超过2500毫升

(三) 第十八类（第90章）

1. 用途

第90章包括范围很广的各种仪器及设备，它们均具有深加工和高精度的特征；主要供科学研究（实验室研究工作、科学分析、天文学研究等）、各种专业技术或工业方面（计量、检验、监测等）及医疗方面使用。

根据不同用途，本章排列结构如下。

(1) 各种光学元件及光学仪器和器具，不仅包括品目90.01及90.02的简单光学元件，也包括从品目90.04的眼镜到用于天文学、照相、电影及显微观察的复杂光学仪器。

(2) 某些具有特殊用途（测量、气象、绘图、计算等）的仪器及器具。

(3) 医疗、外科、牙科或兽医用仪器及设备，以及与其相关的放射性治疗、机械治疗、氧气治疗、矫形和修复治疗等用的仪器及设备。

(4) 测试材料用机器、仪器及设备。

(5) 实验室用的仪器及设备。

(6) 各种测量、检验及自动控制用的仪器及设备，不论其是光学的或电气的，特别是按照本章注释七的规定属于品目90.32的仪器及设备。

某些这类仪器是在有关品目中具体列名的，例如，复式光学显微镜（品目90.11）、电子显微镜（品目90.12）；其他仪器及设备则在有关品目中按具体学科、工业部门等作一般列名（例如，品目90.05的天文仪器、品目90.15的测量仪器及器具以及品目90.22的X光等射线的应用设备）。本章也包括用于医疗、外科、牙科或兽医的真空设备（品目90.18）。

一般来说，本章涉及的均为精密仪器及装置，但也有某些例外，例如，本章也包括普通护目镜（品目90.04），简单的放大镜及不放大影像的潜望镜（品目90.13），以及不论其精确度如何的分度尺和学生用尺（品目90.17）、带装饰性的温度计（品目90.25）。

除本章注释一另有规定的以外（例如，橡胶或皮革制的垫圈及仪表用的皮革膜片），本章的仪器、设备及其零件可用任何材料（包括贵金属或包贵金属，以及天然、合成或再造的宝石或半宝石）制成。

2. 零件及附件

除本章注释一另有规定的以外，凡可确定为专用于或主要用于本章机器、器具、仪器或设备的零件及附件，应与相应的机器、器具等一同归类。

但上述的一般规则不适用于下列情况。

(1) 零件及附件本身已构成本章或第84章、第85章、第91章某一品目的物品（品目84.87、85.48或90.33的除外）。例如，电子显微镜用的真空泵仍应作为泵归入品目84.14；变压器、电磁铁、电容器、电阻器、继电器、电灯泡及电子管等仍归入第

85章；品目90.01或90.02的光学元件，不论其将装配在何种仪器或设备上，均应归入前述两品目；钟表机芯则一律归入第91章；照相机即使其结构为专门用于其他仪器上的（例如，与显微镜、频闪观测仪等配套使用），仍归入品目90.06。

（2）同时适用于本章不同品目的多种机器、器具、仪器或设备的零件及附件，应归入品目90.33，除非其本身已构成其他品目具体列名的完整仪器等。

第六章

税费核算

海关依照《关税法》和有关法律、行政法规的规定征收关税。

进口货物的收货人、出口货物的发货人、进境物品的携带人或者收件人，是关税的纳税人。

从事跨境电子商务零售进口的电子商务平台经营者、物流企业和报关企业，以及法律、行政法规规定负有代扣代缴、代收代缴关税税款义务的单位和个人，是关税的扣缴义务人。

进出口货物的关税品目、税率以及品目、税率的适用规则等，依照《税则》执行。

个人合理自用的进境物品，按照简易征收办法征收关税。超过个人合理自用数量的进境物品，按照进口货物征收关税。个人合理自用的进境物品，在规定数额以内的免征关税。

第一节　进口货物完税价格确定

一、完税价格

完税价格，即进口货物的计税价格。

进口货物的计税价格以成交价格以及该货物运抵中华人民共和国境内输入地点起卸前的运输及其相关费用、保险费为基础确定。

进口货物的成交价格，是指卖方向中华人民共和国境内销售该货物时买方为进口该货物向卖方实付、应付的，并按照规定调整后的价款总额，包括直接支付的价款和间接支付的价款。

进口货物的成交价格应当符合下列条件：

1. 对买方处置或者使用该货物不予限制，但法律、行政法规规定的限制、对货物转售地域的限制和对货物价格无实质性影响的限制除外；

2. 卖方不得从买方直接或者间接获得因该货物进口后转售、处置或者使用而产生的任何收益，或者虽有收益但能够按照规定进行调整；

3. 买卖双方没有特殊关系，或者虽有特殊关系但未对成交价格产生影响。

二、计入项目

进口货物的下列费用应当计入计税价格：

1. 由买方负担的购货佣金以外的佣金和经纪费；
2. 由买方负担的与该货物视为一体的容器的费用；
3. 由买方负担的包装材料费用和包装劳务费用；
4. 与该货物的生产和向中华人民共和国境内销售有关的，由买方以免费或者以低于成本的方式提供并可以按适当比例分摊的料件、工具、模具、消耗材料及类似货物的价款，以及在中华人民共和国境外开发、设计等相关服务的费用；
5. 作为该货物向中华人民共和国境内销售的条件，买方必须支付的、与该货物有关的特许权使用费；

6. 卖方直接或者间接从买方获得的该货物进口后转售、处置或者使用的收益。

三、扣减项目（不计入项目）

进口时在货物的价款中列明的下列费用、税收，不计入该货物的计税价格：

1. 厂房、机械、设备等货物进口后进行建设、安装、装配、维修和技术服务的费用，但保修费用除外；

2. 进口货物运抵中华人民共和国境内输入地点起卸后的运输及其相关费用、保险费；

3. 进口关税及国内税收。

四、价格磋商

1. 进口货物的成交价格不符合规定条件，或者成交价格不能确定的，海关经了解有关情况，并与纳税人进行价格磋商后，依次以下列价格估定该货物的计税价格：

（1）与该货物同时或者大约同时向中华人民共和国境内销售的相同货物的成交价格；

（2）与该货物同时或者大约同时向中华人民共和国境内销售的类似货物的成交价格；

（3）与该货物进口的同时或者大约同时，将该进口货物、相同或者类似进口货物在中华人民共和国境内第一级销售环节销售给无特殊关系买方最大销售总量的单位价格；

（4）按照下列各项总和计算的价格：生产该货物所使用的料件成本和加工费用，向中华人民共和国境内销售同等级或者同种类货物通常的利润和一般费用，该货物运抵中华人民共和国境内输入地点起卸前的运输及其相关费用、保险费；

（5）以合理方法估定的价格。

纳税人可以向海关提供有关资料，申请调整上述3和4的适用次序。

2. 此外，估定计税价格，应当扣除下列项目：

（1）同等级或者同种类货物在中华人民共和国境内第一级销售环节销售时通常的利润和一般费用以及通常支付的佣金；

（2）进口货物运抵中华人民共和国境内输入地点起卸后的运输及其相关费用、保险费；

（3）进口关税及国内税收。

第二节 原产地确定

原产地，是指货物获得或生产的国家（地区）。

不同的原产地，享受的关税待遇不同。

一、优惠原产地规则

从优惠贸易协定成员国（地区）直接运输进口的货物，其原产地为该成员国（地区），适用《税则》中相应优惠贸易协定对应的协定税率或特惠税率。

优惠贸易协定包括《区域全面经济伙伴关系协定》（RCEP）、《亚太贸易协定》、《中华人民共和国政府和大韩民国政府自由贸易协定》等。

享受优惠税率或特惠税率，需符合下列情形之一：

1. 完全在该成员国（地区）获得或者生产的，需符合完全获得标准；
2. 非完全在该成员国（地区）获得或者生产的，需复核税则归类改变标准、区域价值成分标准、制造加工工序标准。

（一）完全获得标准

完全在该成员国（地区）获得或者生产的货物，原产地视为该成员国（地区）。这一标准通常称为完全获得标准。

完全获得的货品主要包括：

1. 在该成员国（地区）境内收获、采摘或者采集的植物产品；
2. 在该成员国（地区）境内出生并饲养的活动物；
3. 在该成员国（地区）领土或者领海开采、提取的矿产品；
4. 其他符合相应优惠贸易协定项下完全获得标准的货物。

（二）实质性改变标准

经过多个国家（地区）加工、制造的货物，通常以最后完成实质性加工的国家（地区）为原产地，即实质性改变标准。

实质性改变标准，包括：税则归类改变标准、区域价值成分标准、制造加工工序标准或者其他确定其原产地标准。

1. 税则归类改变标准，即：

原产于非成员国（地区）的材料在出口成员国（地区）境内进行制造、加工后，所得货物在《协调制度》中税则归类发生了变化。

2. 区域价值成分标准，即：

出口货物船上交货价格（FOB）扣除该货物生产过程中该成员国（地区）非原产材料价格后，所余价款在出口货物船上交货价格（FOB）中所占的百分比。

3. 制造加工工序标准，即：

赋予加工后所得货物基本特征的主要工序。

4. 其他标准，即：

除上述标准之外，成员国（地区）一致同意采用的确定货物原产地的其他标准。

另外，确定原产地时还应注意：

原产于优惠贸易协定某一成员国（地区）的货物或者材料在同一优惠贸易协定另一成员国（地区）境内用于生产另一货物，并构成另一货物组成部分的，该货物或者材料应当视为原产于另一成员国（地区）境内；

为便于装载、运输、储存、销售进行的加工、包装、展示等微小加工或者处理，不影响货物原产地确定；

运输期间用于保护货物的包装材料及容器不影响货物原产地确定；

在货物生产过程中使用，本身不构成货物物质成分，也不成为货物组成部件的材料或者物品，其原产地不影响货物原产地确定。

（三）直接运输规则

"直接运输"是指优惠贸易协定项下进口货物从该协定成员国（地区）直接运输至中国境内，途中未经过该协定成员国（地区）以外的其他国家（地区）。

原产于优惠贸易协定成员国（地区）的货物，经过其他国家（地区）运输至中国境内，不论在运输途中是否转换运输工具或者作临时储存，同时符合下列条件的，应当视为"直接运输"：

1. 该货物在经过其他国家（地区）时，未做除使货物保持良好状态所必需处理以外的其他处理；

2. 该货物在其他国家（地区）停留的时间未超过相应优惠贸易协定规定的期限；

3. 该货物在其他国家（地区）作临时储存时，处于该国家（地区）海关监管之下。

（四）不适用协定税率或者特惠税率的情形

有下列情形之一的，进口货物不适用协定税率或者特惠税率：

1. 进口货物收货人或者其代理人在货物申报进口时没有提交符合规定的原产地证书、原产地声明，也未就进口货物是否具备原产资格进行补充申报的；

2. 进口货物收货人或者其代理人未提供商业发票、运输单证等其他商业单证，也未提交其他证明符合规定文件的；

3. 经查验或者核查，确认货物原产地与申报内容不符，或者无法确定货物真实原产地的；

4. 其他不符合规定及相应优惠贸易协定规定的情形。

二、非优惠原产地规则

按照世界贸易组织的规定，适用于非优惠型贸易政策措施的原产地规则，其实施必须遵守最惠国待遇原则，即：必须普遍地、无差别地适用于所有原产地为最惠国的进口货物。

非优惠性贸易措施项下，确定两个及以上国家（地区）参与生产货物的原产地时，以税则归类改变为基本标准，税则归类改变不能反映实质性改变的，以从价百分比、制造或者加工工序等为补充标准。

（一）"税则归类改变"标准

在某一国家（地区）对非该国（地区）原产材料进行制造、加工后，所得货物在《税则》中的四位数级品目归类发生了变化。

(二)"制造、加工工序"标准

在某一国家(地区)进行的赋予制造、加工后所得货物基本特征的主要工序。

(三)"从价百分比"标准

在某一国家(地区)对非该国(地区)原产材料进行制造、加工后的增值部分不小于所得货物价值的30%。用公式表示如下:

$$\frac{工厂交货价-非该国(地区)原产材料价值}{工厂交货价} \times 100\% \geq 30\%$$

"工厂交货价"是指支付给制造厂生产的成品的价格。

"非该国(地区)原产材料价值"是指直接用于制造或装配最终产品而进口原料、零部件的价值(含原产地不明的原料、零配件),以其进口"成本、保险费加运费"价格(CIF)计算。

"从价百分比"的计算应当符合公认的会计原则及《关税法》。

以制造、加工工序和从价百分比为标准判定实质性改变的货物在《适用制造或者加工工序及从价百分比标准的货物清单》中具体列明,并按列明的标准判定是否发生实质性改变。未列入《适用制造或者加工工序及从价百分比标准的货物清单》货物的实质性改变,应当适用税则归类改变标准。

《适用制造或者加工工序及从价百分比标准的货物清单》由海关总署会同商务部根据实施情况修订并公告。

第三节 税率

一、税率的设置

(一)进口关税

进口关税设置最惠国税率、协定税率、特惠税率、普通税率。

(二)出口关税

出口关税设置出口税率。

(三)关税配额税率

对实行关税配额管理的进出口货物,设置关税配额税率。

(四)暂定税率

对进出口货物在一定期限内可以实行暂定税率。

二、税率适用

关税税率的适用应当符合相应的原产地规则。

完全在一个国家（地区）获得的货物，以该国家（地区）为原产地；两个及以上国家（地区）参与生产的货物，以最后完成实质性改变的国家（地区）为原产地。

（一）最惠国税率的适用

原产于共同适用最惠国待遇条款的世界贸易组织成员的进口货物，原产于与中华人民共和国缔结或者共同参加含有相互给予最惠国待遇条款的国际条约、协定的国家（地区）的进口货物，以及原产于中华人民共和国境内的进口货物，适用最惠国税率。

（二）协定税率的适用

原产于与中华人民共和国缔结或者共同参加含有关税优惠条款的国际条约、协定的国家（地区）且符合国际条约、协定有关规定的进口货物，适用协定税率。

（三）特惠税率的适用

原产于中华人民共和国给予特殊关税优惠安排的国家（地区）且符合国家原产地管理规定的进口货物，适用特惠税率。

（四）普通税率的适用

上述以外的国家（地区）的进口货物，以及原产地不明的进口货物，适用普通税率。

（五）多种税率可适用情形下的最终税率适用

1. 适用最惠国税率的进口货物有暂定税率的，适用暂定税率。
2. 适用协定税率的进口货物有暂定税率的，从低适用税率；其最惠国税率低于协定税率且无暂定税率的，适用最惠国税率。
3. 适用特惠税率的进口货物有暂定税率的，从低适用税率。
4. 适用普通税率的进口货物，不适用暂定税率。
5. 适用出口税率的出口货物有暂定税率的，适用暂定税率。
6. 实行关税配额管理的进出口货物，关税配额内的适用关税配额税率，有暂定税率的适用暂定税率。

同时有两种及以上税率可适用的进口货物最终适用税率情况见表6-1。

表6-1 同时有两种及以上税率可适用的进口货物最终适用税率汇总表

货物可选用的税率	适用税率
同时适用最惠国税率、进口暂定税率	应当适用暂定税率
同时适用最惠国税率、减征税率	优先适用减征税率

续表

货物可选用的税率	适用税率
同时适用减征税率、进口暂定税率、协定税率、特惠税率	应当从低适用税率
适用普通税率的进口货物，存有进口暂定等税率	适用普通税率
适用关税配额税率、其他税率	关税配额内的，适用关税配额税率，配额税率基础上，还设有暂定税率的，适用暂定税率；关税配额外的，根据具体情况可从低适用不同税率

（六）其他适用情形

1. 依法对进口货物征收反倾销税、反补贴税、保障措施关税的，其税率的适用按照有关反倾销、反补贴和保障措施的法律、行政法规的规定执行。

2. 任何国家（地区）不履行与中华人民共和国缔结或者共同参加的国际条约、协定中的最惠国待遇条款或者关税优惠条款，国务院关税税则委员会可以提出按照对等原则采取相应措施的建议，报国务院批准后执行。

3. 任何国家（地区）违反与中华人民共和国缔结或者共同参加的国际条约、协定，对中华人民共和国在贸易方面采取禁止、限制、加征关税或者其他影响正常贸易的措施的，对原产于该国家（地区）的进口货物可以采取征收报复性关税等措施。

征收报复性关税的货物范围、适用国别（地区）、税率、期限和征收办法，由国务院关税税则委员会提出建议，报国务院批准后执行。

4. 有下列情形之一的，应当适用纳税人、扣缴义务人办理纳税手续之日实施的税率：

（1）保税货物不复运出境，转为内销；
（2）减免税货物经批准转让、移作他用或者进行其他处置；
（3）暂时进境货物不复运出境或者暂时出境货物不复运进境；
（4）租赁进口货物留购或者分期缴纳税款。

5. 补征或者退还关税税款，按上述（一）至（五）的规定确定适用的税率。

6. 因纳税人、扣缴义务人违反规定需要追征税款的，应当适用违反规定行为发生之日实施的税率；行为发生之日不能确定的，适用海关发现该行为之日实施的税率。

第四节　税费核算操作

一、征收方式

关税实行从价计征、从量计征、复合计征的方式征收：

实行从价计征的应纳税额，按照计税价格乘以比例税率计算；

实行从量计征的应纳税额，按照货物数量乘以定额税率计算；

实行复合计征的应纳税额，按照计税价格乘以比例税率与货物数量乘以定额税率之和计算。

二、免征情形

下列进出口货物、进境物品，免征关税：

国务院规定的免征额度内的（人民币 50 元以下）一票货物；

无商业价值的广告品和货样；

进出境运输工具装载的途中必需的燃料、物料和饮食用品；

在海关放行前损毁或者灭失的货物、进境物品；

外国政府、国际组织无偿赠送的物资；

中华人民共和国缔结或者共同参加的国际条约、协定规定免征关税的货物、进境物品；

依照有关法律规定免征关税的其他货物、进境物品。

三、减征情形

下列进出口货物、进境物品，减征关税：

在海关放行前遭受损坏的货物、进境物品；

中华人民共和国缔结或者共同参加的国际条约、协定规定减征关税的货物、进境物品；

依照有关法律规定减征关税的其他货物、进境物品。

四、其他情形

（一）特定减免税货物

根据维护国家利益、促进对外交往、经济社会发展、科技创新需要或者由于突发事件等原因，国务院可以制定关税专项优惠政策，报全国人民代表大会常务委员会备案。

减免税货物应当依法办理手续。需由海关监管使用的减免税货物应当接受海关监管，在监管年限内转让、移作他用或者进行其他处置，按照国家有关规定需要补税的，应当补缴关税。

（二）保税货物

保税货物复运出境的，免征关税；不复运出境转为内销的，按照规定征收关税。加工贸易保税进口料件或者其制成品内销的，除按照规定征收关税外，还应当征收缓税利息。

（三）暂时进出境货物

暂时进境或者暂时出境的下列货物、物品，可以依法暂不缴纳关税，但该货物、物品应当自进境或者出境之日起 6 个月内复运出境或者复运进境；需要延长复运出境或者复运进境期限的，应当根据海关总署的规定向海关办理延期手续。

暂时进出境货物、物品在规定期限内未复运出境或者未复运进境的，应当依法缴纳关税。

其他暂时进境的货物、物品，应当根据该货物、物品的计税价格和其在境内滞留时间与折旧时间的比例计算缴纳进口关税；该货物、物品在规定期限届满后未复运出境的，应当补足依法应缴纳的关税。在规定期限届满后未复运进境的，应当依法缴纳关税。

（四）退运货物

因品质、规格原因或者不可抗力，出口货物自出口之日起 1 年内原状复运进境的，不征收进口关税。因品质、规格原因或者不可抗力，进口货物自进口之日起 1 年内原状复运出境的，不征收出口关税。

（五）无代价抵偿货物

因残损、短少、品质不良或者规格不符原因，进出口货物的发货人、承运人或者保险公司免费补偿或者更换的相同货物，进出口时不征收关税。被免费更换的原进口货物不退运出境或者原出口货物不退运进境的，海关应当对原进出口货物重新按照规定征收关税。

纳税人应当在原进出口合同约定的请求赔偿期限内且不超过原进出口放行之日起 3 年内，向海关申报办理免费补偿或者更换货物的进出口手续。

五、纳税申报

进出口货物的纳税人、扣缴义务人可以按照规定选择海关办理申报纳税。

纳税人、扣缴义务人应当按照规定的期限和要求如实向海关申报税额，并提供相关资料。必要时，海关可以要求纳税人、扣缴义务人补充申报。

进出口货物的纳税人、扣缴义务人应当自完成申报之日起 15 日内缴纳税款。符合海关规定条件并提供担保的，可以于次月第 5 个工作日结束前汇总缴纳税款。因不可抗力或者国家税收政策调整，不能按期缴纳的，经向海关申请并提供担保，可以延期缴纳，但最长不得超过 6 个月。

纳税人、扣缴义务人未在前款规定的纳税期限内缴纳税款的，自规定的期限届满之日起，按日加收滞纳税款万分之五的滞纳金。

税款尚未缴纳，纳税人、扣缴义务人依照有关法律、行政法规的规定申请提供担保要求放行货物的，海关应当依法办理担保手续。

六、进口环节海关代征税

进口环节海关代征税（进口环节增值税、进口环节消费税）的征收管理，适用关税征收管理的规定。

七、税费核算案例

示例 1 某企业出口一批货物到美国，成交价格为 CIFC3%西雅图 1000000 美元，该货物从大连至西雅图的海运运费为 60000 元人民币，保险费为 20000 元人民币，海关接受申报日适用的人民币对美元基准汇率为 100 美元=618.56 元人民币。出口关税税率为 10%。计算出口关税。

（一）计算公式

1. 出口关税税额=出口货物完税价格×出口关税税率
2. 出口货物完税价格=（CIF 价-运费-保费）÷（1+出口关税税率）
3. CIF 价净价=CIFC3%价×（1-3%）×汇率

（二）计算过程

1. CIF 净价=CIFC3%价×（1-3%）×汇率
   =1000000×97%×6.1856
   =6000032（元）
2. 出口货物完税价格=（CIF 净价-运费-保费）÷（1+出口关税税率）
   =（6000032-60000-20000）÷（1+10%）
   =5381847.27（元）
3. 出口关税税额=出口货物完税价格×出口关税税率
   =5381847.27×10%
   =538184.73（元）

示例 2 某企业进口美国产高档轿车（3.5 升排量）20 辆，成交价格 CIF 上海 12 万美元/辆，已知该类型汽车的关税与消费税税率均为 25%，增值税税率 17%。美元汇率为 1 美元=6.3 元人民币。计算应征的进口环节消费税税额和进口关税税额。

（一）计算公式

1. 消费税税额=（关税完税价格+关税税额）÷（1-消费税税率）×消费税税率
2. 进口关税税额=进口货物完税价格×进口关税税率×汇率

（二）计算过程

1. 进口关税税额=进口货物完税价格×进口关税税率×汇率
   =120000×20×25%×6.3
   =3780000（元）
2. 消费税税额=（关税完税价格+关税税额）÷（1-消费税税率）×消费税税率
   =（120000×20×6.3+3780000）÷（1-25%）×25%
   =6300000（元）

示例 3 某企业从德国巴斯夫公司进口己二酸，成交价格 CIF 上海 150000 美元，但我国对部分国家向我国出口己二酸征收反倾销税，已知该产品进口关税税率 6.5%，反倾销税税率 9.8%。美元汇率为 1 美元=6.3 元人民币。计算反倾销税税额。

（一）计算公式

反倾销税税额=完税价格×反倾销税税率×汇率

180

（二）计算过程

反倾销税税额＝完税价格×反倾销税税率×汇率
=150000×9.8%×6.3
=92610（元）

示例4 某企业从国外进口冻鸡爪15吨，成交价格为CIF上海850美元/吨，适用最惠国税率为0.5元/千克，增值税税率13%。设美元汇率为1美元=6.3元人民币。计算应征的进口环节增值税税额。

（一）计算公式

1. 增值税税额＝（关税完税价格+关税税额+消费税税额）×增值税税率
2. 进口关税＝进口货物数量×单位税额

注：本案例货品无须征收消费税。

（二）计算过程

1. 进口关税＝进口货物数量×单位税额
=15000×0.5
=7500（元）
2. 增值税税额＝（关税完税价格+关税税额）×增值税税率
=（850×15×6.3+7500）×13%
=11417.25（元）

示例5 某企业从事由日本进口布料加工成衬衫返销日本的加工贸易活动，以进料加工的形式向海关申报进口布料，成交价格CIF上海50000美元，由于日本市场变化导致全部已加工的衬衫无法返销，该企业向海关申请将衬衫全部内销，内销价格50万元人民币，海关接受内销申请并开出税款缴款书。已知棉布的进口关税税率10%，增值税税率17%，衬衫的进口关税税率16%，增值税税率17%。美元汇率为1美元=6.3元人民币。计算加工贸易补缴进口关税税额。

（一）计算公式

加工贸易补缴进口关税税额＝进口料件完税价格×进口关税税率×汇率

（二）计算过程

加工贸易补缴进口关税税额＝进口料件完税价格×进口关税税率×汇率
=50000×10%×6.3
=31500（元）

示例6 某市举办啤酒节活动，由某企业从德国进口啤酒10万瓶（500毫升/瓶），成交价格CIF青岛12万美元，已知关税从量税为0，增值税税率为17%，进口消费税税率如下：进口完税价格<370美元/吨的麦芽酿造啤酒，税率为220元/吨；进口完税价格≥370美元/吨的麦芽酿造啤酒，税率为250元/吨，1千克=0.988升。计算应缴的增值税（美元汇率为1美元=6.3元人民币）。

（一）计算公式

1. 增值税税额＝（关税完税价格×汇率+关税税额+消费税税额）×增值税税率
2. 消费税税额＝消费税进口数（重）量×消费税税率

应先换算单位，将毫升转换为升（1毫升=0.001升）；将升转换为千克（1千克=

0.988 升）；将千克转化为吨（1000 千克=1 吨）。

计算每吨的完税价格，根据完税价格对应相关税率。

因每吨进口完税价格≥370 美元/吨的麦芽酿造啤酒，故选择税率为 250 元/吨。

（二）计算过程

1. 单位换算（由毫升转换为升，由升转换为吨）

100000×0.5÷0.988=50607.29（升）

50607.29÷1000=50.61（吨）

2. 每吨的完税价格=120000÷50.61

=2371.07 美元>370 美元

3. 消费税税额=消费税进口数（重）量×消费税税率

=50.61×250

=12652.5（元）

4. 增值税税额=（关税完税价格×汇率+关税税额+消费税税额）×增值税税率

=（120000×6.3+12652.5）×17%

=130670.93（元）

示例 7 某企业从韩国购进由马口铁盒真空包装的牛肉罐头 1000 箱，每箱 12 盒，每盒出厂价 4 美元，货物运抵天津新港的实际支出运费 1800 美元，保险费 200 美元，适用协定税率 4.8%。海关审价时发现，合同中约定买方在进口后需支付卖方 200 美元相关费用。计算应征进口关税（设美元汇率为 1 美元=7.0255 元人民币）。

（一）计算公式

1. 进口关税税额=进口货物完税价格×进口关税税率

2. 完税价格=（总出厂价+运费+保费+相关费用）×汇率

相关费用 200 美元为计入项目。

总出厂价相当于 FOB 价。

（二）计算过程

1. 完税价格=（总出厂价+运费+保费+相关费用）×汇率

=（1000×12×4+1800+200+200）×7.0255

=352680.1（元）

2. 进口关税税额=进口货物完税价格×进口关税税率

=352680.1×4.8%

=16928.64（元）

示例 8 某企业从香港进口葡萄酒一批，成交价格为 CIF 上海 120000 港币，2014 年 12 月 1 日（星期一）向海关申报，海关当天即开出税款缴款书，该单位于 12 月 24 日缴纳税款。已知葡萄酒的关税税率 14%，增值税率 17%，消费税率 10%。计算该批货物的滞纳金（港币汇率为 1 元港币=0.8 元人民币）。

（一）计算公式

1. 滞纳金=税款×0.05%×滞纳天数

2. 关税税款=完税价格×汇率×关税税率

3. 增值税税额=（完税价格×汇率+关税税额+消费税税额）×增值税税率

4. 消费税税款=（完税价格×汇率+关税税款）÷（1-消费税税率）×消费税税率

自海关填发税款缴款书之日起 15 日内向指定银行缴纳税款。逾期缴纳税款的，由海关自缴款期限届满之次日起至缴清税款之日止，按日加收滞纳税款万分之五的滞纳金。从 2014 年 12 月 17 日（周三）起征到 2014 年 12 月 24 日。

滞纳金按每票货物的关税、进口环节增值税和消费税单独计算，起征点为人民币 50 元，不足人民币 50 元的免予征收。

（二）计算过程

1. 关税税款=完税价格×汇率×关税税率
   $=120000×0.8×14\%$
   $=13440$（元）

2. 消费税税款=（完税价格×汇率+关税税款）÷（1-消费税税率）×消费税税率
   $=（120000×0.8+13440）÷（1-10\%）×10\%$
   $=12160$（元）

3. 增值税税款=（完税价格×汇率+关税税款+消费税税额）×增值税税率
   $=（120000×0.8+13440+12160）×17\%$
   $=20672$（元）

4. 滞纳金

（1）关税滞纳金=关税税款×0.05%×滞纳天数
   $=13440×0.05\%×8$
   $=53.76$（元）

（2）增值税滞纳金=增值税税款×0.05%×滞纳天数
   $=20672×0.05\%×8$
   $=82.69$（元）

（3）消费税滞纳金=消费税税款×0.05%×滞纳天数
   $=12160×0.05\%×8$
   $=48.64$（元）［低于 50 元，免于缴纳］

5. 滞纳金合计=关税滞纳金+增值税滞纳金=53.76+82.69=136.45（元）

第七章
报关单填制

第一节　报关单与"单一窗口"

一、海关对报关单填制的一般要求

（一）按照相应制度申报并承担相应法律责任

进出口货物收发货人或代理报关企业应按照《中华人民共和国海关进出口货物申报管理规定》《进出口货物申报项目录入指南》《统计商品目录》《规范申报目录》等有关规定要求向海关申报，并对申报内容的真实性、准确性、完整性和规范性承担相应的法律责任。

（二）三个相符

1. 单证相符，即报关单各栏目所填报的内容必须与合同、发票、装箱单、提单及批文等随附单证相符。
2. 单货相符，即报关单各栏目所填报的内容必须与实际进出口货物的情况相符，不得伪报、瞒报、虚报。
3. 与舱单相符，即所填报报关单的境内收发货人、运输工具、提单号、件数、毛重等必须与舱单数据相符。

（三）分单填报

不同运输工具、不同航次、不同提运单、不同监管方式、不同备案号、不同征免性质的货物，应填制不同的进出口货物报关单，即分单填报。

一份原产地证书，只能用于同一批次进口货物。含有原产地证书管理商品的一份报关单，只能对应一份原产地证书。同一批次货物中，实行原产地证书联网监管的，如涉及多份原产地证书或含非原产地证书商品，亦应分单填报。同一份报关单上的商品不能同时享受协定税率和减免税，应分单填报。

（四）分商品填报

一份报关单所申报的货物，如商品编码、商品名称、计量单位、原产国（地区）/最终目的国（地区）、币制、征免不同，须分单填报。

二、"单一窗口"

（一）"单一窗口"的建设目标

"单一窗口"的建设目标是实现申报人通过电子口岸平台一点接入、一次性提交满足口岸管理和国际贸易相关部门要求的标准化单证和电子信息，相关部门通过电子口岸平台共享数据信息、实施职能管理，处理状态（结果）统一通过"单一窗口"反馈给申报人。通过持续优化整合使"单一窗口"功能范围覆盖国际贸易链条各主要环节，逐步成为企业面对口岸管理相关部门的主要接入服务平台。通过"单一窗口"提高国际贸易供应链各参与方系统间的互操作性，优化通关业务流程，提高申报效率，缩短通关时间，降低企业成本，促进贸易便利化。

为了减少企业分别向海关等多个部门、不同系统登录注册的环节，"单一窗口"建立了统一的用户管理功能，用户在"单一窗口"中进行一次注册、单点登录，即可统一、集中地管理用户信息，办理各项业务。

（二）"单一窗口"的用户类型

"单一窗口"的用户类型包括：企事业单位用户（以下简称企业用户）、个人用户、部委用户、境外用户等。

1. 企业用户

属于某一家企业，执行该企业的业务操作。企业用户分为企业管理员和企业操作员两类。一个企业只能有一个管理员，但可以有多个操作员。在一个企业内部，操作员的证件类型和证件号码不可重复。

①管理员

代表法人，行使管理企业公共信息、企业操作员账号及权限等功能，具有该企业的最高权限。

②操作员

受企业管理员管理和委派，执行企业日常业务操作。

2. 个人用户

代表个体自身，执行被授权的业务操作。

3. 部委用户

代表各部委在"单一窗口"执行被授权的业务操作。

4. 境外用户

代表关境之外的组织在"单一窗口"执行被授权的业务操作。

第二节　报关单填制规范与操作

本节重点描述通关单证操作人员进行报关单填制操作时，各栏目根据《报关单填制规范》的操作细则进行填制。

一、预录入编号

预录入编号指预录入报关单的编号，一份报关单对应一个预录入编号，由系统自动生成。

报关单预录入编号为18位，其中第1~4位为接受申报海关的代码（海关规定的关区代码表中相应海关代码），第5~8位为录入时的公历年份，第9位为进出口标志（"1"为进口，"0"为出口；集中申报清单"I"为进口，"E"为出口），后9位为顺序编号。

二、海关编号

海关编号是指海关接受申报时由系统自动生成的报关单的编号，一份报关单对应一个海关编号。

报关单海关编号为18位，其中第1~4位为接受申报海关的代码（海关规定的关区代码表中相应海关代码），第5~8位为海关接受申报的公历年份，第9位为进出口标志（"1"为进口，"0"为出口；集中申报清单"I"为进口，"E"为出口），后9位为顺序编号。

三、境内收发货人

境内收发货人指在海关注册的对外签订并执行进出口贸易合同的中国境内法人、其他组织的名称及编码，编码可选填18位法人和其他组织统一社会信用代码，没有统一社会信用代码的，填报其在海关的备案编码。

（一）填报规范

1. 法人和其他组织统一社会信用代码

统一社会信用代码用18位的阿拉伯数字或大写英文字母表示，由登记管理部门代码（第1位）、机构类别代码（第2位）、登记管理机关行政区划码（第3~8位）、主体标识码（组织机构代码，第9~17位）和校验码（第18位）5个部分组成。

2. 海关注册编码

海关注册编码共10位，第1~4位为企业注册地行政区划代码，其中第1、2位表示省、自治区或直辖市，第3、4位表示省所直辖的市、地区、自治州、盟或其他省直辖的县级行政区划；第5位为企业注册地经济区划代码；第6位为企业经济类型代码；第7位为企业注册用海关经营类别代码，表示海关行政管理相对人的类别；第8~10位为企业注册流水账号。

3. 特殊情况的填报要求

（1）进出口货物合同的签订者和执行者非同一企业的，填报执行者。

（2）外商投资企业委托进出口企业进口投资设备、物品的，填报外商投资企业，并在"标记唛码及备注"栏注明"委托某进出口企业进口"，同时注明被委托企业的18位法人和其他组织统一社会信用代码。

（3）报关企业代理其他进出口企业办理进出口报关手续时，填报委托的进出口企业。

（4）海关特殊监管区域收发货人填报该货物的实际经营单位或海关特殊监管区域内经营企业。

（5）免税品经营单位经营出口退税国产商品的，填报免税品经营单位名称。

（二）填制操作

境内收发货人属于与货物成交相关的信息，填报时需要与委托单位进行确认。同时，报关单证操作人员可以通过以下方式辅助查询。

（1）从收发货人营业执照等证照中获取。

（2）查询官方网站。

在"单一窗口"录入系统中，境内发货人栏目分为4格：18位社会信用代码、10位海关编码、10位检验检疫编码、企业名称（中文）。

报关单证操作人员可以录入以上任一信息，"单一窗口"将自动补齐其他信息。

四、进出境关别

进出境关别是指货物实际进出境的口岸海关。填报海关规定的关区代码表中相应口岸海关的名称及代码。

（一）填报规范

进出境关别代码由4位数字组成，前2位为直属关区关别代码，后2位为隶属海关或海关监管场所的代码。

关区名称指直属海关、隶属海关或海关监管场所的中文名称；关区简称指关区（海关）的中文简称，一般为4个汉字。

1. 特殊情况的填报要求

（1）进口转关运输货物应填报货物进境地海关名称及代码，出口转关运输应填报货物出境地海关名称及代码。按转关运输方式监管的跨关区深加工结转货物，出口报关单填报转出地海关名称及代码，进口报关单填报转入地海关名称及代码。

（2）不同海关特殊监管区域或保税监管场所之间调拨、转让的货物，填报对方特殊监管区域或保税监管场所所在的海关名称及关区代码。

（3）无实际进出境的货物，填报接受申报的海关名称及其代码。

2. 限定口岸要求

（1）国家对汽车整车、药品等货物限定口岸进口；对稀土、甘草等货物限定口岸出口；对实行许可证管理的货物，按监管证件核准口岸限定进出口。相关商品应严格在规定的口岸办理进出口申报手续。

（2）加工贸易进出境货物，应填报主管海关备案时所限定或指定货物进出口的口岸海关名称及其代码。限定或指定口岸与货物实际进出境口岸不符的，应向合同备案主管海关办理变更手续后填报。

（二）填制操作

在"单一窗口"录入系统中，报关单证操作人员可以录入关区代码或输入关区中文名称。

（1）对于实际进出境货物，报关单证操作人员根据提运单信息或舱单信息填报本栏目。例如，进口提单或运单中的"Port of Destination Xingang China"，根据关区代码表，填报"新港海关0202"，或使用海关总署新舱单信息查询系统，查询运输工具的进出境关区代码。

（2）无实际进出境货物，如不同海关特殊监管区域或保税监管场所之间调拨、转让的货物，填报对方特殊监管区域或保税监管场所所在的海关名称及关区代码；加工贸易深加工结转、补税等报关业务，填报接受申报的海关名称及其代码。

五、进出口日期

进口日期指运载进口货物的运输工具申报进境的日期。出口日期指运载出口货物的运输工具办结出境手续的日期，在申报时免予填报。

无实际进出境的货物，填报海关接受申报的日期。

（一）填报规范

本栏目为8位数字，顺序为年（4位）、月（2位）、日（2位）。例如，2021年5月31日申报进口一批货物，运输工具申报进境日期为2021年5月28日，"进口日期"栏填报"20210528"。

进口日期以运载进口货物的运输工具申报进境日期为准。海关与运输企业实行舱单数据联网管理的，进口日期由系统自动生成。

出口日期以运载出口货物的运输工具实际离境日期为准。海关与运输企业实行舱单数据联网管理的，出口日期由系统自动生成。

集中申报的报关单，进出口日期以海关接受报关单申报的日期为准。

无实际进出境的报关单，进出口日期以海关接受申报的日期为准。

（二）填制操作

报关单证操作人员可使用海关总署新舱单信息查询系统，查询运输工具的进境或出境日期。

报关单电子数据向海关发送后，海关系统将运输工具名称、航次号、提运单号等栏目的填报内容与舱单数据进行对比，更新报关单的进口日期。

装载出口货物的运输工具离境后，海关系统将运输工具名称、航次号、提运单号等栏目的填报内容与舱单数据进行对比，更新报关单的出口日期。

六、申报日期

申报日期指海关接受进出口货物收发货人、受委托的报关企业申报数据的日期。以电子数据报关单方式申报的，申报日期为海关系统接受申报数据时记录的日期。

以纸质报关单方式申报的，申报日期为海关接受纸质报关单并对报关单进行登记处理的日期。本栏目在以纸质报关单方式申报时免予填报。

申报日期为8位数字，顺序为年（4位）、月（2位）、日（2位）。

七、备案号

填报进出口货物收发货人，消费使用单位，生产销售单位在海关办理加工贸易合同备案或征、减、免税审核确认等手续时，海关核发的加工贸易手册、海关特殊监管区域和保税监管场所保税账册、征免税证明或其他备案审批文件的编号。

（一）填报规范

一份报关单只允许填报一个备案号；涉及多个备案号时，应分单填报；无备案审批文件的报关单，本栏目免予填报。

备案号的首位标记应与报关单中"监管方式""征免性质""征免""用途"及"项号"等栏目内容相对应。

1. 报关单"监管方式"栏为表7-1中的监管方式时，"备案号"栏应填报与其相应的编号，不得为空。

表7-1 监管方式代码表

代码	监管方式名称	代码	监管方式名称	代码	监管方式名称
0200	料件销毁	0466	加工设备退运	0865	来料边角料复出
0214	来料加工	0500	减免设备结转	1200	保税间货物
0245	来料料件内销	0513	补偿贸易	1234	保税区仓储转口
0255	来料深加工	0615	进料对口	2025	合资合作设备
0258	来料余料结转	0644	进料料件内销	2225	外资设备物品
0265	来料料件复出	0654	进料深加工	4400	来料成品退换
0300	来料料件退换	0657	进料余料结转	4600	进料成品退换
0314	加工专用油	0664	进料料件复出	5014	区内来料加工
0320	不作价设备	0700	进料料件退换	5015	区内进料加工货物
0345	来料成品减免	0744	进料成品减免	5034	区内物流货物
0400	边角料销毁	0815	低值辅料	5100	成品进出区
0420	加工贸易设备	0844	进料边角料内销	6033	物流中心进出境货物
0446	加工设备内销	0845	来料边角料内销		
0456	加工设备结转	0864	进料边角料复出		

2. 报关单"征免性质"栏为表7-2中的征免性质时，"备案号"栏应填报与其相应的编号，不得为空。

表 7-2　征免性质代码表

代码	征免性质简称	代码	征免性质简称	代码	征免性质简称
201	无偿援助	501	加工设备	609	贷款项目
307	保税区	502	来料加工	611	贷款中标
401	科教用品	503	进料加工	789	鼓励项目
406	重大项目	506	边境小额	801	救灾捐赠
412	基础设施	601	中外合资	802	扶贫慈善
413	残疾人	602	中外合作	898	国批减免
417	远洋渔业	603	外资企业	998	内部暂定
422	集成电路	606	海洋石油	999	例外减免
499	ITA 产品	608	陆上石油		

3. 加工贸易货物备案号的填报

（1）除少量低值辅料按规定不使用加工贸易手册及以后续补税监管方式办理内销征税的外，填报加工贸易手册编号。

（2）使用异地直接报关分册和异地深加工结转出口分册在异地口岸报关的，填报分册号；本地直接报关分册和本地深加工结转分册限制在本地报关，填报总册号。

（3）加工贸易成品凭征免税证明转为减免税进口货物的，进口报关单填报征免税证明编号，出口报关单填报加工贸易手册编号。

（4）对加工贸易设备、使用账册管理的海关特殊监管区域内减免税设备之间的结转，转入和转出企业分别填报进、出口报关单，在报关单"备案号"栏填报加工贸易手册编号。

4. 特定减免税货物备案号的填报

（1）涉及征、减、免税审核确认的报关单，填报征免税证明编号。

（2）减免税货物退运出口，填报《中华人民共和国海关进口减免税货物准予退运证明》的编号。减免税货物补税进口，填报减免税货物补税通知书的编号。减免税货物进口或结转进口（转入），填报征免税证明的编号；相应的结转出口（转出），填报《中华人民共和国海关进口减免税货物结转联系函》（以下简称《进口减免税货物结转联系函》）的编号。

（3）免税品经营单位经营出口退税国产商品的，免予填报。

（4）正在办理减免税申请，而货物已进境，经海关核准凭担保先予以放行的，报关单"备案号"栏可免予填报。同时应在"标记唛头及备注"栏的"标记唛码及备注"项中注明"后补征免税证明"。事后根据所申请的减免税实际结果，删除或更正原报关单的相关栏目。

（二）填制操作

备案号属于与海关管理相关的信息，反映了进出口货物适用的通关制度，需要报关单证操作人员与收发货人确认。同时，备案号的填报与报关单"监管方式""征免性质""征免""项号"等栏目内容相对应。

1. 加工贸易进口原料或出口成品，适用保税加工货物报关程序，备案号填报进出口收发货人的电子账册编号或电子化手册编号。

2. 外商投资设备/物品，适用减免税货物报关程序，备案号填报征免税证明编号。

3. 适用于一般进出口货物报关程序的，备案号为空。

报关单证操作人员在"备案号"栏录入电子化手册、电子账册、征免税证明等编号后，录入系统将该备案号已在海关备案的数据，更新在进出口货物报关单"商品名称""商品编码""计量单位"等栏目中。

八、境外收发货人

境外收货人通常指签订并执行出口贸易合同中的买方或合同指定的收货人，境外发货人通常指签订并执行进口贸易合同中的卖方。

（一）填报规范

填报境外收发货人的名称及编码，名称一般填报英文名称，检验检疫要求填报其他外文名称的，在英文名称后填报，以半角括号分隔。对于AEO互认国家（地区）企业，编码填报AEO编码，填报样式为"国别（地区）代码"+"海关企业编码"，例如，新加坡AEO企业SG123456789012（新加坡国别代码+12位企业编码）；对于非互认国家（地区）AEO企业等其他情形，编码免予填报。

特殊情况下无境外收发货人的，名称及编码填报"NO"。

（二）填制操作

通过贸易合同、发票、提单等报关单证，均可获得境外收发货人的英文名称。如果境外收发货人所在国家（地区）已经与中国海关签订AEO互认协议，且境外收发货人为AEO认证企业，报关单证操作人员可以向境外收发货人沟通其"海关企业编码"，以便企业在通关中享受AEO认证企业的通关便利。

在"单一窗口"系统中，境外收发货人分为两栏录入：境外收发货人代码、企业名称（外文）。在"企业名称（外文）"栏中，录入英文全称。在"境外收发货人代码"栏中，录入"国别（地区）代码"+"海关企业编码"。如果境外收发货人不是AEO认证企业或其所在国家（地区）未与中国海关签订AEO互认协议，可以为空。

九、运输方式

运输方式包括实际运输方式和海关规定的特殊运输方式，前者指货物实际进出境的运输方式，按进出境所使用的运输工具分类；后者指货物无实际进出境的运输方式，按货物在境内的流向分类。

（一）填报规范

根据货物实际进出境的运输方式或货物在境内流向的类别，按照海关规定的运输方式代码表选择填报相应的运输方式。

1. 实际进出境货物的填报要求

（1）进境货物的运输方式，按货物运抵我国关境第一个口岸时的运输方式填报；出境货物的运输方式，按货物运离我国关境最后一个口岸时的运输方式填报。

（2）进口转关运输货物，按载运货物抵达进境地的运输工具填报；出口转关运输货物，按载运货物驶离出境地的运输工具填报。

（3）非邮件方式进出境的快递货物，按实际运输方式填报。

（4）不复运出（入）境而留在境内（外）销售的进出境展览品、留赠转卖物品等，填报"其他运输"（代码9）。

（5）进出境旅客随身携带的货物，填报"旅客携带"（代码L）。

（6）以固定设施（包括输油、输水管道和输电网等）运输货物的，填报"固定设施运输"（代码G）。

2. 非实际进出境货物在境内流转时的填报要求

（1）境内非保税区运入保税区货物和保税区退区货物，填报"非保税区"（代码0）。

（2）保税区运往境内非保税区货物，填报"保税区"（代码7）。

（3）境内存入出口监管仓库和出口监管仓库退仓货物，填报"监管仓库"（代码1）。

（4）保税仓库转内销货物或转加工贸易货物，填报"保税仓库"（代码8）。

（5）从境内保税物流中心外运入中心或从中心运往境内中心外的货物，填报"物流中心"（代码W）。

（6）从境内保税物流园区外运入园区或从园区内运往境内园区外的货物，填报"物流园区"（代码X）。

（7）保税港区、综合保税区与境内区外（非海关特殊监管区域、保税监管场所）之间进出的货物，填报"保税港区/综合保税区"（代码Y）。

（8）出口加工区、珠澳跨境工业区（珠海园区）、中哈霍尔果斯边境合作区（中方配套区）与境内区外（非海关特殊监管区域、保税监管场所）之间进出的货物，填报"出口加工区"（代码Z）。

（9）境内运入深港西部通道港方口岸区的货物以及境内进出中哈霍尔果斯边境合作中心中方区域的货物，填报"边境特殊海关作业区"（代码H）。

（10）经横琴新区和平潭综合实验区（以下简称综合试验区）二线指定申报通道运往境内区外或从境内经二线指定申报通道进入综合试验区的货物，以及综合试验区内按选择性征收关税申报的货物，填报"综合试验区"（代码T）。

（11）海关特殊监管区域内的流转、调拨货物，海关特殊监管区域、保税监管场所之间的流转货物，海关特殊监管区域与境内区外之间进出的货物，海关特殊监管区域外的加工贸易余料结转、深加工结转、内销货物，以及其他境内流转货物，填报"其他运输"（代码9）。

（二）填制操作

报关单证操作人员在"运输方式"栏录入运输方式名称或其代码（见表7-3）。

表 7-3　运输方式名称及其代码表

代码	中文名称	代码	中文名称	代码	中文名称
0	非保税区	6	邮件运输	W	物流中心
1	监管仓库	7	保税区	X	物流园区
2	水路运输	8	保税仓库	Y	保税港区
3	铁路运输	9	其他运输	Z	出口加工区
4	公路运输	H	边境特殊海关作业区	L	旅客携带
5	航空运输	T	综合实验区	G	固定设施运输

运输方式属于与运输相关的信息，实际进出境货物的运输方式由其使用的进出境运输工具决定。报关单证操作人员可以通过提运单确认。

非实际进出境货物中，进出海关特殊监管区域的货物，报关单证操作人员在确认货物流向后，根据运输方式代码表填报。加工贸易监管方式下非实际进出境货物，如进料深加工、进料余料结转、进料料件内销、进料边角料内销等货物，填报"其他方式运输"（代码9）。

十、运输工具名称及航次号

（一）填报规范

运输工具名称指载运货物进出境的运输工具的名称或编号。航次号指载运货物进出境的运输工具的航次号。运输工具名称与航次号的填报内容应与运输部门向海关申报的舱单（载货清单）所列相应内容一致。

1. 运输工具名称的填报要求

（1）直接在进出境地或采用全国海关通关一体化模式办理报关手续的报关单填报要求如下。

①水路运输：填报船舶编号（来往港澳小型船舶为监管簿编号）或者船舶的英文名称。

②公路运输：启用公路舱单前，填报该跨境运输车辆的国内行驶车牌号，深圳提前报关模式的报关单填报"国内行驶车牌号"+"/"+"提前报关"；启用公路舱单后，免予填报。

③铁路运输：填报车厢编号或交接单号。

④航空运输：填报航班号。

⑤邮件运输：填报邮政包裹单号。

⑥其他运输：填报具体运输方式名称，如管道、驮畜等。

（2）转关运输货物的报关单填报要求如下。

①进口

A. 水路运输：直转、提前报关填报"@"+"16位转关申报单预录入号"（或13位载货清单号）；中转填报进境英文船名。

B. 铁路运输：直转、提前报关填报"@"+"16位转关申报单预录入号"；中转填报车厢编号。

C. 航空运输：直转、提前报关填报"@"+"16位转关申报单预录入号"（或13位载货清单号）；中转填报"@"。

D. 公路及其他运输：填报"@"+"16位转关申报单预录入号"（或13位载货清单号）。

E. 以上各种运输方式使用广东地区载货清单转关的提前报关货物填报"@"+"13位载货清单号"。

②出口

A. 水路运输：非中转填报"@"+"16位转关申报单预录入号"（或13位载货清单号）。如多张报关单需要通过一张转关单转关的，运输工具名称字段填报"@"。

中转货物，境内水路运输填报驳船船名；境内铁路运输填报车名（"主管海关4位关区代码"+"TRAIN"）；境内公路运输填报车名（"主管海关4位关区代码"+"TRUCK"）。

B. 铁路运输：填报"@"+"16位转关申报单预录入号"（或13位载货清单号）。如多张报关单需要通过一张转关单转关的，填报"@"。

C. 航空运输：填报"@"+"16位转关申报单预录入号"（或13位载货清单号）。如多张报关单需要通过一张转关单转关的，填报"@"。

D. 其他运输方式：填报"@"+"16位转关申报单预录入号"（或13位载货清单号）。

（3）采用"集中申报"通关方式办理报关手续的，填报"集中申报"。

（4）免税品经营单位经营出口退税国产商品的，免予填报。

（5）无实际进出境的报关单，免予填报。

2. 航次号的填报要求

（1）直接在进出境地或采用全国海关通关一体化模式办理报关手续的报关单填报要求如下。

①水路运输：填报船舶的航次号。

②公路运输：启用公路舱单前，填报运输车辆的8位进出境日期[顺序为年（4位）、月（2位）、日（2位），下同]；启用公路舱单后，填报货物运输批次号。

③铁路运输：填报列车的进出境日期。

④航空运输：免予填报。

⑤邮件运输：填报运输工具的进出境日期。

⑥其他运输方式：免予填报。

（2）转关运输货物的报关单填报要求如下。

①进口

A. 水路运输：中转转关方式填报"@"+"进境干线船舶航次"；直转、提前报关免予填报。

B. 公路运输：免予填报。

C. 铁路运输："@"+"8位进境日期"。

D. 航空运输：免予填报。

E. 其他运输方式：免予填报。

②出口

A. 水路运输：非中转货物免予填报。中转货物，境内水路运输填报驳船航次号；境内铁路、公路运输填报6位启运日期，顺序为年（2位）、月（2位）、日（2位）。

B. 铁路拼车拼箱捆绑出口：免予填报。

C. 航空运输：免予填报。

D. 其他运输方式：免予填报。

（3）免税品经营单位经营出口退税国产商品的，免予填报。

（4）无实际进出境的报关单，本栏目免予填报。

（二）填制操作

在"单一窗口"系统中，运输工具名称与航次号为2个栏目，需要分开录入，填报内容要与新舱单系统中的进出境运输工具信息一致。

运输工具名称属于与运输相关的信息，报关单证操作人员可通过以下方式获得：

1. 按照提运单上的船舶或航班信息，填报运输工具名称。例如，海运提单中船舶信息为"COSCO SHANGHAI/V. N112"，报关单中"运输工具名称"应填报"COSCO SHANGHAI/N112"。填报时需要注意"/"前为船舶信息，"/"后为航次号，"V."为"Voyage（航次）"的缩写，不要填写。

2. 使用新舱单系统查询。报关单电子数据发送后，如本栏目填报错误，海关系统会做退单处理，报关单证操作人员需要与舱单系统数据修改一致后，重新发送。

十一、提运单号

（一）填报规范

填报进出口货物提单或运单的编号。一份报关单只允许填报一个提单或运单号，一票货物对应多个提单或运单时，应分单填报。

1. 直接在进出境地或采用全国海关通关一体化模式办理报关手续的填报要求。

（1）水路运输：填报进出口提单号。如有分提单，填报进出口提单号+"*"+分提单号。

（2）公路运输：启用公路舱单前，免予填报；启用公路舱单后，填报进出口总运单号。

（3）铁路运输：填报运单号。

（4）航空运输：填报总运单号+"_"+分运单号。无分运单的，填报总运单号。

（5）邮件运输：填报邮运包裹单号。

2. 转关运输货物的报关单填报要求。

（1）进口

①水路运输：直转、中转填报提单号。提前报关的，免予填报。

②铁路运输：直转、中转填报铁路运单号。提前报关的，免予填报。

③航空运输：直转、中转填报总运单号+"_"+分运单号。提前报关的，免予填报。

④其他运输方式：免予填报。

⑤以上运输方式进境货物，在广东省内用公路运输转关的，填报车牌号。

（2）出口

①水路运输：中转货物填报提单号；非中转货物免予填报。广东省内汽车运输提前报关的转关货物，填报承运车辆的车牌号。

②其他运输方式：免予填报。广东省内汽车运输提前报关的转关货物，填报承运车辆的车牌号。

3. 采用"集中申报"通关方式办理报关手续的，报关单填报归并的集中申报清单的进出口起止日期，按年（4位）月（2位）日（2位）年（4位）月（2位）日（2位）顺序填报。

4. 无实际进出境的，本栏目免予填报。

（二）填制操作

在"单一窗口"系统中，报关单证操作人员在"提运单号"栏目录入与舱单系统中一致的提运单号。

"提运单号"栏目所填报的运输单证编号，主要为海运提单号、海运单号、铁路运单号、航空运单号。提运单号属于与运输相关的信息，报关单证操作人员可通过以下方式查询。

1. 按照提运单上的提单号或运单号，填报提运单号。

2. 使用新舱单系统查询。报关单电子数据发送后，如填报信息错误，海关系统会做退单处理，报关单证操作人员需要与舱单系统数据修改一致后，重新发送。

十二、货物存放地点

货物存放地点指货物进境后存放的场所或地点，包括海关监管作业场所、分拨仓库、定点加工厂、隔离检疫场、企业自有仓库等。

（一）填报规范

进口报关单中本栏目为必填项；出口报关单中本栏目为选填项。

（二）填制操作

在"单一窗口"录入系统中，报关单证操作人员在"货物存放地点"栏目录入货物存放地的文本信息。

货物进境后的存放地点，可通过港口、船代、货代的网络公示信息或电话查询，包括运输工具进境后的卸货地点，该票货物进境后分拨、堆存的堆场、仓库名称等信息。

十三、消费使用单位/生产销售单位

（一）填报规范

1. 消费使用单位填报已知的进口货物在境内的最终消费、使用单位的名称，包括自行进口货物的单位、委托进出口企业进口货物的单位。

2. 生产销售单位填报出口货物在境内的生产或销售单位的名称,包括自行出口货物的单位、委托进出口企业出口货物的单位;免税品经营单位经营出口退税国产商品的,填报该免税品经营单统一管理的免税店。

3. 减免税货物的消费使用单位/生产销售单位应与征免税证明的"减免税申请人"一致。保税监管场所与境外之间的进出境货物,消费使用单位/生产销售单位应当填报保税监管场所的名称[保税物流中心(B型)填报中心内企业名称]。

4. 海关特殊监管区域的消费使用单位/生产销售单位填报区域内经营企业("加工单位"或"仓库")。

5. 编码填报要求:填报18位法人和其他组织统一社会信用代码。无统一社会信用代码的,填报"NO"。

6. 进口货物在境内的最终消费或使用,以及出口货物在境内的生产或销售的对象为自然人的,填报身份证号、护照号、台胞证号等有效证件号码及姓名。

(二)填制操作

消费使用单位/生产销售单位属于与货物成交相关的信息,报关单证操作人员需要与委托单位确认消费使用单位/生产销售单位的中文全称或代码。

在"单一窗口"系统中,"消费使用单位/生产销售单位"栏目分为3个,即18位社会信用代码、10位海关编码、10位检验检疫编号。报关单证操作人员录入以上任意一项信息,系统可以识别并补全另外2项信息。

十四、监管方式

监管方式是以国际贸易中进出口货物的交易方式为基础,结合海关对进出口货物的征税、统计及监管条件综合设定的海关对进出口货物的管理方式。监管方式代码由4位数字构成,前2位是按照海关监管要求和计算机管理需要划分的分类代码,后2位是参照国际标准编制的贸易方式代码。

(一)填报规范

根据实际对外贸易情况按海关规定的监管方式代码表选择填报相应的监管方式简称及代码。一份报关单只允许填报一种监管方式。如涉及多个监管方式,则分单填报。

(二)填制操作

监管方式属于与海关管理相关的信息,报关单证操作人员需要了解不同监管方式的含义和使用范围。在确定国际贸易项下货物所适用的监管方式前,报关单证操作人员要充分了解贸易双方交易的背景及货物的最终流向和用途,例如,通关货物的资金流、生产后成品流向、与其他进出口贸易合同是否存在关联关系等,并在报关前与委托单位进行沟通,最终确认监管方式。

在"单一窗口"系统中,报关单证操作人员依据监管方式代码表(见表7-4)在"监管方式"栏目录入监管方式简称及代码。

表 7-4 监管方式代码表

代码	监管方式	代码	监管方式	代码	监管方式
0110	一般贸易	0700	进料料件退换	2939	陈列样品
0130	易货贸易	0715	进料非对口	3010	货样广告品
0139	旅游购物商品	0744	进料成品减免	3100	无代价抵偿
0200	料件销毁	0815	低值辅料	3239	零售电商
0214	来料加工	0844	进料边角料内销	3339	其他进出口免费
0245	来料料件内销	0845	来料边角料内销	3410	承包工程进口
0255	来料深加工	0864	进料边角料复出	3422	对外承包出口
0258	来料余料结转	0865	来料边角料复出	3511	援助物资
0265	来料料件复出	1039	市场采购	3611	无偿军援
0300	来料料件退换	1139	国轮油物料	3612	捐赠物资
0314	加工专用油	1200	保税间货物	3910	军事装备
0320	不作价设备	1210	保税电商	4019	边境小额
0345	来料成品减免	1215	保税工厂	4039	对台小额
0400	边角料销毁	1233	保税仓库货物	4139	对台小额商品交易市场
0420	加工贸易设备	1234	保税区仓储转口	4200	驻外机构运回
0444	保区进料成品	1239	保税电商 A	4239	驻外机构购进
0445	保区来料成品	1300	修理物品	4400	来料成品退换
0446	加工设备内销	1371	保税维修	4500	直接退运
0456	加工设备结转	1427	出料加工	4539	进口溢误卸
0466	加工设备退运	1500	租赁不满 1 年	4561	退运货物
0500	减免设备结转	1523	租赁贸易	4600	进料成品退换
0513	补偿贸易	1616	寄售代销	5000	料件进出区
0544	保区进料料件	1741	免税品	5010	特殊区域研发货物
0545	保区来料料件	1831	外汇商品	5014	区内来料加工
0615	进料对口	2025	合资合作设备	5015	区内进料加工货物
0642	进料以产顶进	2210	对外投资	5033	区内仓储货物
0644	进料料件内销	2225	外资设备物品	5034	区内物流货物
0654	进料深加工	2439	常驻机构公用	5100	成品进出区
0657	进料余料结转	2600	暂时进出货物	5200	区内边角调出
0664	进料料件复出	2700	展览品	5300	设备进出区

续表

代码	监管方式	代码	监管方式	代码	监管方式
5335	境外设备进区	9610	电子商务	9800	租赁征税
5361	区内设备退运	9639	海关处理货物	9839	留赠转卖物品
6033	物流中心进出境货物	9700	后续补税	9900	其他
9600	内贸货物跨境运输	9739	其他贸易		

十五、征免性质

征免性质是指海关根据《海关法》《关税法》及国家有关政策对进出口货物实施的征减免税管理的性质类别。征免性质是海关对进出口货物征、减、免税进行分类统计分析的重要基础。

（一）填报规范

根据实际情况按海关规定的征免性质代码表选择填报相应的征免性质简称及代码。

持有海关核发的征免税证明的，按照征免税证明中批注的征免性质填报。一份报关单只允许填报一种征免性质。如涉及多种征免性质，应分单填报。

加工贸易货物报关单按照海关核发的加工贸易手册中批注的征免性质简称及代码填报。

（二）填制操作

报关单的监管方式与征免性质的填报，反映了进出口货物适用的报关程序，两个栏目存在相对应的逻辑关系。

1. 以一般贸易成交，确认按一般进出口通关制度报关（征税）的货物，其对应关系：监管方式为一般贸易；征免性质为一般征税。

2. 来料加工或进料加工进出口货物，并确认按保税通关制度报关（保税）的，其对应关系：监管方式为来料加工/进料对口；征免性质为来料加工/进料加工。

3. 来料/进料深加工结转货物，并确认按保税通关制度报关（保税）的，其对应关系：监管方式为来料深加工/进料深加工；征免性质为空。

4. 外商投资企业在投资额度内进口设备、物品，并已确认按特定减免税通关制度报关（免税）的，其对应关系：监管方式为合资合作设备/外资设备物品；征免性质为鼓励项目。

5. 外商投资企业在投资额度外利用自有资金进口设备、物品，并已确认按照特定减免税通关制度报关（免税）的，其对应关系：监管方式为一般贸易；征免性质为自有资金。

在"单一窗口"系统中，报关单证操作人员依据征免性质代码表（见表7-5），在"征免性质"栏目录入征免性质简称及代码。

表 7-5 征免性质代码表

征免性质代码	征免性质简称	征免性质全称
101	一般征税	一般征税进出口货物
118	整车征税	构成整车特征的汽车零部件纳税
119	零部件征税	不构成整车特征的汽车零部件纳税
201	无偿援助	无偿援助进出口物资
299	其他法定	其他法定减免税进出口货物
301	特定区域	特定区域进口自用物资及出口货物
307	保税区	保税区进口自用物资
399	其他地区	其他执行特殊政策地区出口货物
401	科教用品	大专院校及科研机构进口科教用品
402	示范平台用品	
403	技术改造	企业技术改造进口货物
405	科技开发用品	科学研究、技术开发机构进口科技开发用品
406	重大项目	国家重大项目进口货物
407	动漫用品	动漫开发生产用品
408	重大技术装备	生产重大技术装备进口关键零部件及原材料
409	科技重大专项	科技重大专项进口关键设备、零部件和原材料
412	基础设施	通信、港口、铁路、公路、机场建设进口设备
413	残疾人	残疾人组织和企业进出口货物
417	远洋渔业	远洋渔业自捕水产品
418	国产化	国家定点生产小轿车和摄录机企业进口散件
419	整车特征	构成整车特征的汽车零部件进口
420	远洋船舶	远洋船舶及设备部件
421	内销设备	内销远洋船用设备及关键部件
422	集成电路	集成电路生产企业进口货物
423	新型显示器件	新型显示器件生产企业进口物资
499	ITA 产品	非全税号信息技术产品
501	加工设备	加工贸易外商提供的不作价设备
502	来料加工	来料加工装配和补偿贸易进口料件及出口成品
503	进料加工	进料加工贸易进口料件及出口成品
506	边境小额	边境小额贸易进口货物
510	港澳 OPA	港澳在内地加工的纺织品获证出口

续表1

征免性质代码	征免性质简称	征免性质全称
601	中外合资	中外合资经营企业进出口货物
602	中外合作	中外合作经营企业进出口货物
603	外资企业	外商独资企业进出口货物
605	勘探开发煤层气	勘探开发煤层气
606	海洋石油	勘探、开发海洋石油进口货物
608	陆上石油	勘探、开发陆上石油进口货物
609	贷款项目	利用贷款进口货物
611	贷款中标	国际金融组织贷款、外国政府贷款中标机电设备零部件
698	公益收藏	国有公益性收藏单位进口藏品
704	花卉种子	花卉种子
705	科普影视	科普影视
707	博览会留购展品	博览会留购展品
710	民用卫星	民用卫星
711	救助船舶设备	救助船舶设备
789	鼓励项目	国家鼓励发展的内外资项目进口设备
799	自有资金	外商投资额度外利用自有资金进口设备
801	救灾捐赠	救灾捐赠进口物资
802	慈善捐赠	境外捐赠人无偿向我境内受赠人捐赠的直接用于慈善事业的免税进口物资
803	抗艾滋病药物	进口抗艾滋病病毒药物
811	种子种源	进口种子（苗）、种畜（禽）、鱼种（苗）和种用野生动植物种源
818	中央储备粮油	中央储备粮油免征进口环节增值税政策
819	科教图书	进口科研教学用图书资料
888	航材减免	经核准的航空公司进口维修用航空器材
898	国批减免	国务院特准减免税的进出口货物
899	选择征税	选择征税
901	科研院所	科研院所进口科学研究、科技开发和教学用品
902	高等学校	高等学校进口科学研究、科技开发和教学用品
903	工程研究中心	国家工程研究中心进口科学研究、科技开发和教学用品
904	国家企业技术中心	国家企业技术中心进口科学研究、科技开发和教学用品
905	转制科研机构	转制科研机构进口科学研究、科技开发和教学用品

续表2

征免性质代码	征免性质简称	征免性质全称
906	重点实验室	国家重点实验室及企业国家重点实验室进口科学研究、科技开发和教学用品
907	国家工程技术研究中心	国家工程技术研究中心进口科学研究、科技开发和教学用品
908	科技民非单位	科技类民办非企业单位进口科学研究、科技开发和教学用品
606	示范平台	国家中小企业公共服务示范平台（技术类）进口科学研究、科技开发和教学用品
910	外资研发中心	外资研发中心进口科学研究、科技开发和教学用品
911	科教图书	出版物进口单位进口用于科研、教学的图书、文献、报刊及其资料
921	大型客机研制物资	大型客机、大型客机发动机研制进口物资
922	进博会留购展品	进博会留购展品
997	自贸协定	
998	内部暂定	享受内部暂定税率的进出口货物
999	例外减免	例外减免税进出口货物

十六、许可证号

许可证号是指商务部配额许可证局、驻各地特派办，以及各省、自治区、直辖市、计划单列市和商务部授权的其他省会城市商务厅（局）、外经贸委（厅、局）签发的进出口许可证编号。

（一）填报规范

本栏目填报进（出）口许可证、两用物项和技术进（出）口许可证、两用物项和技术出口许可证（定向）、纺织品临时出口许可证、出口许可证（加工贸易）、出口许可证（边境小额贸易）的编号。

非许可证管理商品，此栏目为空。

免税品经营单位经营出口退税国产商品的，免予填报。

一份报关单只允许填报一个许可证号。

（二）填制操作

报关单证操作人员需要确认所报关的商品编码涉及的监管条件。如果涉及许可证管理，按照许可证编号填报本栏目。

十七、启运港

(一) 填报规范

填报进口货物在运抵我国关境前的第一个境外装运港。

根据实际情况，按海关规定的港口代码表填报相应的港口名称及代码。未在港口代码表中列明的，填报相应的国家（地区）名称及代码。

货物从海关特殊监管区域或保税监管场所运至境内区外的，填报港口代码表中相应的海关特殊监管区域或保税监管场所名称及代码。未在港口代码表中列明的，填报"未列出的特殊监管区"及代码。

其他无实际进境的货物，填报"中国境内"及代码。

(二) 填制操作

启运港属于与运输相关的信息，报关单证操作人员可以通过提运单、船公司或航空公司查询平台等确认信息。

直接运抵货物，提运单上的"Port of Loading"列明了启运港信息。

在第三国（地区）中转的货物，进口货物提运单上的"Port of Loading"可能为中转港，报关单证操作人员需要与船代确认第一个境外装运港。例如，某企业从澳大利亚进口货物，从墨尔本起运，经停新加坡，则本栏目应填报"墨尔本"。

在"单一窗口"系统中，报关单证操作人员可以在本栏目的下拉菜单中选择贸易国（地区），或参考港口代码表录入中文名称、英文字母代码。

十八、合同协议号

合同（协议）号是指在进出口贸易中，买卖双方或数方当事人根据国际贸易惯例或国家有关法律、法规，自愿按照一定条件买卖某种商品签订的合同（包括协议或订单）的编号。

(一) 填报规范

本栏目填报进出口货物合同（包括协议或订单）编号。进出口货物报关单所申报货物必须是在合同中明确包含的货物。

未发生商业性交易的免予填报。

免税品经营单位经营出口退税国产商品的，免予填报。

(二) 填制操作

合同协议号属于与货物成交相关的信息，报关单证操作人员可以按照收发货人提供的合同（包括协议或订单）的编号填报本栏目。

合同号一般表示为"Contract No.：×××××"或"Purchase Order No.：×××××"，此处的"×××××"即为"合同协议号"栏目应填报的内容。

在"单一窗口"系统中，报关单证操作人员依据合同（包括协议或订单）号直接录入。

十九、贸易国（地区）

（一）填报规范

按海关规定的国别（地区）代码表选择填报相应的贸易国（地区）中文名称及代码。

发生商业性交易的，进口填报购自国（地区），出口填报售予国（地区）。未发生商业性交易的，填报货物所有权拥有者所属的国家（地区）。

（二）填制操作

贸易国（地区）属于与货物成交相关的信息，发生商业性交易的，报关单证操作人员可以通过以下单证进行查找：

1. 查询合同、发票单证中，与境内收发货人发生商业性交易的一方所属国家（地区）。

2. 查询收、付汇记录中，收发货人收、付汇的对象所属国家（地区）。但收、付汇记录一般在进出口货物通关后产生，双方在货物进出口后依据约定账期收、付汇，因此，无法在进出口货物报关单申报前获取。

未发生商业性交易的，贸易国（地区）不一定与货物启运国（地区）或运抵国（地区）一致。因此，该栏目需要报关单证操作人员与委托单位确认后填报。

在"单一窗口"系统中，报关单证操作人员可以在本栏目的下拉菜单中选择贸易国（地区），或参考国别（地区）代码表录入中文名称、英文字母代码。

二十、启运国（地区）/运抵国（地区）

（一）填报规范

按海关规定的国别（地区）代码表填报相应的启运国（地区）或运抵国（地区）的中文名称及代码。

1. 直接运抵货物的填报要求

启运国（地区）填报进口货物启始发出直接运抵我国或者在运输中转国（地区）未发生任何商业性交易的情况下运抵我国的国家（地区）。

运抵国（地区）填报出口货物离开我国关境直接运抵或者在运输中转国（地区）未发生任何商业性交易的情况下最后运抵的国家（地区）。

2. 在第三国（地区）中转（转运）货物的填报要求

中转（转运）货物是指船舶、飞机等运输工具从装运港将货物装运后，不直接驶往目的港，而在中途的港口将货物卸下后，再换装另外的船舶、飞机等运输工具转运往目的港。货物中转（转运）的原因很多，如运输工具无法直达目的港，或运输工具可直达目的港，但时间不定或航次间隔时间太长，或目的港不在装载货物的运输工具的航线上，或货物属于多式联运等。

对于中转货物，启运国（地区）或运抵国（地区）分两种不同情况填报。

（1）发生运输中转而未发生商业性交易的货物，其启运国（地区）或运抵国（地区）不变，仍以进口货物的始发国（地区）为启运国（地区）填报，以出口货物的最终目的国（地区）为运抵国（地区）填报。

（2）发生运输中转并发生了商业性交易的货物，其中转国（地区）为启运国（地区）或运抵国（地区）。可通过发票等商业单证来判断货物中转时是否发生了商业性交易。

经过第三国（地区）转运的进出口货物，如在中转国（地区）发生商业性交易，则以中转国（地区）作为启运国（地区）或运抵国（地区）。

3. 无实际进出境货物

启运国（地区）和运抵国（地区）均为"中国"（代码CHN）。

（二）填制操作

启运国（地区）/运抵国（地区）属于与运输相关的信息，报关单证操作人员可以通过以下单证查找填报：

1. 提运单列明有货物的启运国（地区）或运抵国（地区）信息。例如，进口提货单中显示"Port of Loading Busan Korea"，启运国填报"韩国"。出口装货单中显示"Port of Destination Longbeach U.S"，运抵国填报"美国"。

2. 发票、合同中有关于启运国（地区）或运抵国（地区）的描述。例如，发票中注明"From Xingang China To Kobe Japan"，则启运国填报"中国"，运抵国填报"日本"。

在"单一窗口"系统中，报关单证操作人员可以在本栏目的下拉菜单中选择启运国（地区）/运抵国（地区），或参考国别（地区）代码表录入中文名称、英文字母代码。

二十一、经停港/指运港

（一）填报规范

经停港填报进口货物在运抵我国关境前的最后一个境外装运港。

指运港填报出口货物运往境外的最终目的港；最终目的港不可预知的，按尽可能预知的目的港填报。

根据实际情况，按海关规定的港口代码表选择填报相应的港口名称及代码。经停港/指运港在港口代码表中无港口名称及代码的，可选择填报相应的国家（地区）名称及代码。

无实际进出境的货物，填报"中国境内"及代码。

（二）填制操作

经停港/指运港属于与运输相关的信息，报关单证操作人员可以通过提运单、提货单、船公司或航空公司查询平台等确认信息。

直接运抵货物，提运单上的"Port of Loading"或"Port of Departure"列明了经停

港/指运港信息。

在第三国（地区）中转的货物，进口货物提货单上的"Port of Loading"通常为中转港。报关单证操作人员可以通过船公司和航空公司的货物查询平台查询货物的启运港、中转港及目的港的全程信息。例如，某企业从美国进口货物，提货单上的装货港为洛杉矶，但换单后提货单上的装货港为釜山。实际情况为，货物从洛杉矶港出口，经釜山中转，再到达天津新港，本栏目应填报釜山。

指运港信息的确认，报关单证操作人员需要与发货人确认最终目的港，或根据代理公司提供的装货单、委托信息等填报本栏目。

在"单一窗口"系统中，报关单证操作人员可以在本栏目的下拉菜单中选择经停港/指运港，或参考港口代码表录入中文名称、英文字母代码。

二十二、入境口岸/离境口岸

（一）填报规范

入境口岸填报进境货物从跨境运输工具卸离的第一个境内口岸的中文名称及代码；采取多式联运跨境运输的，填报多式联运货物最终卸离的境内口岸的中文名称及代码；过境货物填报货物进入境内的第一个口岸的中文名称及代码；从海关特殊监管区域或保税监管场所进境的，填报海关特殊监管区域或保税监管场所的中文名称及代码。其他无实际进境的货物，填报货物所在地的城市名称及代码。

离境口岸填报装运出境货物的跨境运输工具离境的第一个境内口岸的中文名称及代码；采取多式联运跨境运输的，填报多式联运货物最初离境的境内口岸的中文名称及代码；过境货物填报货物离境的第一个境内口岸的中文名称及代码；从海关特殊监管区域或保税监管场所离境的，填报海关特殊监管区域或保税监管场所的中文名称及代码；其他无实际出境的货物，填报货物所在地的城市名称及代码。

入境口岸/离境口岸代码由6位数字组成，例如，北京口岸代码为"110001北京"。

（二）填制操作

入境口岸/离境口岸类型包括港口、码头、机场、机场货运通道、边境口岸、火车站、车辆装卸点、车检场、陆路港、坐落在口岸的海关特殊监管区域等。

在"单一窗口"系统中，报关单证操作人员可以在本栏目的下拉菜单中选择应填报的入境口岸/离境口岸，或者参考国内口岸编码表录入中文名称、代码。

二十三、包装种类

（一）填报规范

填报进出口货物的所有包装材料，包括运输包装和其他包装。运输包装指提运单所列货物件数单位对应的包装，其他包装包括货物的各类包装，以及植物性铺垫材料等。

本栏目应根据进出口货物的实际外包装种类和材质，按海关规定的包装种类代码表选择填报相应的包装种类代码。

(二) 填制操作

包装种类中运输包装、其他包装的填报，需要报关单证操作人员关注以下信息：

1. 与委托单位确认货物的运输包装是否含有动植物性包装。例如，木质或竹藤等植物性材料制盒/箱，木质或竹藤等植物性材料制桶等，必须如实申报。

2. 确认进出口货物是否存在"其他包装"，并确认其材质。"其他包装"栏目为选填栏目，当其他包装为动植物性包装物时，必须填报。

3. 一般情况下，其他包装不用于直接包装货物，而运输包装与货物件数相关联。例如，在装箱单或提运单中，件数和包装种类通常合并在一起出现，如"No. of PKGS 300 CASES"，即300木箱，"件数"应填报300，"包装种类"填报木质或竹藤等植物性材料制盒/箱。

集装箱内未使用其他材料加固或铺垫的，"其他包装"无须填报。

4. 其他包装按照包装种类和材质，可分为纸箱（Cartons）、桶（Drums/Casks）、袋（Bags）、包（Bales）、捆（Bundles）、卷（Rolls）、托盘（Pallet）、散装（Bulk）等。

在"单一窗口"系统中，"包装种类"栏目分为包装种类、其他包装两部分。依据包装种类代码表（见表7-6），报关单证操作人员可在"包装种类"栏目录入代码，或下拉菜单选择包装种类。

表7-6 包装种类代码表

代码	中文名称	代码	中文名称
00	散装	39	其他材料制桶
01	裸装	04	球状罐类
22	纸制或纤维板制盒/箱	06	包/袋
23	木制或竹藤等植物性材料制盒/箱	92	再生木托
29	其他材料制盒/箱	93	天然木托
32	纸制或纤维板制桶	98	植物性铺垫材料
33	木制或竹藤等植物性材料制桶	99	其他包装

进口货物有其他包装的，点击"其他包装"，在下拉菜单中选择包装种类；进口货物没有其他包装的，可以不填报"其他包装"栏目。

二十四、件数

(一) 填报规范

填报进出口货物运输包装的件数（按运输包装计）。

件数填报数量要求与舱单件数相同。件数填报数量大于舱单数量时，海关系统会作退单处理，须修改后重新发送；件数填报数量小于舱单数量时，舱单核销将出现异常。

同一提运单下，需要申报多个报关单时，要求所有报关单的件数合计数量与舱单件数相同。

舱单件数为集装箱的，填报集装箱个数；舱单件数为托盘的，填报托盘数。

"件数"栏目不得填报零，裸装货物填报"1"。

（二）填制操作

件数属于与运输相关的信息，报关单证操作人员可以通过以下方式查找。

1. 提运单、装箱单中都会注明货物运输包装件数。

2. 件数填报数量要求与舱单件数相同。报关单证操作人员可以使用海关总署新舱单信息查询系统，查询、核对件数。

在"单一窗口"系统中，报关单证操作人员依据件数的数量直接录入本栏目。

二十五、毛重（千克）

（一）填报规范

填报进出口货物及其包装材料的重量之和，计量单位为千克。

不足一千克的精确到小数点后2位。

"毛重"栏目不得为空。

毛重填报数量大于舱单数量时，海关系统会做退单处理，须修改后重新发送；毛重填报数量小于舱单数量时，舱单核销将出现异常。

同一提运单下，需要申报多个报关单时，要求所有报关单的毛重合计数量与舱单重量相同。

（二）填制操作

毛重属于与运输、货物成交相关的信息。报关单证操作人员可以通过以下方式查找。

1. 合同、发票、提运单、装箱单等单证中"Gross Weight（G.W.）"所显示的重量为进出口货物的毛重。按照"两个相符"原则，提运单、装箱单上的毛重数量应该相同。

2. 毛重填报数量必须与舱单系统相同。报关单证操作人员可以使用海关总署新舱单信息查询系统，查询、核对毛重。

在"单一窗口"系统中，报关单证操作人员依据毛重的数量直接录入本栏目。本栏目整数部分最多支持录入14位数字，小数部分最多支持录入5位数字。

二十六、净重（千克）

（一）填报规范

填报进出口货物的毛重减去外包装材料后的重量，即货物本身的实际重量，计量单位为千克，不足一千克的精确到小数点后 2 位。

部分商品的净重还包括直接接触商品的销售包装物料的重量（如罐头、化妆品、药品及类似品等）。

本栏目填报进出口货物的实际净重，不得为空。

以毛重作净重计价的货物，可填毛重，如矿砂、粮食等大宗散货或裸装的钢管、钢板等。按照国际惯例，以公量重计价的货物，如未脱脂羊毛、羊毛条等，填报公量重。

（二）填制操作

净重属于与货物成交相关的信息，在合同、发票、装箱单等单证的"Net Weight（N.W.）"处体现。合同、发票等有关单证不能确定净重的货物，可以估重填报。

在"单一窗口"系统中，报关单证操作人员依据净重的数量直接录入本栏目。本栏目整数部分最多支持录入 14 位数字，小数部分最多支持录入 5 位数字。

二十七、成交方式

（一）填报规范

在进出口贸易中，进出口商品的价格构成和买卖双方各自应承担的责任、费用和风险，以及货物所有权转移的界限，以贸易术语（价格术语）进行约定。

在填报进出口货物报关单时，应依据进出口货物的实际成交价格条款，按照海关规定的成交方式代码表（见表7-7）选择填报相应的成交方式代码。

表7-7 成交方式代码表

成交方式代码	成交方式名称	成交方式代码	成交方式名称
1	CIF	5	市场价
2	CFR（C&F）	6	垫仓
3	FOB	7	EXW
4	C&I		

应注意的是，海关规定的"成交方式"与《国际贸易术语解释通则》中的贸易术语内涵并非完全一致。CIF、CFR、FOB 等常见的成交方式并不限于水路，而适用于任何国际货物运输方式，主要体现成本、运费、保险费等成交价格构成因素。

《2000年国际贸易术语解释通则》《2010年国际贸易术语解释通则》《2020年国际

贸易术语解释通则》中各贸易术语与海关规定的"成交方式"对应关系见表7-8~表7-10。

表7-8　《2000年国际贸易术语解释通则》中
13种贸易术语与海关规定的"成交方式"对应关系表

组别	E组	F组			C组				D组			
术语	EXW	FCA	FAS	FOB	CFR	CPT	CIF	CIP	DAF	DES	DEQ	DDE	DDP
成交方式	EXW	FOB			CFR		CIF						

表7-9　《2010年国际贸易术语解释通则》中
11种贸易术语与海关规定的"成交方式"对应关系表

组别	E组	F组		C组				D组		
术语	EXW	FCA	FAS	CFR	CPT	CIF	CIP	DAT	DAP	DDP
成交方式	EXW	FOB		CFR		CIF				

表7-10　《2020年国际贸易术语解释通则》中
11种贸易术语与海关规定的"成交方式"对应关系表

组别	E组	F组		C组				D组		
术语	EXW	FCA	FAS	CFR	CPT	CIF	CIP	DPU	DAP	DDP
成交方式	EXW	FOB		CFR		CIF				

无实际进出境的货物，进口成交方式为CIF或其代码，出口成交方式为FOB或其代码。

（二）填制操作

成交方式属于与货物成交相关的信息，报关单证操作人员可在商业发票、合同等单证中查找到相关信息。如果商业发票等单证显示的成交方式不属于海关规定的成交方式代码表中的成交方式，报关单证操作人员需要依照实际成交价格的构成因素进行换算，选择成交方式代码表中具有相同价格构成的代码填报。例如，某公司海运进口电机1×40GP，其商业发票显示"DDU Beijing"。成交方式代码表中没有DDU，按照上述对应关系，应该选择填报CIF，同时将到达目的港后的运输等费用，从成交价格中扣除后申报。

在"单一窗口"系统中，报关单证操作人员依据成交方式代码表中的代码填报，或在下拉菜单中选择。

二十八、运费

（一）填报规范

填报进口货物运抵我国境内输入地点起卸前的运输费用，出口货物运至我国境内输出地点装载后的运输费用。

免税品经营单位经营出口退税国产商品的，免予填报。

1. 成交方式与运费填报的逻辑关系

当进口货物成交价格不包含前述运输费用或者当出口货物成交价格含有前述运输费用，即进口成交方式为 FOB、C&I、EXW 或出口成交方式为 CIF、CFR 时，运费栏需要填报。进口货物成交价格包含前述运输费用或者出口货物成交价格不包含前述运输费用时，运费栏免予填报。

2. 运费单价、总额、费率的填报要求

运费可按运费单价、运费总价或运费率 3 种方式之一填报，注明运费标记并按照货币代码表填报币种代码。运费标记"1"表示运费率，"2"表示每吨货物的运费单价，"3"表示运费总价。例如，某批进口货物以 FOB 条款成交，不同运费条款应分别为：

（1）应计入完税价格的运费为 300 美元，填报"3/300/USD"；

（2）应计入完税价格的运费为 30 美元/吨，填报"2/30/USD"；

（3）应计入完税价格的运费为货物价格的 3%，填报"1/3/"。

（二）填制操作

1. 运费属于与货物成交相关的信息，报关单证操作人员可通过以下方式确认。

（1）与委托单位确认运费金额。

（2）部分海运提单或航空运单会标注国际运费金额，报关单证操作人员也可以向船代公司、航空公司查询运费金额，但需要与收发货人作进一步确认，以确保运费申报准确。

（3）商业发票单证中的"Freight"栏会体现运费。

2. 在"单一窗口"系统中，报关单证操作人员确认运费申报方式后，按照货币代码表中的币种代码，录入运费。

（1）申报运费率，录入格式为"1/运费率"。

（2）申报运费单价，录入格式为"2/运费单价/币制代码"。

（3）申报运费总价，录入格式为"3/运费总价/币制代码"。

本栏目最多支持录入 19 位数字，19 位中小数点后最多支持录入 5 位数字。

二十九、保费

进出口货物报关单所列的保费是指进出口货物在国际运输过程中，由被保险人付给保险人的保险费用。进口货物保费是指货物运抵我国境内输入地点起卸前的保险费用，出口货物保费是指货物运至我国境内输出地点装卸后的保险费用。

（一）填报规范

1. 成交方式与保费填报的逻辑关系

进口货物成交价格包含前述保险费用或者出口货物成交价格不包含前述保险费用时，保费栏免予填报。进口货物成交价格不包含保险费和出口货物成交价格含有保险费，即进口成交方式为 FOB、CFR 或出口成交方式为 CIF、C&I 时，保费栏需要填报。

2. 保费总额、费率的填报要求

陆运、空运和海运进口货物的保费，按照实际支付的费用计算。进口货物保险费无法确定或者未实际发生的，按货价加运费的 3‰ 计算保费，计算公式：

保费 =（货价+运费）×3‰

保费可按保险费总价或保险费率两种方式之一填报，同时注明保险费标记，并按海关规定的货币代码表选择填报相应的币种代码。保险费标记"1"表示保险费率，"3"表示保险费总价。例如，某批进口货物以 FOB 条款成交，不同运费条款应分别为：

（1）应计入完税价格的保险费为 120 美元，填报"3/120/USD"；

（2）应计入完税价格的保险费为货物价格的 3‰，填报"1/0.03/"。

运保费合并计算的，运保费填报在"运费"栏中，本栏目免予填报。

免税品经营单位经营出口退税国产商品的，免予填报。

（二）填制操作

1. 保费属于与货物成交相关的信息，报关单证操作人员可通过以下方式确认保费。

（1）按照收发货人提供的保险单，确认保费金额。

（2）无法准确确认保费的，可以按照公式计算保费或按 3‰ 的比率填报保费。

（3）商业发票单证中的"Insurance"栏会体现保费。

2. 在"单一窗口"系统中，报关单证操作人员确认保费申报方式后，按照货币代码表中的币种代码，录入保费。

（1）按照保险费率申报，录入格式为"1/保险费率"。

（2）按照保险费总价申报，录入格式为"3/保险费金额/币制代码"。

本栏目最多支持录入 19 位数字，19 位中小数点后最多支持录入 5 位数字。

三十、杂费

（一）填报规范

填报成交价格以外的，按照《关税法》等相关规定应计入完税价格或应从完税价格中扣除的费用，如手续费、佣金、折扣等。

1. 杂费可按杂费总价或杂费率两种方式之一填报，同时注明杂费标记，并按海关规定的货币代码表选择填报相应的币种代码。杂费标记"1"表示杂费率，"3"表示杂费总价。

2. 应计入完税价格的杂费填报为正值或正率，应从完税价格中扣除的杂费填报为负值或负率。无杂费时，本栏目免填。

3. 免税品经营单位经营出口退税国产商品的，免予填报。

(二) 填制操作

杂费属于与货物成交相关的信息，需要报关单证操作人员与收发货人确认。在发票以外，由买方支付的，作为调整因素应计入的费用，主要包括除购货佣金外的佣金和经纪费，与进口货物作为一个整体的容器费、包装费（包括材料费、劳务费），协助的价值，特许权使用费，返还给卖方的转售收益等。

在发票价格中已单独列明，应予以扣除的费用主要包括机械、设备等进口后发生的除保修费外的费用，货物运抵境内输入地点起卸后发生的运输及其相关费用、保险费，进口关税、进口环节税及其他国内税，境内外技术培训及境外考察费用等，具体可见《中华人民共和国海关确定进出口货物计税价格办法》（以下简称《确价办法》）。

在"单一窗口"系统中，报关单证操作人员确认杂费申报方式后，按照货币代码表中的币种代码，录入杂费。

1. 杂费费率为正值，录入格式为"1/杂费费率"；杂费费率为负值，录入格式为"-1/杂费费率"。

2. 杂费费用总价为正值，录入格式为"3/杂费金额/币制代码"；杂费费用总价为负值，录入格式为"3/-杂费金额/币制代码"。

三十一、随附单证及编号

(一) 填报规范

根据海关规定的监管证件代码表（见表7-11）和随附单据代码表选择填报除《报关单填制规范》第十六条规定的许可证件以外的其他进出口许可证件或监管证件、随附单据代码及编号。

表7-11 监管证件代码表

监管证件代码	监管证件名称	监管证件代码	监管证件名称
1	进口许可证	9	禁止进口商品
2	两用物项和技术进口许可证	A	检验检疫
3	两用物项和技术出口许可证	B	电子底账
4	出口许可证	D	出/入境货物通关单（毛坯钻石用）
5	纺织品临时出口许可证	E	濒危物种允许出口证明书
6	旧机电产品禁止进口	F	濒危物种允许进口证明书
7	自动进口许可证	G	两用物项和技术出口许可证（定向）
8	禁止出口商品	I	麻醉精神药品进出口准许证

续表

监管证件代码	监管证件名称	监管证件代码	监管证件名称
J	黄金及黄金制品进出口准许证	Z	赴境外加工光盘进口备案证明
L	药品进出口准许证	b	进口广播电影电视节目带（片）提取单
M	密码产品和设备进口许可证	d	援外项目任务通知函
O	自动进口许可证（新旧机电产品）	f	音像制品（成品）进口批准单
P	固体废物进口许可证	g	技术出口合同登记证
Q	进口药品通关单	i	技术出口许可证
R	进口兽药通关单	k	民用爆炸物品进出口审批单
S	进出口农药登记证明	m	银行调运人民币现钞进出境证明
U	合法捕捞产品通关证明	n	音像制品（版权引进）批准单
V	人类遗传资源材料出口、出境证明	u	钟乳石出口批件
X	有毒化学品环境管理放行通知单	z	古生物化石出境批件

本栏目分为"随附单证代码"和"随附单证编号"两栏。其中"随附单证代码"栏按海关规定的监管证件代码表和随附单据代码表选择填报相应证件代码，"随附单证编号"栏填报证件编号。

1. 监管证件代码

在海关监管和通关操作中，为满足计算机管理和便捷通关的需要，海关根据我国对外贸易法律法规和规章，对每一个商品编码项下的商品，在通关系统中均对应设置一定的监管条件，用以表示该商品是否可以进出口，或者进出口时是否需要提交监管证件，以及提交何种监管证件。

监管条件以监管证件代码来表示，如监管条件为空，则表示该商品可以进出口且无须提交任何监管证件，本栏目无须填报；如监管证件有要求时，本栏目必须填报。例如，商品编码8479899910项下用于光盘生产的金属盘生产设备（具有独立功能的），监管条件为"6A"，其中代码"6"表示该商品的旧品禁止进口，代码"A"表示该商品为进口检验检疫商品。

2. 优惠贸易协定项下进出口货物的填报要求

（1）"优惠贸易协定代码"填报优惠贸易协定对应的代码。各优惠贸易协定代码如下：

"01"为"亚太贸易协定"；
"02"为"中国—东盟自贸协定"；
"03"为"内地与香港紧密经贸关系安排"（香港CEPA）；
"04"为"内地与澳门紧密经贸关系安排"（澳门CEPA）；
"06"为"台湾农产品零关税措施"；
"07"为"中国—巴基斯坦自贸协定"；

"08"为"中国—智利自贸协定";

"10"为"中国—新西兰自贸协定";

"11"为"中国—新加坡自贸协定";

"12"为"中国—秘鲁自贸协定";

"13"为"最不发达国家特别优惠关税待遇";

"14"为"海峡两岸经济合作框架协议（ECFA）";

"15"为"中国—哥斯达黎加自贸协定";

"16"为"中国—冰岛自贸协定";

"17"为"中国—瑞士自贸协定";

"18"为"中国—澳大利亚自贸协定";

"19"为"中国—韩国自贸协定";

"20"为"中国—格鲁吉亚自贸协定";

"21"为"中国—毛里求斯自贸协定"。

（2）"原产地证明类型"选择原产地证书或者原产地声明。免予提交原产地证明的小金额进口货物（以下简称小金额货物）该栏默认为空。

（3）"原产地证明编号"填报原产地证书编号或者原产地声明序列号。小金额货物填写"XJE00000"。

一份报关单对应一份原产地证明，一份原产地证明应当对应同一批次货物。享受和不享受协定税率或者特惠税率（以下统称优惠税率）的同一批次进口货物可以在同一张报关单中申报。

"同一批次"进口货物指由同一运输工具同时运抵同一口岸，并且属于同一收货人，使用同一提单的进口货物。对于客观原因（集装箱货物因海河联运需大船换小船、因海陆联运需分车运输，陆路运输集装箱货物需大车换小车以及其他多式联运情况下同一批次货物在中转地需要分拆由多个小型运输工具进行中转运输的情况等）导致有关进口货物在运抵中国关境（运抵口岸）前必须分批运输的情况，不影响同一批次的认定。

同一批次出口货物比照上述进口货物的规定进行审核认定。

（4）"优惠贸易协定项下原产地"填报根据相关优惠贸易协定原产地管理办法确定的货物原产地。

（5）"原产地证明商品项号"填报报关单商品项对应的原产地证明商品项号。小金额货物在该栏填报报关单中该商品的项号。

（6）填报示例如下。

①凭编号为ABC12345的原产地证书进口"中国—东盟自贸协定"项下货物，报关单商品项对应原产地证书的第3项，"优惠贸易协定"类栏目填报如下：

"优惠贸易协定代码"为"02"、"原产地证明类型"为"原产地证书"、"原产地证明编号"为"ABC12345"、"优惠贸易协定项下原产地"为"泰国"、"原产地证明商品项号"为"3"。

②进口"中国—韩国自贸协定"项下小金额货物，报关单商品项对应原产地证书的第4项，"优惠贸易协定"类栏目填报如下：

"优惠贸易协定代码"为"19"、"原产地证明类型"为空、"原产地证明编号"为"XJE00000"、"优惠贸易协定项下原产地"为"韩国"、"原产地证明商品项号"为"4"。

3. 加工贸易项下内销补税、深加工结转等报关业务的填报要求

（1）加工贸易内销征税报关单（使用"金二"加贸系统的除外），"随附单证代码"栏填报"c"，"随附单证编号"栏填报海关审核通过的内销征税联系单号。

（2）加工贸易深加工结转报关单，"随附单证代码"栏填报"K"，"随附单证编号"栏填报深加工结转申请表编号。

（二）填制操作

1. 随附单证代码

当进出口货物涉及海关监管证件时，系统将在"随附单证代码"栏中提示通关所需监管证件代码；当进出口货物涉及优惠原产地证、加工贸易通关所需单证时，系统不会作出提示，报关单证操作人员需要在"随附单证代码"栏中录入代码或在下拉菜单中选择。

2. 随附单证编号

按照相关证件号码直接录入。

3. 随附单据上传

在"单一窗口"系统中，选择通关无纸化申报后，报关单证操作人员须上传发票、箱单、合同、提运单等报关单证。单证上传后，本栏目中将显示上传资料的名称。

三十二、标记唛码及备注

标记唛码即运输标志。进出口货物报关单上的标记唛码专指货物的运输标志。货物标记唛码的英文表示有"Marks/Marking/MKS/Marks&No./Shipping Marks"等，通常是由一个简单的几何图形和一些字母、数字及简单的文字组成，包含收货人代号、合同号和发票号、目的地、原产国（地区）、最终目的国（地区）、目的港或中转港和件数号码等内容。

标记唛码及备注是指除按报关单固定栏目申报进出口货物有关情况外，需要补充或特别说明的事项，包括关联备案号、关联报关单号，以及其他需要补充或特别说明的事项。

（一）填报规范

本栏目填报要求如下。

1. 标记唛码录入除图形以外的文字、数字，无标记唛码的填报"N/M"。
2. 受外商投资企业委托代理其进口投资设备、物品的进出口企业名称。
3. 关联备案的填报。

（1）与本报关单有关联关系的，同时在业务管理规范方面又要求填报的备案号，填报在电子数据报关单中"关联备案"栏。

（2）保税间流转货物、加工贸易结转货物及凭征免税证明转内销货物，其对应的备案号填报在"关联备案"栏。

（3）减免税货物结转进口（转入），"关联备案"栏应填写本次减免税货物结转所申请的《进口减免税货物结转联系函》的编号。

（4）减免税货物结转出口（转出），"关联备案"栏应填写与其相对应的进口（转入）报关单"备案号"栏中征免税证明的编号。

4. 关联报关单的填报。

（1）与本报关单有关联关系的，同时在业务管理规范方面又要求填报的报关单号，填报在电子数据报关单中"关联报关单"栏。

（2）保税间流转、加工贸易结转类的报关单，应先办理进口报关，并将进口报关单号填入出口报关单的"关联报关单"栏。

（3）办理进口货物直接退运手续的，除另有规定外，应当先填写出口报关单，再填写进口报关单，并将出口报关单号填入进口报关单的"关联报关单"栏。

（4）减免税货物结转出口（转出），应先办理进口报关，并将进口（转入）报关单号填入出口（转出）报关单的"关联报关单"栏。

5. 直接退运货物的填报。

办理进口货物直接退运手续的，本栏目填报"<ZT"+"海关审核联系单号"或"海关责令进口货物直接退运通知书编号"+">"。

6. 保税监管场所进出货物的填报。

在"保税/监管场所"栏填写本保税监管场所编码［保税物流中心（B型）填报本中心的国内地区代码］，其中涉及货物在保税监管场所间流转的，在本栏目填写对方保税监管场所代码。

7. 涉及加工贸易货物销毁处置的，填报海关加工贸易货物销毁处置申报表编号。

8. 当监管方式为"暂时进出货物"（代码2600）和"展览品"（代码2700）时，填报要求如下：

（1）根据《管理办法》第三条第一款所列项目，填报暂时进出境货物类别，例如，暂进六，暂出九。

（2）根据《管理办法》第十条规定，填报复运出境或者复运进境日期，期限应在货物进出境之日起6个月内。例如，20180815前复运进境，20181020前复运出境。

（3）根据《管理办法》第七条，向海关申请对有关货物是否属于暂时进出境货物进行审核确认的，填报"中华人民共和国××海关暂时进出境货物审核确认书"编号。例如，<ZS海关审核确认书编号>，其中英文为大写字母；无此项目的，无须填报。

上述内容依次填报，项目间用"/"分隔，前后均不加空格。

（4）收发货人或其代理人申报货物复运进境或者复运出境的，货物办理过延期的，根据《管理办法》填报"货物暂时进/出境延期办理单"的海关回执编号。例如，<ZS海关回执编号>，其中英文为大写字母；无此项目的，无须填报。

9. 跨境电子商务进出口货物，在本栏目内填报"跨境电子商务"。

10. 加工贸易副产品内销，在本栏目填报"加工贸易副产品内销"。

11. 服务外包货物进口，填报"国际服务外包进口货物"。

12. 公式定价进口货物填报公式定价备案号，格式为"公式定价"+"备案编号"

+"@"。对于同一报关单下有多项商品的，如某项或某几项商品为公式定价备案的，则备注栏内填报为"公式定价"+"备案编号"+"#"+"商品序号"+"@"。

13. 获得预裁定决定书的进出口货物的填报。

进出口与预裁定决定书列明情形相同的货物时，按照预裁定决定书填报，格式为"预裁定"+"预裁定决定书编号"。例如，某份预裁定决定书编号为"R-2-0100-2018-0001"，则填报为"预裁定R-2-0100-2018-0001"。

14. 含归类行政裁定的报关单，应在报关单备注栏内填写归类裁定编号，格式为"c"+四位数字编号。例如，c0001。

15. 已经在进入海关特殊监管区时完成检验的货物，在出区入境申报时，填报"预检验字样"，同时在"关联报检单"栏填报实施预检验的报关单号。

16. 进口直接退运的货物，填报"直接退运"字样。

17. 企业提供ATA单证册的货物，填报"ATA单证册"字样。

18. 不含动物源性低风险生物制品，填报"不含动物源性"字样。

19. 货物自境外进入境内海关特殊监管区或者保税仓库的，填报"保税入库"或者"境外入区"字样。

20. 海关特殊监管区域与境内区外之间采用分送集报方式进出的货物，填报"分送集报"字样。

21. 军事装备出入境的，填报"军品"或"军事装备"字样。

22. 申报商品编码为3821000000、3002300000属于下列情况的，填报要求如下。

属于培养基的，填报"培养基"字样；属于化学试剂的，填报"化学试剂"字样；不含动物源性成分的，填报"不含动物源性"字样。

23. 属于修理物品的，填报"修理物品"字样。

24. 属于下列情况的，填报"压力容器""成套设备""食品添加剂""成品退换""旧机电产品"等字样。

25. 商品编码为2903890020（入境六溴环十二烷），用途为"其他"（代码99）的，填报具体用途。

26. 集装箱体信息填报集装箱号（在集装箱箱体上标示的全球唯一编号）、集装箱规格、集装箱商品项号关系（单个集装箱对应的商品项号，用半角逗号分隔）、集装箱货重（集装箱箱体自重加装载货物重量，单位为千克）。

27. 申报商品编码为3006300000、3504009000、3507909010、3507909090、3822001000、3822009000，不属于"特殊物品"的，填报"非特殊物品"字样。"特殊物品"的定义见《出入境特殊物品卫生检疫管理规定》。

28. 进出口列入《法检目录》的进出口商品及法律、行政法规规定须经出入境检验检疫机构检验的其他进出口商品实施检验的，填报"应检商品"字样。

29. 申报时其他必须说明的事项。

（二）填制操作

在"单一窗口"系统中，"标记唛码及备注"栏分为4个部分：标记唛码、备注、关联备案及报关单、集装箱项目。

1. 标记唛码

标记唛码属于与运输相关的信息。唛头印刷或粘贴在货物外包装上，报关单证操作人员可以从提运单、装箱单等报关单证中查看唛头。

本栏目录入除图形以外的文字、数字，无标记唛码的录入"N/M"，最多录入400字符。

2. 备注

备注项可以录入与海关管理相关的信息，也可以根据收发货人的要求录入部分补充信息。

（1）加工贸易结转的关联备案号或报关单号。加工贸易结转进口申报时，可以请收货人提供对方的手册编号；加工贸易结转出口申报时，可以请发货人提供对方的进口报关单，以确认对方手册编号及"转入进口报关单编号"。

（2）减免税设备结转的关联，需要收发货人提供《进口减免税货物结转联系函》及对方的相关联手册号或减免税证明编号。

（3）直接退运货物、含预归类商品报关单、含归类裁定货物的报关单、获得预审价决定书的进出口货物，填报相关审批证件编号。

（4）暂时进出货物、展览品，填报适用的暂时进出境货物类别、复运进境或出境日期、海关暂时进/出境货物审核确认书的编号（属于涉及海关审核类的货物）。

（5）录入其他必要信息。例如，收发货人为便于报关单管理录入发票号、清单号等。

本栏目最多可录入255字符。

3. 关联备案及报关单

保税间流转、加工贸易结转类、直接退运货物、减免税货物结转业务，需要填报关联备案及报关单。本栏目最多录入18位字符。

4. 集装箱项目

申报使用集装箱装载进出口货物的情况时，本栏目必须填报；未使用集装箱装载进出口货物的，本栏目无须填报。

在"单一窗口"系统中，集装箱项目的录入分为5个部分：集装箱号、集装箱规格、自重、拼箱标识、商品项号关系。

（1）集装箱号

集装箱号是在每个集装箱箱体两侧标示的全球唯一编号。其组成规则是箱主代号（3位字母）+设备识别号"U"+顺序号（6位数字）+校验码（1位数字）。例如，TCKU6201981。

报关单证操作人员在本栏目填报集装箱号。

（2）集装箱规格

报关单证操作人员根据提运单确认集装箱规格，按照集装箱规格代码表（见表7-12）选择填报集装箱规格，或在下拉菜单中选择。其中，L代表40尺集装箱、S代表20尺集装箱。

例如，TCKU6201981为40尺普通集装箱，应填报"普通2*标准箱（L）"。

表 7-12　集装箱规格代码表

代码	中文名称
11	普通 2*标准箱（L）
12	冷藏 2*标准箱（L）
13	罐式 2*标准箱（L）
21	普通标准箱（S）
22	冷藏标准箱（S）
23	罐式标准箱（S）
31	其他标准箱（S）
32	其他 2*标准箱（L）
N	非集装箱

（3）自重

录入集装箱箱体的重量（千克），本栏目为选填项。

（4）拼箱标识

进出口货物为集装箱拼箱货物时，在本栏目的下拉菜单中选择"是"或"否"。

（5）商品项号关系

报关单证操作人员与委托单位确认每个集装箱和货物的对应关系，填报时在本栏目的下拉菜单中选择单个集装箱对应的商品项号，同一个集装箱对应多个商品项号的，应根据实际情况多选填报。本栏目应在填报完货物表体部分后填报。

三十三、项号

项号是指申报货物在报关单中的商品排列序号及该项商品在加工贸易手册、征免税证明等备案、审批单证中的顺序编号。

（一）填报规范

本栏目分两行填报。第一行填报报关单中的商品顺序编号；第二行填报备案序号，专用于加工贸易及保税、减免税等已备案、审批的货物，填报该项货物在加工贸易手册或征免税证明等备案、审批单证中的顺序编号。

1. 加工贸易项下进出口货物的填报要求

加工贸易项下进出口货物的报关单，第一行填报报关单中的商品顺序编号，第二行填报该项商品在加工贸易手册中的商品备案项号，用于核销对应项号下的料件或成品数量。例如，一张加工贸易料件进口报关单中某项商品项号填报为"01""10"，说明该商品位列报关单所申报商品的第 1 项，且对应加工贸易手册备案料件第 10 项。

第二行特殊情况填报要求如下。

（1）深加工结转货物，分别按照加工贸易手册中的进口料件项号和出口成品项号填报。

（2）料件结转货物（包括料件、制成品和未完成品折料），出口报关单按照转出加工贸易手册中进口料件的项号填报；进口报关单按照转入加工贸易手册中进口料件的项号填报。

（3）料件复出货物（包括料件、边角料），出口报关单按照加工贸易手册中进口料件的项号填报；如边角料对应一个以上料件项号时，填报主要料件项号。料件退换货物（包括料件、不包括未完成品），进出口报关单按照加工贸易手册中进口料件的项号填报。

（4）成品退换货物，退运进境报关单和复运出境报关单按照加工贸易手册原出口成品的项号填报。

（5）加工贸易料件转内销货物，以及按料件办理进口手续的转内销制成品、残次品、未完成品，填制进口报关单，填报加工贸易手册中进口料件的项号；加工贸易边角料、副产品内销，填报加工贸易手册中对应的进口料件项号。如边角料或副产品对应一个以上料件项号时，填报主要料件项号。

（6）加工贸易成品凭征免税证明转为减免税货物进口的，应先办理进口报关手续。进口报关单填报征免税证明中的项号，出口报关单填报加工贸易手册原出口成品项号，进、出口报关单货物数量应一致。

（7）加工贸易货物销毁，填报加工贸易手册中相应的进口料件项号。

（8）加工贸易副产品退运出口、结转出口，填报加工贸易手册中新增成品的出口项号。

（9）经海关批准实行加工贸易联网监管的企业，按海关联网监管要求，企业需申报报关清单的，应在向海关申报进出口（包括形式进出口）报关单前，向海关申报清单。一份报关清单对应一份报关单，报关单上的商品由报关清单归并而得。加工贸易电子账册报关单中项号、品名、规格等栏目的填报规范比照加工贸易手册。

2. 优惠贸易协定项下进出口货物的填报要求

有关优惠贸易协定项下进出口货物报关单的填报要求按照《关于优惠贸易协定项下进出口货物报关单填制规范的公告》（海关总署公告2016年第51号）执行。

（二）填制操作

项号是与海关管理相关的信息，本栏目有商品序号和备案序号两种。

一般贸易项下货物，只需按照录入顺序填报项号，1个报关单号可以录入50项商品。加工贸易项下货物，除需要按照录入顺序填报项号外，还需要按照加工贸易手册备案内容，填报备案项号。报关单证操作人员按照原料备案项号填报进口报关单，按照成品备案项号填报出口报关单。

优惠贸易协定项下备案序号按照单证对应关系表填报要求填报。

三十四、商品编号

(一) 填报规范

填报由 10 位数字组成的商品编号。前 8 位为《税则》和《统计商品目录》确定的编码，第 9、10 位为监管附加编号。

加工贸易货物，进出口报关单的商品编号应与加工贸易手册（账册）中备案的商品编号一致。

减免税货物，进出口报关单的商品编号应与征免税证明备案的商品编号一致。

加工贸易保税货物跨关区深加工结转双方的商品编号的前 4 位必须一致。

(二) 填制操作

商品编号是与海关管理相关的信息，与税费、监管条件等密切相关。

一般贸易项下货物，报关单证操作人员需了解商品信息（材质、成分含量、工作原理、功能用途等），与收发货人共同完成对商品编号的确认。

加工贸易手册项下货物，在报关单录入系统中录入备案号、备案序号后，系统自动调取加工贸易手册备案的商品编号。

征免税证明项下货物，在报关单录入系统中录入征免税证明编号后，系统自动调取征免税证明备案商品编号。

进出口货物报关单中，涉及预归类裁定的商品应按照预归类裁定的商品编号申报。

三十五、商品名称及规格型号

商品名称是指国际贸易缔约双方的商品名称。报关单中的商品名称是指进出口货物规范的中文名称。

规格型号是指反映商品性能、品质和规格的系列指标，如品牌、等级、成分、含量、纯度、尺寸等。

(一) 填报规范

本栏目分两行填报。第一行填报进出口货物规范的中文商品名称，如果发票中的商品名称为非中文名称，则需翻译成规范的中文名称填报，必要时加注原文。第二行填报规格型号，按照《规范申报目录》的要求填报。

1. 商品名称及规格型号中申报要素的填报

（1）商品名称及规格型号应据实填报，并与进出口货物收发货人或受委托的报关企业所提交的合同、发票等相关单证相符。

（2）商品名称应当规范，规格型号应当足够详细，以能满足海关归类、审价及许可证件管理要求为准，可参照《规范申报目录》对商品名称、规格型号的要求进行填报。

（3）已备案的加工贸易及保税货物，填报的内容必须与备案登记中同项号下货物的商品名称一致。

（4）对需要海关签发货物进口证明书的车辆，商品名称应填报"车辆品牌"+"排气量（注明cc）"+"车型（如越野车、小轿车等）"。进口汽车底盘不填报排气量。车辆品牌应按照《进口机动车辆制造厂名称和车辆品牌中英文对照表》中签注名称一栏的要求填报。规格型号可填报"汽油型"等。

（5）由同一运输工具同时运抵同一口岸并且属于同一收货人、使用同一提单的多种进口货物，按照商品归类规则应当归入同一商品编号的，应当将有关商品一并归入该商品编号。商品名称填报一并归类后的商品名称，规格型号填报一并归类后商品的规格型号。

（6）加工贸易边角料和副产品内销、边角料复出口，填报其报验状态的名称和规格型号。

（7）进口货物收货人以一般贸易方式申报进口属于《需要详细列名申报的汽车零部件清单》（海关总署公告2006年第64号）范围内的汽车生产件的，应按以下要求填报。

①商品名称填报进口汽车零部件的详细中文商品名称和品牌，中文商品名称与品牌之间用"/"相隔，必要时加注英文商业名称；进口的成套散件或者毛坯件应在品牌后加注"成套散件""毛坯"等字样，并与品牌之间用"/"相隔。

②规格型号填报汽车零部件的完整编号。在零部件编号前应当加注"S"字样，并与零部件编号之间用"/"相隔，零部件编号之后应当依次加注该零部件适用的汽车品牌和车型。汽车零部件属于可以适用于多种汽车车型的通用零部件的，零部件编号后应当加注"TY"字样，并用"/"与零部件编号相隔。

与进口汽车零部件规格型号相关的其他需要申报的要素，或者海关规定的其他需要申报的要素，如功率、排气量等，应当在车型或"TY"之后填报，并用"/"与之相隔。

汽车零部件报验状态是成套散件的，应当在"标记唛码及备注"栏内填报该成套散件装配后的最终完整品的零部件编号。

（8）进口货物收货人以一般贸易方式申报进口属于《需要详细列名申报的汽车零部件清单》（海关总署公告2006年第64号）范围内的汽车维修件的，填报规格型号时，应当在零部件编号前加注"W"，并与零部件编号之间用"/"相隔；进口维修件的品牌与该零部件适用的整车厂牌不一致的，应当在零部件编号前加注"WF"，并与零部件编号之间用"/"相隔。其余申报要求同上条执行。

2. 商品名称及规格型号中品牌类型、出口享惠情况的填报

（1）品牌类型。品牌类型为必填项目。可选择"无品牌"（代码0）、"境内自主品牌"（代码1）、"境内收购品牌"（代码2）、"境外品牌（贴牌生产）"（代码3）、"境外品牌（其他）"（代码4）如实填报。

其中，"境内自主品牌"是指由境内企业自主开发、拥有自主知识产权的品牌；"境内收购品牌"是指境内企业收购的原境外品牌；"境外品牌（贴牌生产）"是指境内企业代工贴牌生产中使用的境外品牌；"境外品牌（其他）"是指除代工贴牌生产外使用的境外品牌。上述品牌类型中，除"境外品牌（贴牌生产）"仅用于出口外，其他类型均可用于进口和出口。

（2）出口享惠情况。出口享惠情况为出口报关单必填项目。可选择"出口货物在最终目的国（地区）不享受优惠关税""出口货物在最终目的国（地区）享受优惠关税""出口货物不能确定在最终目的国（地区）享受优惠关税"如实填报。进口货物报关单不填报该申报项。

"出口货物在最终目的国（地区）不享受优惠关税"是指出口货物没有计划在最终目的国（地区）享受优惠关税；"出口货物在最终目的国（地区）享受优惠关税"是指出口货物计划在最终目的国（地区）享受优惠关税；"出口货物不能确定在最终目的国（地区）享受优惠关税"是指出口货物在申报时不能确定最终目的国（地区），以尽可能预知的最后运往国（地区）为最终目的国（地区）进行申报。

3. 进口已获3C认证的机动车辆的填报

申报进口已获3C认证的机动车辆时，填报以下信息。

（1）提运单日期。填报该项货物的提运单签发日期。

（2）质量保质期。填报机动车的质量保证期。

（3）发动机号或电机号。填报机动车的发动机号或电机号，应与机动车上打刻的发动机号或电机号相符。纯电动汽车、插电式混合动力汽车、燃料电池汽车为电机号，其他机动车为发动机号。

（4）车辆识别代码（VIN）。填报机动车车辆识别代码，须符合国家强制性标准《道路车辆　车辆识别代号（VIN）》（GB16735）的要求。该项目一般与机动车的底盘（车架号）相同。

（5）发票所列数量。填报对应发票中所列进口机动车的数量。

（6）品名（中文名称）。填报机动车中文品名，按《进口机动车辆制造厂名称和车辆品牌中英文对照表》的要求填报。

（7）品名（英文名称）。填报机动车英文品名，按《进口机动车辆制造厂名称和车辆品牌中英文对照表》的要求填报。

（8）型号（英文）。填报机动车型号，与机动车产品标牌上整车型号一栏相符。

4. 进口属于实施反倾销、反补贴措施货物的填报

进口货物收货人申报进口属于实施反倾销、反补贴措施货物的，填报原厂商中文名称、原厂商英文名称、反倾销税率、反补贴税率和是否符合价格承诺等计税必要信息。

格式要求为"|<><><><><>"。"|""<"和">"均为英文半角符号。第一个"|"为在"规格型号"栏目中已填报的最后一个申报要素后系统自动生成或人工录入的分割符（若相关商品税号无规范申报填报要求，则需要手工录入"|"），"|"后面5个"<>"内容依次为原厂商中文名称、原厂商英文名称（如无原厂商英文名称，可填报以原厂商所在国（地区）文字标注的名称，具体可参照商务部实施贸易救济措施相关公告中对有关原厂商的外文名称写法）、反倾销税税率、反补贴税税率、是否符合价格承诺。其中，反倾销税税率和反补贴税税率填写实际值。例如，税率为30%，填写0.3。是否符合价格承诺填写"1"或者"0"，"1"代表"是"，"0"代表"否"。填报时，5个"<>"不可缺项，如第3、4、5项"<>"中无申报事项，相应"<>"中的内容可以为空，但"<>"需要保留。

(二) 填制操作

在"单一窗口"系统中，商品名称及规格型号分为两部分填报。

报关单证操作人员在"商品名称"栏目录入文本内容，本栏目最多可录入 255 位字符。报关单证操作人员录入商品编码后，系统弹出"商品规范申报-商品申报要素"表，根据提示录入完成后，系统将申报要素更新为"规格型号"栏目内容。

商品名称、规格型号的填报，需要报关单证操作人员与委托单位作详细沟通，了解商品信息（材质、成分含量、工作原理、功能用途等），根据《规范申报目录》填报。

1. 参考发票中的商品名称。一般体现在"Description of Goods/Product and Description/Goods Description/Quantities and Description"等栏目。

2. 加工贸易保税货物、减免税货物，报关单证操作人员按照收发货人备案信息，填报商品名称，根据《规范申报目录》的要求，以及报关单据与委托单位确认的规格型号填报。

3. 商品名称、规格型号与商品编号必须逻辑相符。报关单证操作人员根据商品编号查询《规范申报目录》，按照要求逐项填报规格型号。报关单证操作人员须在正确理解的基础之上，与委托单位作详细确认。

4. 品牌类型。

（1）确定品牌持有企业的所在地。所有权属于境外企业的品牌，按境外品牌申报，反之按境内品牌申报。

（2）"境外品牌（贴牌生产）"仅用于在境内生产的、出口时按生产合同约定使用境外品牌的货物。品牌使用许可并不采用授权书等单独法律文本的形式，而是在加工合同中用合同条款表述。在这种情况下，只要符合合同约定，出口商品使用境外品牌的，即可申报为"境外品牌（贴牌生产）"。品牌类别反映的是货物生产时的品牌信息，与货物进出口的目的或用途无关。加工贸易的进口料件应按照料件本身的品牌类别申报，不得申报为"境外品牌（贴牌生产）"。例如，贴牌生产企业从我国香港进口了一批料件，印有香港品牌标识，应按"境外品牌（其他）"申报。

（3）"境外品牌（其他）"用于除贴牌生产外所有使用境外品牌的进出口货物。品牌持有人为境外公司，在境内工厂生产的货物，应申报"境外品牌（其他）"。例如，某总部在境外的跨国公司在境内全资设立了分公司，使用总公司品牌生产，出口时申报"境外品牌（其他）"。

（4）"境内自主品牌"是指由境内企业自主开发、具有自主知识产权的品牌，但品牌类别范围更广，包括但不限于在海关进行知识产权保护备案的商标。

（5）"境内收购品牌"是指境内企业收购的原境外品牌。境内企业为打开国际市场，收购了境外品牌，进出口货物直接使用该境外品牌，应按照"境内收购品牌"申报。

（6）"无品牌"用于不包含品牌信息的进出口货物。进出口货物的外包装上仅有公司名称，商品本身未印有品牌信息或商品的销售包装上不能反映品牌信息时，应按"无品牌"申报。

(7) 同一个海关商品编码涉及多个品牌类别时，应该在报关单表体中分行申报，确保每个不同的品牌类别都能准确反映所对应商品的进出口情况。

5. 出口享惠情况需要与境外收货人确认，出口货物在最终目的国（地区）进口时，是否能享受优惠关税。对已与我国签署并实施优惠贸易协定的国家（地区），可以作重点确认。当出口报关单申报的"最终目的国（地区）"不是优惠贸易协定的国家（地区）时，应选择"出口货物在最终目的国（地区）不享受优惠关税"。

三十六、数量及单位

（一）填报规范

报关单上的"数量及单位"栏指进出口商品的成交数量及计量单位，以及海关法定计量单位和按照法定计量单位计算的数量。

海关法定计量单位分为海关法定第一计量单位和法定第二计量单位。海关法定计量单位以《统计商品目录》中规定的计量单位为准。例如，天然水为"千升/千克"，烟卷为"千克/千支"。

1. 本栏目分三行。

（1）第一行应按进出口货物的法定第一计量单位填报数量及单位，法定计量单位以《统计商品目录》中的计量单位为准。

（2）凡列明有法定第二计量单位的，应在第二行按照法定第二计量单位填报数量及单位。无法定第二计量单位的，本栏目第二行为空。

（3）成交计量单位及数量应填报并打印在第三行。成交计量单位与《统计商品目录》中的计量单位一致时，本栏目第三行为空。

2. 法定计量单位为"千克"的数量填报，特殊情况下填报要求如下。

（1）装入可重复使用的包装容器的货物，应按货物扣除包装容器后的重量填报，如罐装同位素、罐装氧气及类似品等。

（2）使用不可分割包装材料和包装容器的货物，按货物的净重填报（包括内层直接包装的净重重量），如采用供零售包装的罐头、药品及类似品等。

（3）按照商业惯例以公量重计价的商品，应按公量重填报，如未脱脂羊毛、羊毛条等。

（4）采用以毛重作净重计价的货物，可按毛重填报，如粮食、饲料等大宗散装货物。

（5）采用零售包装的酒类、饮料、化妆品，按照液体部分的重量填报。

成套设备、减免税货物如需分批进口，货物实际进口时，应按照实际报验状态确定数量。

具有完整品或制成品基本特征的不完整品、未制成品，根据《协调制度》归类规则应按完整品归类的，按照构成完整品的实际数量填报。

加工贸易等已备案的货物，成交计量单位必须与加工贸易手册中同项号下货物的计量单位一致，加工贸易边角料和副产品内销、边角料复出口，本栏目填报其报验状态的计量单位。

优惠贸易协定项下进出口商品的成交计量单位必须与原产地证书上对应商品的计量单位一致。

法定计量单位为立方米的气体货物，应折算成标准状况（0摄氏度及1个标准大气压）下的体积进行填报。

（二）填制操作

1. 成交单位

报关单证操作人员可以在下拉菜单中选择货物实际成交所用的计量单位。

加工贸易项下进出口报关单，报关单证操作人员录入备案号、备案项号后，"成交单位"栏目会显示为加工贸易手册备案计量单位，当备案计量单位与法定计量单位不同时，报关单证操作人员需要填报法定计量单位。

2. 成交数量、法定第一数量、法定第二数量

报关单证操作人员录入与计量单位对应的数量，本栏目最多可以录入19位数字，19位数字中小数点后最多支持录入4位。

数量及单位是与货物成交相关的信息，报关单证操作人员可以从报关单证中查找。

（1）发票、装箱单中都列有货物的交易数量、单位和净重。合同或订单中列明的货物数量为订单总数量，有可能大于发票中列明的数量，注意不要混淆。

（2）当发票中列明的交易数量单位与法定计量单位不同时，本栏目必须填报法定计量单位。例如，某公司进口花边500米，净重为120千克，商品编码为58043000，法定计量单位为千克，本栏目应按第一行"120千克"、第二行为空、第三行"500米"填报。

三十七、单价

单价是指进出口货物实际成交的商品单位价格。

（一）填报规范

填报同一项号下进出口货物实际成交的商品单位价格。无实际成交价格的，填报单位货值。

（二）填制操作

在"单一窗口"系统中，报关单证操作人员录入成交数量、成交单位后，可先录入总价，系统会自动核算出单价。

三十八、总价

总价是指进出口货物实际成交的商品总价。

（一）填报规范

填报同一项号下进出口货物实际成交的商品总价格。无实际成交价格的，填报货值。

（二）填制操作

报关单证操作人员可以从发票、合同中获取相关信息。本栏目最多可以录入19位数字，19位数字中小数点后最多支持录入4位。

三十九、币制

（一）填报规范

按海关规定的货币代码表（见表7-13）选择相应的货币名称及代码填报，如货币代码表中无实际成交币种，需将实际成交货币按申报日外汇折算率折算成货币代码表列明的货币填报。

表7-13 货币代码表

代码	中文名称	英文名称
HKD	港币	Hong Kong Dollar
IDR	印度尼西亚卢比	Rupiah
JPY	日本元	Yen
MOP	澳门元	Pataca
MYR	马来西亚林吉特	Malaysian Ringgit
PHP	菲律宾比索	Philippine Piso
SGD	新加坡元	Singapore Dollar
KRW	韩国圆	Won
THB	泰国铢	Baht
CNY	人民币	Yuan Renminbi
TWD	新台币	New Taiwan Dollar
EUR	欧元	Euro
DKK	丹麦克朗	Danish Krone
GBP	英镑	Pound Sterling
NOK	挪威克朗	Norwegian Krone
SEK	瑞典克朗	Swedish Krona
CHF	瑞士法郎	Swiss Franc
RUB	俄罗斯卢布	Russian Ruble
CAD	加拿大元	Canadian Dollar
USD	美元	US Dollar
AUD	澳大利亚元	Australian Dollar
NZD	新西兰元	New Zealand Dollar

（二）填制操作

报关单证操作人员可从发票、合同中获取相关信息，对照货币代码表进行填报。

四十、原产国（地区）

原产国（地区）是指进出口货物的生产、开采或加工制造的国家（地区）。

（一）填报规范

本栏目应按海关规定的国别（地区）代码表选择填报相应的国家（地区）名称及代码。

1. 一般填报要求

（1）原产国（地区）应依据《中华人民共和国进出口货物原产地条例》《中华人民共和国海关关于执行〈非优惠原产地规则中实质性改变标准〉的规定》，以及海关总署关于各项优惠贸易协定原产地管理规章规定的原产地确定标准填报。

（2）同一批进出口货物的原产地不同的，应分别填报原产国（地区）。

（3）进出口货物原产国（地区）无法确定的，填报"国别不详"。

2. 特殊情况填报要求

（1）料件结转货物，原产国（地区）为原进口料件生产国（地区）。

（2）深加工结转货物，原产国（地区）填报"中国"。

（3）加工出口成品因故退运境内的，原产国（地区）填报"中国"。

（4）加工贸易剩余料件内销，原产国（地区）填报料件的原实际生产国（地区）；加工贸易成品（包括半成品、残次品、副产品）转内销，原产国（地区）均填报"中国"。

（5）海关特殊监管区域运往区外，未经加工的进口货物，填报货物原进口时的原产国（地区）；经加工的成品或半成品，按现行原产地规则确定原产国（地区）。

（二）填制操作

报关单证操作人员依据国别（地区）代码表，在"原产国（地区）"栏目，录入相应的国家（地区）名称及代码，或在下拉菜单中选择。

原产国（地区）是与交易相关的信息，报关单证操作人员可以通过以下方式查找：

1. 进口报关单证（发票或原产地证明书）上原产国（地区）一般表示为"Made in"（在……制造）或"Origin/Country of Origin：×××"（原产于：×××）。

2. 提单或装箱单的唛头中也会记录原产国（地区）信息。如"Made in Thailand"。

四十一、最终目的国（地区）

最终目的国（地区）是指已知的进出口货物的最终实际消费、使用或进一步加工制造的国家（地区）。

（一）填报规范

本栏目应按海关规定的国别（地区）代码表选择填报相应的国家（地区）名称及代码。

1. 一般填报要求

（1）最终目的国（地区）填报已知的进出口货物的最终实际消费、使用或进一步加工制造的国家（地区）。

（2）同一批进出口货物的最终目的国（地区）不同的，应分别填报最终目的国（地区）。

（3）不经过第三国（地区）转运的直接运输货物，以运抵国（地区）为最终目的国（地区）；经过第三国（地区）转运的货物，以最后运往国（地区）为最终目的国（地区）。

（4）进出口货物不能确定最终目的国（地区）时，以尽可能预知的最后运往国（地区）为最终目的国（地区）。

2. 特殊情况填报要求

（1）料件结转货物，最终目的国（地区）填报"中国"。

（2）深加工结转货物，最终目的国（地区）填报"中国"。

（3）料件或成品复运出境货物，填报实际最终目的国（地区）。

（4）海关特殊监管区域外运入区内的货物，最终目的国（地区）填报"中国"。

（二）填制操作

报关单证操作人员依据国别（地区）代码表，在"最终目的国（地区）"栏目录入相应的国家（地区）名称及代码，或在下拉菜单中选择。

最终目的国（地区）是与交易相关的信息，报关单证操作人员与委托单位确认货物的最终实际消费、使用或进一步加工制造的国家（地区）。如果不能确认，按出口报关单证（发票、装货单）上列明的运抵国（地区）填报本栏目。

四十二、境内目的地/境内货源地

（一）填报规范

境内目的地填报已知的进口货物在国内的消费、使用地或最终运抵地，其中最终运抵地为最终使用单位所在的地区。最终使用单位难以确定的，填报货物进口时预知的最终收货单位所在地。

境内货源地填报出口货物在国内的产地或原始发货地。出口货物产地难以确定的，填报最早发运该出口货物的单位所在地。

海关特殊监管区域、保税物流中心（B型）与境外之间的进出境货物，境内目的地/境内货源地填报本海关特殊监管区域、保税物流中心（B型）所对应的国内地区。

按海关规定的国内地区代码表选择填报相应的国内地区名称及代码。境内目的地还需根据行政区划代码表选择填报其对应的县级行政区名称及代码。无下属区县级行政区的，可选择填报地市级行政区。

（二）填制操作

在"单一窗口"系统中，"境内目的地/境内货源地"栏目各分两栏填报。

1. 境内目的地

进口货物需同时在"境内目的地代码"和"目的地代码"两个栏目录入相应的境内地区和县级行政区名称及代码。

2. 境内货源地

出口货物需同时在"境内货源地代码"和"产地代码"两个栏目录入相应的境内地区和县级行政区名称及代码。

境内目的地/境内货源地代码由5位数字组成，目的地/产地代码由6位数字组成。

境内目的地/境内货源地属于与货物成交相关的信息，报关单证操作人员需要与委托单位确认。在报关单录入时，录入系统将收发货人注册地默认为境内目的地/境内货源地，但报关单证操作人员必须根据实际情况填报，不能以默认信息为准。

例如，天津某外贸公司海运进口医疗设备，货物通关后，送往山西太原某医院。此票进口货物报关单的境内目的地，应填报为"太原"。

四十三、征免

征免是指海关依照《海关法》《关税法》及其他法律、行政法规，对进口货物进行征税、减税、免税或特案处理的实际操作方式。同一份报关单上可以填报不同的征减免税方式。

（一）填报规范

1. 主要征减免税方式

（1）照章征税指对进出口货物依照法定税率计征各类税、费。

（2）折半征税指依照主管海关签发的征免税证明或海关总署的通知，对进出口货物依照法定税率折半计征关税和增值税，但照章征收消费税。

（3）全免指依照主管海关签发的征免税证明或海关总署的通知，对进出口货物免征关税和增值税，但消费税是否免征应按有关批文的规定办理。

（4）特案减免指依照主管海关签发的征免税证明或海关总署通知规定的税率或完税价格计征各类税、费。

（5）随征免性质指对某些特定监管方式下进出口的货物按照征免性质规定的特殊计税公式或税率计征税、费。

（6）保证金指经海关批准具保放行的货物，由担保人向海关缴纳现金的一种担保形式。

（7）保函指担保人根据海关的要求，向海关提交的订有明确权利、义务的一种担保形式。

2. 填报要求

（1）按照海关核发的征免税证明或有关政策规定，对报关单所列每项商品选择海关规定的征减免税方式代码表（见表7-14）中相应的征减免税方式填报。

表7-14 征减免税方式代码表

征减免税方式代码	征减免税方式名称	征减免税方式代码	征减免税方式名称
1	照章征税	6	保证金
2	折半征税	7	保函
3	全免	8	折半补税
4	特案	9	全额退税
5	随征免性质		

（2）加工贸易报关单应根据加工贸易手册中备案的征免规定填报，加工贸易手册中备案的征免规定为"保金"或"保函"的，不能按备案的征免规定填报，而应填报"全免"。

（二）填制操作

征免是与海关管理相关的信息，与报关单的监管方式及征免性质的填报存在相对应的逻辑关系。

1. 以一般贸易成交，确认按一般进出口通关制度报关（征税）的货物，其对应关系：

监管方式为一般贸易；征免性质为一般征税；征免为照章征税或保证金、保函。

2. 来料加工或进料加工进出口货物，并确认按保税通关制度报关（保税）的，其对应关系：

监管方式为来料加工/进料对口；征免性质为来料加工/进料加工；征免为全免。

3. 来料/进料深加工结转货物，并确认按保税通关制度报关（保税）的，其对应关系：

监管方式为来料深加工/进料深加工；征免性质为空；征免为全免。

4. 外商投资企业在投资额度内进口设备、物品，并已确认按特定减免税通关制度报关（免税）的，其对应关系：

监管方式为合资合作设备/外资设备物品；征免性质为鼓励项目；征免为全免/特案。

5. 外商投资企业在投资额度外利用自有资金进口设备、物品，并已确认按照特定减免税通关制度报关（免税）的，其对应关系：

监管方式为一般贸易；征免性质为自有资金；征免为全免/特案。

在"单一窗口"系统中，报关单证操作人员依据征减免税方式代码表，在"征免方式"栏目录入代码，或在下拉菜单中选择，系统会更新为征减免税方式的名称。

四十四、特殊关系确认

（一）填报规范

1. 根据《确价办法》第十六条，填报确认进出口行为中买卖双方是否存在特殊关系，有下列情形之一的，应当认为买卖双方存在特殊关系，本栏目应填报"是"，反之则填报"否"。

（1）买卖双方为同一家族成员的。
（2）买卖双方互为商业上的高级职员或者董事的。
（3）一方直接或者间接地受另一方控制的。
（4）买卖双方都直接或者间接地受第三方控制的。
（5）买卖双方共同直接或者间接地控制第三方的。
（6）一方直接或者间接地拥有、控制或者持有对方5%以上（含5%）公开发行的有表决权的股票或者股份的。
（7）一方是另一方的雇员、高级职员或者董事的。
（8）买卖双方是同一合伙的成员的。

2. 买卖双方在经营上相互有联系，一方是另一方的独家代理、独家经销或者独家受让人，如果符合上述规定，也应当视为存在特殊关系。

3. 出口货物免予填报，加工贸易及保税监管货物（内销保税货物除外）免予填报。

（二）填制操作

在"单一窗口"系统中，报关单证操作人员点击"其他事项确认"，系统弹出"特殊关系确认""价格影响确认""与货物有关的特许权使用费支付确认"3个信息的确认界面。报关单证操作人员根据与委托单位的确认结果，在"特殊关系确认"栏中录入"是"或"否"。

四十五、价格影响确认

（一）填报规范

本栏目根据《确价办法》第十七条，填报确认纳税义务人是否可以证明特殊关系未对进口货物的成交价格产生影响。纳税义务人能证明其成交价格与同时或者大约同时发生的下列任何一款价格相近的，应视为特殊关系未对成交价格产生影响，本栏目应填报"否"，反之则填报"是"。

1. 向境内无特殊关系的买方出售的相同或者类似进口货物的成交价格。
2. 按照《确价办法》第二十三条的规定所确定的相同或者类似进口货物的完税价格。
3. 按照《确价办法》第二十五条的规定所确定的相同或者类似进口货物的完税价格。

出口货物免予填报，加工贸易及保税监管货物（内销保税货物除外）免予填报。

(二) 填制操作

在"单一窗口"系统中，报关单证操作人员点击"其他事项确认"，系统弹出"特殊关系确认""价格影响确认""与货物有关的特许权使用费支付确认"3个信息的确认界面。报关单证操作人员根据与委托单位的确认结果，在"价格影响确认"栏中录入"是"或"否"。

四十六、自报自缴

进出口企业采用"自主申报、自行缴税"（自报自缴）模式向海关申报时，填报"是"，反之则填报"否"。

四十七、申报单位

自理报关的，填报进出口企业的名称及编码；委托代理报关的，填报报关企业名称及编码。编码填报18位法人和其他组织统一社会信用代码。

报关单证操作人员填报在海关备案的姓名、编码、电话，并加盖申报单位印章。

四十八、海关批注及签章

供海关作业时签注。

第三节 报关单其他相关信息填制

根据"单一窗口"系统的申报要求，企业向海关申报时，除按照《报关单填制规范》的要求填制相关栏目外，还需要录入其他申报项目，实现申报人通过电子口岸平台一点接入、一次性提交满足口岸管理和国际贸易相关部门要求的标准化单证和电子信息，相关部门通过电子口岸平台共享数据信息、实施职能管理。

一、报关单类型

有纸报关通过下拉菜单选择"0—有纸报关"，有纸带清单报关选择"L—有纸带清单报关"，无纸带清单报关选择"D—无纸带清单报关"，通关无纸化选择"M—通关无纸化"。

特殊说明如下。

1. 有纸报关：没有与海关签订通关无纸化企业报关填报用，报关单不传输随附单据。

2. 有纸带清单报关：没有与海关签订通关无纸化企业报关带有清单的集中申报报关单用，报关单不传输随附单据。

3. 无纸带清单报关：没有与海关签订通关无纸化企业报关带有清单的集中申报报关单用，报关单上传随附单据（后改为"M—通关无纸化"）。

4. 通关无纸化：与海关签订通关无纸化企业报关填报用，报关单上传随附单据。

二、企业资质类别

按进出口货物种类及相关要求，本栏目须选择填报货物的生产商/进出口商/代理商必须取得的资质类别。多个资质的须全部填写。包括：

1. 进口食品、食品原料类，填写进口食品境外出口商代理商备案、进口食品进口商备案；

2. 进口水产品，填写进口食品境外出口商代理商备案、进口食品进口商备案、进口水产品储存冷库备案；

3. 进口肉类，填写进口肉类储存冷库备案、进口食品境外出口商代理商备案、进口食品进口商备案、进口肉类收货人备案；

4. 进口化妆品，填写进口化妆品收货人备案；

5. 进口水果，填写进境水果境外果园/包装厂注册登记；

6. 进口非食用动物产品，填写进境非食用动物产品生产、加工、存放企业注册登记；

7. 饲料及饲料添加剂，填写饲料进口企业备案、进口饲料和饲料添加剂生产企业注册登记；

8. 其他。

进境植物繁殖材料隔离检疫苗圃申请、进出境动物指定隔离场使用申请、进境栽培介质使用单位注册、进境动物遗传物质进口代理及使用单位备案、进境动物及动物产品国外生产单位注册、进境粮食加工储存单位注册、境外医疗器械捐赠机构登记、进出境集装箱场站登记、进口棉花境外供货商登记注册、对出口食品包装生产企业和进口食品包装的进口商实行备案。

三、企业资质编号

按进出口货物种类及相关要求，本栏目须填报货物生产商/进出口商/代理商必须取得的资质对应的注册/备案编号。有多个资质的须全部填写。

四、启运日期

启运日期是指装载入境货物的运输工具离开启运口岸的日期。

本栏目为 8 位数字，顺序为年（4 位）、月（2 位）、日（2 位），格式为"YYYYMM—DD"。

五、UN 编码

进出口货物为危险货物的，须按照"关于危险货物运输的建议书"，在"危险货物信息"中填写危险货物对应的 UN 编码。

六、危险货物名称

进出口货物为危险货物的，须在"危险货物信息"项下的"危险货物名称"中，填写危险货物的实际名称。

七、货物属性代码

根据进出口货物的商品编码和货物的实际情况，按照海关规定的货物属性代码表，在下拉菜单中勾选货物属性的对应代码。有多种属性的要同时选择：

1. 入境强制性认证产品，必须在入境民用商品认证（11-3C目录内、12-3C目录外、13-无须办理3C认证）中勾选对应项；

2. 食品、化妆品是否预包装、是否首次进口，必须在食品及化妆品（14-预包装、15-非预包装、18-首次进口）中勾选对应项；

3. 凡符合《进出境转基因产品检验检疫管理办法》规定含转基因成分须申报的，必须在转基因（16-转基因产品、17-非转基因产品）中勾选对应项；

4. "成套设备""旧机电"产品，必须在货物属性（18-首次进出口、19-正常、20-废品、21-旧品、22-成套设备）中勾选对应项；

5. 特殊物品、化学试剂，必须在特殊物品（25-A级特殊物品、26-B级特殊物品、27-C级特殊物品、28-D级特殊物品、29-V/W非特殊物品）中勾选对应项；

6. 木材（含原木）板材是否带皮，必须在是否带皮木材（23-带皮木材/板材、24-不带皮木材/板材）中勾选对应项。

八、用途代码

根据进境货物的使用范围或目的，按照海关规定的用途代码表（见表7-15）在下拉菜单中选填。例如，进口货物为核苷酸类食品添加剂（商品编码29349990001），用于工业时，选择"工业用途"；用作食品添加剂时，选择"食品添加剂"。

表7-15 用途代码表

代码	中文名称	代码	中文名称
11	种用或繁殖	23	食品容器
12	食用	24	食品洗涤剂
13	奶用	25	食品消毒剂
14	观赏或演艺	26	仅工业用途
15	伴侣	27	化妆品
16	实验	28	化妆品原料
17	药用	29	肥料
18	饲用	30	保健品
19	食品包装材料	31	治疗、预防、诊断
20	食品加工设备	32	科研
21	食品添加剂	33	展览展示
22	介质土	99	其他

九、许可证件编号

进出口货物取得了许可、审批或备案等资质时,应在"产品资质"项下的"产品许可证/审批/备案信息"中填报对应的许可、审批或备案证件编号。

同一商品有多个许可、审批或备案证件号码时,须全部录入。

十、核销货物序号

进出口货物取得了许可、审批或备案等资质时,应在"产品资质"项下的"产品许可证/审批/备案信息"中填报被核销文件中对应货物的序号。

特殊物品审批单支持导入。

十一、核销数量

进出口货物取得了许可、审批或备案等资质时,应在"产品资质"项下的"产品许可证/审批/备案信息"中,填报被核销文件中对应货物的本次实际进出口数(重)量。

特殊物品审批单支持导入。

十二、许可证类别代码

进出口货物取得了许可、审批或备案等资质时,应在"产品资质"项下的"产品许可证/审批/备案信息"中填报对应的许可、审批或备案证件代码。

十三、许可证类别及名称

进出口货物取得了许可、审批或备案等资质时,应在"产品资质"项下的"产品许可证/审批/备案信息"中填报对应的许可、审批或备案证件类别及名称。

同一商品有多个许可、审批或备案证件类别及名称时,须全部录入。

十四、集装箱货重

当使用集装箱装载货物时,需填报集装箱箱体信息,包括集装箱号、集装箱规格、集装箱商品项号关系、集装箱货重。

其中,集装箱货重录入集装箱箱体自重(千克)+装载货物重量(千克)。例如,集装箱重量和箱内装载的200箱商品重量合计为15555千克时,本栏目应录入"15555千克"。

本栏目只能填报以"千克"为单位的重量数字,其他计量单位应该转换为"千克"后填报。

十五、关联号码及理由

进出口货物报关单有关联报关单时,在本栏目中填报相关关联报关单号码,并在下拉菜单中选择关联报关单的关联理由。

十六、检验检疫签证申报要素

填报"所需单证"项下"检验检疫签证申报要素"时，在确认境内收发货人名称（外文）、境外收发货人名称（中文）、境外收发货人地址、卸毕日期和商品英文名称后，根据现行相关规定和实际需要，勾选申请单证类型，确认申请单证正本数和申请单证副本数后保存数据。

十七、担保验放

担保验放是指与海关总署签署"适用担保验放通关程序责任担保书"的高级 AEO 企业所进出口货物的报关单电子数据经海关接受申报后，在确定商品归类、海关估价和提供有效报关单证的基础上，在缴清税费或者办结其他海关手续前，企业可以凭"进（出）口货物担保验放清单"向海关先行办理货物验放手续（国家对进出口货物有限制性规定，应当提供许可证而不能提供的除外）的便利通关措施。

进出口企业采用"担保验放"模式向海关申请通关放行的，勾选本栏目，反之则不勾选。

十八、税单无纸化

进出口企业采用"税单无纸化"模式向海关申报时，勾选本栏目，反之则不勾选。

十九、场地代码

按照进出口货物海关实际监管点，根据海关规定的海关货场代码表准确填报本栏目。

1. 一般进出口货物报关单，按照进出口货物海关实际监管点如实填写。
2. 通关一体化报关单，如企业在某直属海关（黄埔海关）申报、在外关区（非黄埔海关）实际监管验放的报关单，填报"5298"。
3. 加工贸易形式报关单，参照原报关单填写。
4. 除上述类型外的报关单，填写"5299"。

二十、货号

申报加工贸易货物进出口报关单时，根据加工贸易手册中备案的料件、成品货号填报本栏目。

二十一、加工成品单耗版本号

申报加工贸易货物出口报关单时，系统自动返填与加工贸易手册中备案成品单耗一致的版本号。

二十二、境外收/发货人代码

境外收货人通常指签订并执行出口贸易合同的买方或合同指定的收货人，境外发货人通常指签订并执行进口贸易合同的卖方。

境外收/发货人为 AEO 互认国家（地区）企业的，本栏目填报 AEO 编码，填报样式按照海关总署发布的相关公告要求填报（如新加坡 AEO 企业填报样式为 SG123456789012，韩国 AEO 企业填报样式为 KR1234567）。

二十三、特殊业务标识

属于国际赛事、特殊进出军工物资、国际援助物资、国际会议、直通放行、外交礼遇、转关等特殊业务的，根据实际情况勾选。

不属于以上情况的无须勾选。

二十四、B/L 号

填报入境货物的承运人开出的提单/运单号的总单号或直单号。该栏目不可为空，空时系统自动提取提运单号返填。

二十五、原箱运输

申报使用集装箱运输的货物，根据是否原集装箱原箱运输，勾选"是"或"否"。

二十六、使用单位联系人

使用单位联系人填报进境货物销售、使用单位的联系人的名字。

二十七、使用单位联系电话

使用单位联系电话填报进境货物销售、使用单位的联系人的电话。

二十八、非危险化学品

企业填报的商品编码可能涉及危险化学品时，系统会弹出"危险货物信息"窗口进行提示，企业可在本栏目选择"是"或"否"。

二十九、危包规格

进出口货物为危险货物的，须根据危险货物包装规格的实际情况，按照海关规定的危包规格代码表（见表 7-16）在"危险货物信息"项下的"危包规格"中，选择填报危险货物的包装规格代码。

表 7-16 危包规格代码表

代码	中文名称
1A1	钢制不可拆装桶顶圆桶
1A2	钢制可拆装桶顶圆桶
1B1	铝制不可拆装桶顶圆桶

续表1

代码	中文名称
1B2	铝制可拆装桶顶圆桶
1D	胶合板圆桶
1G	纤维圆桶
1H1	塑料不可拆装桶顶圆桶
1H2	塑料可拆装桶顶圆桶
2C1	塞式木琵琶桶
2C2	非水密型木琵琶桶
3A1	钢制不可拆装罐顶罐
3A2	钢制可拆装罐顶罐
3B1	铝制不可拆装罐顶罐
3B2	铝制可拆装罐顶罐
3H1	塑料制不可拆装罐顶罐
3H2	塑料制可拆装罐顶罐
4A	钢箱
4B	铝箱
4C1	大木箱
4C2	箱壁防撒漏木箱
4D	胶合板箱
4F	再生木木箱
4G	纤维板箱
4H1	膨胀的塑料箱
4H2	硬质的塑料箱
5H	塑料编织袋
5H1	塑料编织无内衬或涂层的袋
5H2	塑料编织防撒漏的袋
5H3	塑料编织防水的袋
5H4	塑料薄膜袋
5LI	无内衬或涂层的纺织品编织袋
5L2	纺织品防撒漏的纺织品编织袋
5L3	纺织品防水的纺织品编织袋
5M1	多层的纸袋
5M2	多层防水纸袋

续表2

代码	中文名称
6HA1	塑料容器在钢桶内复合包装
6HA2	塑料容器在钢条或钢皮箱内复合包装
6HB	塑料容器在铝桶内复合包装
6HB2	塑料容器在铝条或铝皮箱内复合包装
6HC	塑料容器在木箱内复合包装
6HD1	塑料容器在胶合板桶内复合包装
6HD2	塑料容器在胶合板箱内复合包装
6HG1	塑料容器在纤维桶内复合包装
6HG2	塑料容器在纤维板箱内复合包装
6HH1	塑料容器在塑料桶内复合包装
6HH2	塑料容器在硬塑料箱内复合包装
6PA1	玻璃、陶瓷、粗陶器在钢桶内复合包装
6PA2	玻璃、陶瓷、粗陶器在钢条或钢皮箱内复合包装
6PB1	玻璃、陶瓷、粗陶器在铝桶内复合包装
6PB2	玻璃、陶瓷、粗陶器在铝条或铝皮箱内复合包装
6PC	玻璃、陶瓷、粗陶器在木箱内复合包装
6PD1	玻璃、陶瓷、粗陶器在胶合板内复合包装
6PD2	玻璃、陶瓷、粗陶器在柳条筐内复合包装
6PG1	玻璃、陶瓷、粗陶器在纤维桶内复合包装
6PG2	玻璃、陶瓷、粗陶器在纤维板箱内复合包装
6PH1	玻璃、陶瓷、粗陶器在膨胀塑料包装内复合包装
6PH2	玻璃、陶瓷、粗陶器在硬塑料包装内复合包装

三十、危包类别

进出口货物为危险货物的，须按照《危险货物运输包装类别划分方法》，在"危险货物信息"项下的"危包类别"中，勾选危险货物的包装类别。

危险货物包装根据其内装物的危险程度划分为三种包装类别：

一类：盛装具有较大危险性的货物；

二类：盛装具有中等危险性的货物；

三类：盛装具有较小危险性的货物。